園田恭一・西村昌記 編著

ソーシャル・インクルージョンの社会福祉

新しい〈つながり〉を求めて

ミネルヴァ書房

まえがき

　本書のタイトルの一部である「ソーシャル・インクルージョン（social inclusion）」は，フランスやイギリスをはじめとするEU諸国では社会政策における最優先課題として位置づけられ，日本でも社会福祉における新しい理念として注目を集めている。EUでは，「ソーシャル・エクスクルージョン（social exclusion）」に対応する施策としてソーシャル・インクルージョンという標語が登場した。ソーシャル・エクスクルージョンは「貧困」「剥奪」「社会的不利」などとは区別される概念とされるが，必ずしも統一した定義があるわけではなく，概ね，雇用，収入，教育，および文化的・社会的な参加の機会の喪失状態および，その過程を意味する。

　近年，日本では「格差社会論」がある種のブームを引き起こし，「格差」とともに，ソーシャル・エクスクルージョンの訳語である「社会的排除」や「貧困」を主題とする専門書や一般書が散見されるようになった。他方，ソーシャル・インクルージョンについていえば，2000年以降の社会福祉基礎構造改革の基本的方向として打ち出された「地域福祉の推進」の主要な理念のひとつとされ，ソーシャルワーカー4団体（日本ソーシャルワーカー協会，日本医療社会事業協会，日本社会福祉士会，日本精神保健福祉士会）の共通倫理綱領に盛り込まれるなど，静かな広がりを見せているといえよう。

　本書でもしばしば引用されているように，厚生省（当時）が2000年にまとめた『社会的な援護を要する人々に対する社会福祉のあり方に関する検討会報告書』は，ソーシャル・インクルージョンという視点から社会福祉を再考する上で端緒となる提言であった。同報告書では，社会福祉の制度が充実してきたにもかかわらず，社会や社会福祉の手が社会的援護を要する人びとに十分届いていないという認識のもとに，「つながり」の再構築，すなわちソーシャル・

インクルージョンの重要性が唱えられている。また，社会福祉制度の高度な専門化により，業務の枠に収まらない対象者が制度の谷間に陥るのを見過ごす傾向を生じさせていることへの警鐘を鳴らしている。これらの主張は，同年のニース欧州理事会で承認された『貧困と社会的排除との闘い』の中で指摘されている「社会的に排除されている人びとのニーズに合うように行政や社会のサービスを改善する」ことや「排除されている人びとのニーズに対する第一線で働く専門職の感度を高める」ことの必要性への指摘とも呼応し合っている。

2002年の社会保障審議会福祉部会の報告『市町村地域福祉計画及び都道府県地域福祉支援計画策定指針の在り方について（一人ひとりの地域住民への訴え）』では，「共に生きる社会づくり（ソーシャル・インクルージョン）」を地域福祉推進の柱のとして位置づけている。この報告では，ソーシャル・インクルージョンとは，「例えば，貧困や失業に陥った人々，障害を有する人々，ホームレス状態にある人々を社会的に排除するのではなく，地域社会への参加と参画を促し社会に統合する」こととされている。もちろん，ここでいう「統合」とは，社会秩序の維持を意味する integration ではなく，社会の中に包み込むこと（inclusion）を指している。近年，総合的福祉計画でもある「地域福祉計画」によって，制度の谷間を埋めるための仕組みづくりが推進されようとしているが，計画を実のあるものにするためには「社会の中に包み込む」という感受性が，行政や専門職にも，地域住民にも求められているといえよう。

また，ソーシャルワーカー4団体の共通倫理綱領に基づく社会福祉士会の「行動規範」においては，ソーシャル・インクルージョンという見出しのもとに，以下の3項目が掲げられている。すなわち，①特に不利益な立場にあり，抑圧されている利用者が，選択と決定の機会を行使できるように働きかけること，②利用者や住民が社会の政策・制度の形成に参加することを積極的に支援すること，③専門的な視点と方法により，利用者のニーズを社会全体と地域社会に伝達すること——である。これらはソーシャル・インクルージョンを達成するための専門職としての使命（mission）を表している。

本書は，「ソーシャル・インクルージョンの視角」と「ソーシャル・インク

まえがき

ルージョンの射程」という2部構成をとっている。第Ⅰ部では，ソーシャル・インクルージョンやソーシャル・エクスクルージョンを検討する際の基本的な視角についての論考を収録した。続く第Ⅱ部では，社会福祉のさまざまな分野におけるソーシャル・インクルージョンへの取り組みが考察されている。

　本書が社会福祉を学ぶ人たちのみならず，第一線で苦闘されている専門職の方々，さらには共に考え，行動しようとする方々への，何らかの示唆や参考となるものを提供できればと念じている。

2007年11月

園田恭一
西村昌記

ソーシャル・インクルージョンの社会福祉
——新しい〈つながり〉を求めて——

【目　次】

まえがき

第Ⅰ部　ソーシャル・インクルージョンの視角

第1章　新しい貧困とソーシャル・インクルージョン　…西村昌記　3
1　「新しい貧困」の新しさ…3
2　平等神話の崩壊と生活困窮リスクの拡大…4
3　労働市場二極化の原因と帰結…7
4　現住所ネットカフェ——貧困政策の貧困さ…11
5　不安定さの悪循環…16
6　「つながり」の再構築へ向けて…19

第2章　ソーシャル・インクルージョンと地域社会　……熊田博喜　23
1　「つながり」の場としての地域社会…23
2　ソーシャル・インクルージョン論における地域社会…24
3　地域社会におけるソーシャル・インクルージョンの実際…32
4　日本における地域社会支援の特徴と
　　ソーシャル・インクルージョン…42

第3章　健康とソーシャル・インクルージョン　…………深谷太郎　53
1　健康を求める社会…53
2　健康の定義…53
3　身体的健康とソーシャル・インクルージョン…54
4　精神的健康とソーシャル・インクルージョン…57
5　社会的健康とソーシャル・インクルージョン…59
6　ソーシャル・インクルージョンの普及…62

第4章　地域福祉計画とコミュニティ，
　　　　　そしてソーシャル・インクルージョン　………園田恭一　65

1　施設福祉から地域福祉へ…65
2　行政施策中心から住民参加の重視へ…67
3　地域福祉への都道府県，市区町村の対応と取り組み…70
4　地域福祉・地域福祉計画の課題と評価…81

第Ⅱ部　ソーシャル・インクルージョンの射程

第5章　誰がホームレス施策を支持するのか………………渡辺　芳　89
　　　　――東京都台東区・荒川区の住民意識調査から

1　ホームレス問題の所在…89
2　ホームレス型貧困の意味…90
3　ホームレスをめぐる社会的背景…94
4　地域住民のホームレス支援意識…99
5　「見えない存在」から「見える存在」へ…108

第6章　社会から排除される子どもと
　　　　ソーシャル・インクルージョンの構想………加藤悦雄　113
　　　　――子どもの暮らしの社会史的動向をふまえて

1　社会的に孤立する子どもの姿…113
2　子どもの権利の独自性…114
3　関係の中に生きていた子どもたち…117
4　子ども期の処遇の変容…123
5　社会関係から排除される子どもたち…126
6　子どものソーシャル・インクルージョンの構想…136

第7章 少子社会が学校と地域の「つながり」に
　　　　及ぼした影響……………………………………西脇智子　141
　　　　　──統合閉鎖に伴う小学校跡地の行方
　　1　生活圏にある学校の再編…141
　　2　学校統廃合の現状…142
　　3　京都市学校歴史博物館の設立…148
　　4　統合閉校に伴う学校文化財の行方…154
　　5　閉校跡地から生まれる「つながり」…160

第8章 個の時代における男性退職者の
　　　　「つながり」の形成………………………………和　秀俊　163
　　　　　──アソシエーション型地域スポーツクラブを通して地域の生活者へ
　　1　地域の生活者となる可能性…163
　　2　「つながり」形成のプロセス(1)──研究方法…165
　　3　「つながり」形成のプロセス(2)──研究結果…169
　　4　アソシエーション型地域スポーツクラブを通した
　　　　「再帰的社会化」…179
　　5　地域の生活者につながる仕組み…185

第9章 高齢者にとってのこころの「居場所」…………中村一茂　191
　　　　　──「つながり」の諸相からみた高齢者支援のあり方
　　1　社会福祉による支援と「居場所」…191
　　2　「居場所」の現代的意味──こころの「居場所」…192
　　3　高齢者にとってのこころの「居場所」…198
　　4　こころの「居場所」と社会福祉の役割…205

目　次

第10章　知的障害者の地域生活支援による
　　　　ソーシャル・インクルージョンの過程 ……… 山崎順子　213
　　　　──ソーシャル・サポート・ネットワーク形成における支援者の役割
　　1　地域生活支援における課題…213
　　2　地域生活支援の考え方…214
　　3　地域生活支援における相談支援と支援者の役割…218
　　4　事例に見るソーシャル・インクルージョンの過程…224
　　5　サポーティブな関係づくりをめざして…234

第11章　ソーシャル・インクルージョンの
　　　　内在的ジレンマを克服する支援展開 ……… 寺田貴美代　237
　　　　──外国人女性のDV被害とその支援をめぐって
　　1　ソーシャル・インクルージョンが内包するジレンマ
　　　　──問題の所在…237
　　2　国際結婚およびDVの定義…241
　　3　日本人男性と婚姻関係にある外国人女性の日本における位置…243
　　4　日本人男性と婚姻関係にある外国人女性のDV被害と
　　　　その支援…245
　　5　ソーシャル・インクルージョンの内在的ジレンマの
　　　　克服に向けて…249

あとがき…261
索　引…263

第Ⅰ部

ソーシャル・インクルージョンの視角

第1章
新しい貧困とソーシャル・インクルージョン

1 「新しい貧困」の新しさ

　近年の格差社会論ブームに後押しされるように，日本でも「新しい貧困（new poverty）」への関心が高まりつつある。この「新しい貧困」の背景には，先進諸国において 1980 年代以降に進行した資本のグローバル化とポストフォーディズムによる労働市場の再編の影響があるといわれている（Bhalla & Lapeyre 2004，訳本は 2005，以下本書では＝2005 と表す）。「新しい貧困」の新しさは，ワーキングプアという言葉に象徴されるように，一定の割合を占め，そして均質ではない勤労者層が生活困窮リスクを有する状態にあること，すなわち，貧困が障害者や有病者，高齢者，社会的規範からの逸脱者など「排除された人びと」によるマージナルな社会問題ではないことを意味する。同時に，従来の経済的貧困の視点だけでは捉えられない社会生活全般からの疎外，フランスの社会学者 Paugam（1995）の言に従えば，「関係的貧困」（relational poverty/poverty of relationships）を内包している点にある。

　本章では，雇用・就業形態の多様化政策の推進による労働市場の二極化が勤労者層に及ぼした影響を「新しい貧困」もしくは「関係的貧困」の観点からとらえ直し，「ソーシャル・インクルージョン」の理念に立った「つながり」の再構築が必要であることを明らかにする。

第Ⅰ部　ソーシャル・インクルージョンの視角

2　平等神話の崩壊と生活困窮リスクの拡大

(1)　平等神話の崩壊

　OECD(Organisation for Economic Co-operation and Development；経済協力開発機構)では，毎年（2006年からは1年半毎），各加盟国等の経済情勢などについてレビューを行い，政策勧告を含む報告書を発表している。日本では「対日経済審査報告書」として知られ，近年，格差論争の刺激剤として大きな役回りを演じてきた。

　OECD（2006, =2007）によれば，所得格差が小さいこと，すなわち平等社会であることを特徴としていた日本は，先進諸国で貧困率の最も高い国のひとつになった。勤労者層（18～65歳）の相対的貧困率（再配分後可処分所得が中央値の半分以下である人の割合）は，1990年代半ばの11.9％から2000年時点で13.5％に増加しており，これは米国に次いでOECD加盟国中2位を占めている。国民全体での相対的貧困率は15.3％（OECD加盟国中5位），貧困率に貧困ギャップ（貧困状態にある人びとを中央値まで引き上げるための所得移転率）を掛け合わせた総合的貧困指標も最上位グループ（同3位）に位置している。また，働いているひとり親の58％は相対的貧困にあり（OECD平均は21％），働いていないひとり親の貧困率（52％）よりも高い。ひとり親の母親の83％は働いているものの，その半分は非正規雇用であり，他のOECD諸国とは対照的に，子どもの貧困が働いている家庭に集中していることも指摘されている。これらの状況から，日本では雇用を推進することにより子どもを貧困から救済する政策が有効性をもたない可能性があることが示唆されている。さらに，雇用の状況と貧困率の関係についても，日本の特殊性が指摘されている。すなわち，日本は国際比較上，無業世帯（世帯主が労働年齢にあって誰も働いていない世帯）に所属する個人の比率は低いにもかかわらず（2.8％，OECD平均は9.4％），相対的貧困率が高い国なのである。

　格差論争の火付け役ともいえる橘木（1998）は，1980年以降，所得配分の不

平等度を表すジニ係数の値が一貫して上昇しており，平等神話は崩壊しつつあると述べた。一方，大竹（2000）は，格差拡大の背景には人口高齢化と世帯構造の変化があり，「みせかけの不平等化」にすぎないと断じ，以後の政府見解の方向付けを行った。その後，格差社会論ブームが長く続いた背景には，バブル期の資産格差拡大やIT長者の出現，バブル後の長期不況などによる人びとの生活実感が潜んでいると考えられるが，ニート（NEET；Not in Education, Employment or Training）と称される若年失業者（無業者）や不安定就労に喘ぐワーキングプアの問題が深刻化したことの影響も大きいかもしれない。

（2） 国民に広がる生活困窮リスク

　政府は2006年1月の月例経済報告で，所得格差が拡大しているのは「見かけ上」の問題にすぎないとして，格差論争を再燃させた。報告内容は統計データにみられる変化は主に高齢化と世帯規模の縮小によるという主旨であったが，その後『経済財政白書（平成18年版）』でより詳細な分析が公表されている（内閣府 2006）。ここでは格差論争には深入りせず，同白書で指摘された勤労者層を取り巻く状況に限定して整理してみよう。なお，前述したOECDの相対的貧困率には，世帯規模の違いを考慮して標準化された世帯所得（等価所得）が用いられている（OECD 2005, ＝2006）。

　同白書では，家計単位における所得格差拡大は見かけにすぎないとしつつも，個人単位の労働所得（被雇用者が仕事から得た1年間の収入）のジニ係数には上昇が認められ，特に，1997年から2002年にかけての上昇幅が大きいとしている。さらに，年齢別のジニ係数の動きをみると，20歳代と30歳代の若年層で拡大の度合いが大きい。この背景には，所得水準の低い非正規雇用者の割合が高まったことによる影響があることが指摘されている。また，若年層が失業中や非正規雇用等の不安定就労である場合，親元で暮らしている可能性もあり，家計単位における所得格差に反映されにくい。以上の点を勘案すると，少なくとも勤労者層においては，近年，格差拡大の動きが認められると判断できる。

　さて，相対的貧困率やジニ係数で示された格差拡大のありようは以上の通り

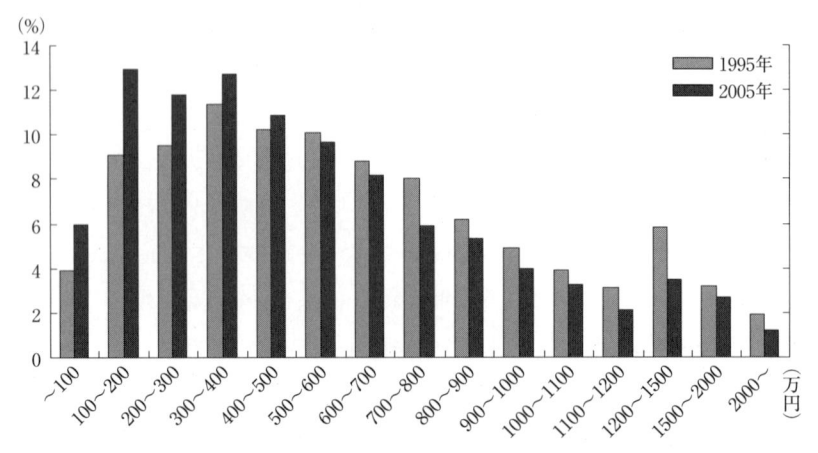

第Ⅰ部　ソーシャル・インクルージョンの視角

図1-1　所得金額別にみた世帯構成比
出典：平成8年および平成18年国民生活基礎調査より。

であるが，これらの数値は，人びとの生活実感をわかりやすく表現しているとはいいがたい。そこで，『国民生活基礎調査』の平成18年調査と平成8年調査を用い，この10年間の変化を追ってみよう（図1-1）。平成18年調査によれば，前年（2005年）の1世帯当たりの平均所得金額は564万円，所得金額中央値は458万円であり，年収100万円未満の世帯が6.0％，100～200万円未満の世帯が12.9％であった。すなわち，全世帯のうち年間所得200万円未満の世帯がほぼ2割に及ぼうとしているのが現状である。一方，平成8年調査によれば，前年（1995年）の1世帯当たりの平均所得金額は660万円，所得金額中央値は550万円であり，年収100万円未満の世帯が3.9％，100～200万円未満の世帯が9.1％であった。すなわち，この10年間に，平均で約100万円の所得減が生じ，年間所得200万円未満世帯の割合は6ポイント増加している。さらに，暮らし向きに対する主観的な困窮感でみると，平成18年調査では「大変苦しい」が22.5％，「やや苦しい」が33.5％であり（平成8年調査では各16.0％，30.5％），両者を合わせると2時点間で10ポイント近い増加が認められる。

『国民生活基礎調査』は国民全世帯を母集団とするため，当然のことながら，この間の高齢化や世帯規模の縮小を念頭に置いて解釈する必要がある。なお，

同調査の結果によれば，この10年間で，単身世帯の割合は23.5%から25.3%へ，高齢者のみ世帯の割合は14.2%から17.7%へと変化している。高齢化や世帯規模の縮小の影響を厳密な形で見積るためには，より精緻な分析が必要であることはいうまでもないが，同調査にみられる10年間の変化には，バブル崩壊とその後の長期不況を経て，国民の間に生活困窮リスクが広がりつつある様相が示されていると考えられる。

3 労働市場二極化の原因と帰結

(1) 労働市場の二極化

OECD（2006, =2007）は，日本が格差と相対的貧困に取り組むための勧告として，労働市場における二極化の拡大傾向を反転させる必要性を指摘している。同勧告によれば，勤労者層の所得格差拡大の要因は，非正規雇用者の増大がもたらしたものであり，正規雇用者と非正規雇用者の待遇の乖離と両者の間での移動の限定性が，労働市場の二極化という深刻な問題を引き起こしているとされている。

『労働力調査』によれば，2006年時点の非正規雇用者数は1,677万人に達し，役員を除く全雇用者の33.0%，3人に1人の割合を占めている（図1-2）。非正規雇用者数は，1990年以降，ほぼ一貫して増加しており，1995年には1,000万人を超え，2003年には，ほぼ1,500万人に達した。一方，正規雇用者数は，1997年時点で3,812万人であったが，この後一貫して減少しており，2006年には3,411万人となった。役員を除く全雇用者中，非正規雇用者の割合は，65歳以上を除き，男女で大きく異なる（65歳以上の非正規雇用者割合は，男性67.3%，女性65.7%でほぼ同率）。男性の非正規雇用者割合は，35～44歳および45～54歳では1割を下回っているが，15～24歳（在学中を除く）で27.7%，25～34歳で13.4%，55～64歳で26.5%であった。一方，女性では高齢になるほど非正規雇用者割合が大きくなり，15～24歳（在学中を除く）で38.6%，25～34歳で41.5%，45歳以上の年齢階級ではいずれも5割を超えている。

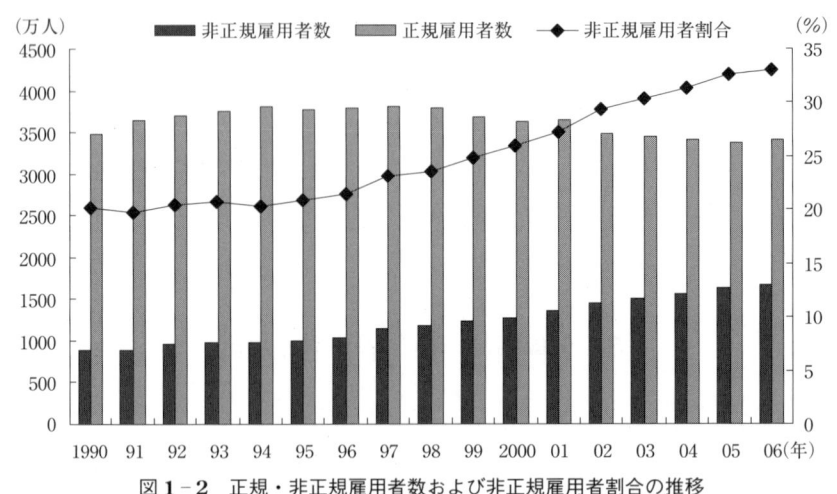

図 1-2　正規・非正規雇用者数および非正規雇用者割合の推移
出典：労働力調査特別調査（1990~2001 年）および労働力調査詳細結果（2002~06 年）より。

　1973 年のオイルショックを契機に，1980 年代以降，先進諸国では軒並み社会経済システム再編の必要性にみまわれたのに対して，日本では，オイルショック後の不況から短期間で回復し，「護送船団式資本主義」（Schoppa 2006, =2007）のもと，日本型雇用慣行として知られている年功序列賃金制や終身雇用制を維持してきた。しかしながら，1991 年のバブル崩壊後，長期にわたる「平成不況」が幕を開け，こうした雇用制度にも風穴が空くこととなった。以後，中高年層には「リストラ」と称される人減らし対策が加速し，若年層には新規採用抑制の動きが見られるようになった。長く続いた不況を背景に，企業は，それまで正社員が担っていた業務をパートタイム労働者や派遣社員など，人件費が安く，雇用量の調節が可能な雇用形態でまかなう方向に向かった。『平成 18 年雇用動向調査』によれば，驚くべきことに，新規学卒入職者のうち 23%（男性 22%，女性 24%）がパートタイム労働者であった。
　このような企業行動や，それを可能にする政府の規制緩和の方向付けのメルクマールとなったのが 1995 年 5 月に公表された旧日経連による『新時代の日本的経営』であったとされている（白川 2005）。この報告書では，労働者のタ

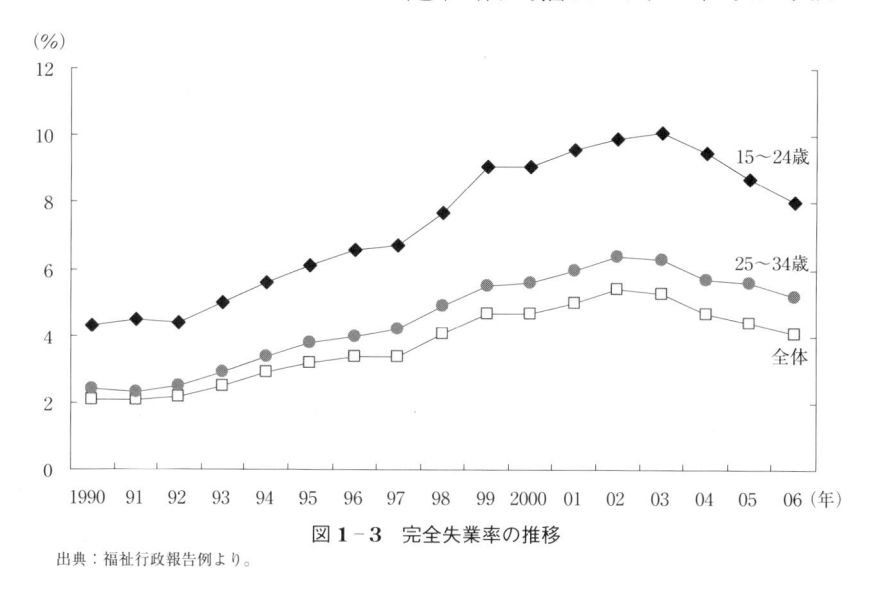

第1章 新しい貧困とソーシャル・インクルージョン

図1-3 完全失業率の推移
出典：福祉行政報告例より。

イプを「長期蓄積能力活用型」「高度専門能力活用型」「雇用柔軟型」に分け，これまでの「期限の定めのない雇用契約」中心の雇用形態から「長期雇用者と流動化させる雇用者との組み合わせ」の雇用形態へと，弾力的な人材活用を推奨している（新・日本的経営システム等研究プロジェクト 1995）。一方，政府は労働者派遣事業の規制緩和を進め，1996年には派遣労働の適用が26業務に拡大した。1999年の法改正では，派遣期間を原則1年に限定するとともに，派遣労働の適用が一部例外を除いてすべての業種で認められるようになった。さらに，2004年には，派遣期間の最長3年への延期や製造業務等への適用拡大などが実施された。

(2) 若年失業と不安定就労

こうした雇用情勢のなか，失業率も上昇傾向をみせている（図1-3）。完全失業率（労働者人口に占める政府統計上の完全失業者の割合）は，1990年代初頭の2％台から徐々に上昇し，ピークの2002年には5.4％に達した。若年失業率はさらに高く，ピークの2003年には15～24歳で10.1％と，1割を超えている。

1990年代後半における失業率の上昇は，図1－3に示したように若年層（15～24歳）で最も急激であった。なお，2006年の年平均完全失業率は4.1％，15～24歳で8.2％，25～34歳で5.2％であった。橘木（2006）によれば，統計数値に表れない潜在的失業者を含めれば，2，3倍の失業率が想定できるとされている。前述した新規学卒入職者のパートタイム比率を勘案すると，若年層においては学業修了後のフルタイム就労があたりまえのことではなくなったという，かつてない状況が出現したといえる。

　白川（2005）は，若年雇用の悪化は，景気の動きを反映した「循環的失業率」よりも，労働市場におけるミスマッチなどによって生じる「構造的失業率」によって説明できる部分が大きいと指摘している。そして，若年層（15～24歳）においては，この構造的失業率とパートタイム比率に，かなり強い相関関係が認められるという。これは「本当は非正規雇用ではなくて正規雇用（正社員）に就きたいと考えている若者が多い」（白川 2005：172）ことの裏返しの現象といえ，その意味で若年パートタイム層は潜在的失業者と考えることができる。

　若年失業者（無業者）の問題が，「ニート」というカタカナ言葉で，ブームを巻き起こしたのは，2004年のことであった。その年にベストセラーとなった書籍のタイトルは，『ニート―フリーターでもなく失業者でもなく』（玄田・曲沼 2004）であった。すなわち，ニートは失業者ではないという定義のもと，若年雇用問題とは切り離された領域において人びとの関心を集めたのである。玄田らによれば，ニートとは「働くことも，学ぶことも，すべて放棄し，社会と交わる機会を失った若者」（玄田・曲沼 2004：6）であって，フリーターや失業者とは異質な若者と見なされた。一方，本田ら（2006）は，ニートのうち増加しているのは，働きたいという希望はあるが具体的な求職行動をとっていない「非求職型」のニートであり，働きたいという希望も表明していない「非希望型」のニートは，最近10年（1992年と2002年）の間変化していないことを指摘した。さらに，10年で2倍以上の増加を示し，該当者数もはるかに多い若年失業者やフリーターにこそ焦点を当てるべきであると主張している。

ニートが若年失業者やフリーターを含む非正規雇用者と同様,「労働市場の二極化」という現象の一部を成すことは言を俟たない。前述したような官民合同による雇用・就業形態の多様化政策の推進は,単に労働需要側の選択肢を広げたにすぎず,結果的には若年層の構造的失業率の上昇や,さらにはニートの増殖に寄与したといえるのかもしれない。また,厚生労働省(2006b)によれば,フリーター経験をキャリアとして評価しないだけではなく,それ自体をマイナスとみる企業が少なからず存在し,フリーターやニートを正社員として採用することについても企業の厳しい姿勢がうかがえることが指摘されている。二極化現象は,若年層に就業選択の幅を狭めただけでなく,キャリアアップ(非正規雇用から正規雇用への移動)への道も極めて過酷なものとした。そして,少しでも条件のよい職場をめざして非正規雇用から非正規雇用へと渡り歩く不安定就労層をも生み出している。その結果,若年層の経済的自立を困難にしているだけではなく,結婚し子どもを産むという「家族形成力の低下」(厚生労働省 2006b)という現象にまで波及しているのである。玄田ら(2004)の「社会と交わる機会を失った若者」という定義は,ニートの属性というよりも,「二極化の帰結」というべきであろう。

4 現住所ネットカフェ——貧困政策の貧困さ

(1) ネットカフェ難民

「ネットカフェ難民」という言葉が新聞・テレビなどのマスコミを賑わすようになったのは,ここ数年のことである。インターネットカフェや漫画喫茶を仮の住まいとして日雇い派遣労働などの不安定な仕事に就いている若者の存在が社会問題として注目を集めている。朝日新聞の2006年11月2日付記事では,『現住所ネットカフェ——都会の家なきフリーター』という見出しのもと,その窮状が報道された。

　　低料金でシャワーや個室などを完備するネットカフェで生活する若者が都

市部で増えている。彼らの多くが，生活が困窮し，家を失った若年フリーターだ。「不安定な生活を抜け出したい」というSOSもインターネットを通じて，支援団体に寄せられ始めている。

　大阪・梅田のネットカフェ。5時間で1,500円の「夜間パック」の受け付けが始まる午後10時，大阪市出身の男性(30)は，リュック一つを持って，個室に入る。シャワー，歯磨きをすませ，備え付けの毛布をかぶり，リクライニングシートへ。だが，体は伸ばせない。「この先どうなるのだろう」。熟睡できない日が続く。(中略)ネットカフェを転々とし，体調が悪くなれば，3,000円前後のカプセルホテルで横になって寝る。仕事がない日は，公園のベンチや図書館のロビーで過ごす。最近は「なぜ生きているのか分からなくなってきた」と話す(中略)。

　「ネットカフェ転々。助けて」「もう，こんな生活疲れました」　生活困窮者を支援するNPO法人自立生活サポートセンター「もやい」の湯浅誠事務局長(37)の元には04年ごろ，こんなメールが若者から届くようになった。今では月2～3件ある。湯浅さんは「生活が困窮したフリーターは確実に増えており，都市で見えない存在となってホームレス状態になっている。行政は，そのグレーゾーンにも目を向けていくべきだ」と話す。

　2007年には，厚生労働省によって「ネットカフェ難民」に関する公的調査が初めて行われた(厚生労働省職業安定局2007)。この調査では，全国の24時間営業のインターネットカフェ・漫画喫茶等全店舗(3,246店舗)の店長・店員等を対象に電話調査を実施し(有効回答数1,173店舗)，さらに回答を得た店舗のうち146店舗のオールナイト利用者(回収サンプル数87店舗，1,664人)に自記式のアンケートを実施したうえで，概数を推計している。推計結果によれば，住居を失い寝泊まりのためにインターネットカフェ等を常連的に利用する「住居喪失者」は，約5,400人にのぼる。そのうち，「非正規雇用者」はほぼ半数にあたる約2,700人，「失業者」約1,300人，「無業者」約900人，「正社員」約300人という内訳であった。また，「非正規雇用者」のうち，日雇いを含む短

期非正規雇用者は約 1,700 人であった。「住居喪失者」の年齢分布をみると，20 歳代（26.5%）と 50 歳代（23.1%）に 2 つの山が認められた。

同調査では，「ネットカフェ難民」と想定される住居喪失者 362 人（東京 23 区 300 人，大阪市内 62 人）を対象とした生活・就業実態に関する個別面接調査も同時に実施されている（以下の数値は，362 人のうち住居はあるが帰宅困難な者 97 人を除いた集計値）。住居喪失者の 9 割以上は男性であり，インターネットカフェ以外に「路上」を寝泊りの場所としている人がほぼ 4 割に及んだ。住居喪失の理由は，「仕事を辞めて家賃等を払えなくなった」，「仕事を辞めて寮や住み込み先を出た」など，仕事を辞めたことが原因で住居を失ったとする人が過半数を占めている。住宅を確保するうえでの問題点では「住居入居初期費用（敷金等）の貯蓄の難しさ」をあげる人が最も多く，次いで「安定収入がないために住居入居後に家賃を払い続けられるかどうか不安」という回答も多くみられた。平均月収（手取り）は，東京で 10.7 万円，大阪で 8.3 万円であった。

(2) 失業保険の問題点

厚生労働省調査が明らかにしたように「ネットカフェ難民」と揶揄される「住居喪失不安定就労者」は，4 人に 1 人が 50 歳代であり，若者層だけではなく，広く勤労者層全体を覆う問題である。勤労者層のセーフティネットである失業保険は，なぜ有効な機能を果たさないのであろうか。橘木（2006）によれば，勤労者のうち，失業保険に加入している人びとは半数前後にすぎないとされている。雇用保険法は，被雇用者への保険加入義務を課しているものの，加入の条件として，週 20 時間以上の勤務と 1 年以上雇用される見込みがあることが求められる。そのため，非正規雇用者の多くは，この条件を満たすことができない。現在，2 割を超えているパート採用の新規学卒入職者の場合も，このケースにあてはまる人が一定数いることが推測される。彼らが少しでも「まし な」職に就くための転職活動にも大きな制約があるのが現実である。また，短期雇用や短時間労働を長く続けてきた中高年層も，就労期間の長短にかかわらず，その「恩恵」に浴することができない。さらに，失業手当を受給で

きたとしても，給付期間の制約という問題がある。被保険者期間が10年未満の場合，給付期間は3カ月にすぎない。仮に，自己都合退職であれば，3カ月間の給付制限が生じ，受給開始は手続き後の4カ月先となる。再就職を支援するための所得保障という失業保険の目的を果たすためには，産業構造の変化や長期不況に対応できる柔軟な制度への見直しが必須と考えられる。

新聞報道によれば，厚生労働省では，先の調査結果を受けて，住居と就労機会の確保を柱とする住居喪失不安定就労者支援策として1億7,000万円の事業費を予算概算要求に盛り込んだとされている（読売新聞 2007年8月28日）。対症療法ではない，予防的視点を含む対応策が望まれるところである。

熊沢（2003）によれば，イギリスでは失業保険の給付期間終了者や失業保険未加入者への支援制度が存在している。その1つである「拠出制求職者手当」は，失業保険の給付期間終了後も仕事を得ることのできなかった「働くことのできる」失業者を対象に，半年間支給される手当である。また，「所得調査制求職者手当」は，さらに半年後も失業が続く人，失業保険未加入で受給の権利のない人向けの手当である。この求職者手当は，パート就労による稼得水準の実情を考慮して，週16時間未満の労働者にも支給されている。支給額の多寡はさておき，このような制度の谷間を埋める政策的な配慮が必要ではないだろうか。

(3) 生活保護制度の問題点

生活保護制度は，低所得者層に対する「長期的な最低生活維持機能」に加えて，失業保険を補完する「短期的な最低生活維持機能」を持つ二重のセーフティネットであるとされている（京極 2006：52）。すなわち，不況下における就労支援の役割が期待されていると考えられる。実際に，生活保護受給世帯数の推移をみると，1990年代後半から2000年代半ばにかけて急激な上昇を示している（図1-4）。1995年に4.7‰であった世帯保護率は，2004年には21.5‰に上昇している（生活保護の動向編集委員会 2006）。また，都道府県別の保護率と完全失業率の間には明瞭な相関関係が認められている（厚生労働省 2005）。さ

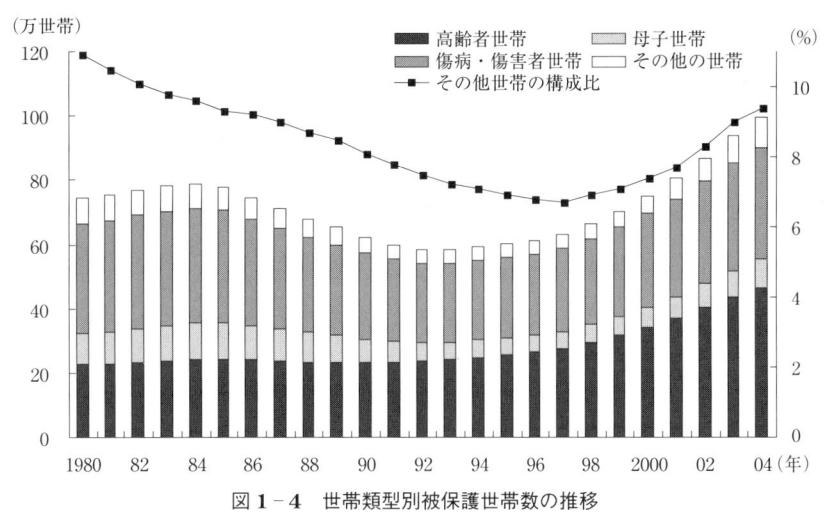

第1章 新しい貧困とソーシャル・インクルージョン

図1-4 世帯類型別被保護世帯数の推移
出典:福祉行政報告例より。

らに，保護開始の理由に「働きによる収入減」をあげた世帯の割合は，1990年には3.5%であったが，1995年には6.8%，2004年には15.3%と，急増している（生活保護の動向編集委員会 2006）。一方，被保護世帯の内訳をみると，この間，高齢者世帯，母子世帯，傷病・障害者世帯が9割以上を占め，その他世帯の構成比は1割に満たない（1995年6.9%，2004年9.4%）（図1-4参照）。このことは，生活保護制度が働くことが可能な世代（勤労者層）に対する短期的な最低生活維持機能，すなわち貧困転落防止機能を十分果たしていないことを推測させる。橘木・浦川（2006）の分析によれば，生活保護の捕捉率は2割以下に過ぎず，高齢者世帯，母子世帯以外の世帯では1割強にとどまる。そして，その結果として，貧困転落防止機能を極めて弱いものとしていることが指摘されている。

生活保護法では，最低限度の生活（憲法で保障された「健康で文化的な生活」）を保障するだけではなく，「自立の助長」を目的に掲げている。しかしながら，被保護世帯の自立を促進するための組織的な就労支援への取り組みは，これまで不十分であった。また，「補足性の原理」に立つため，親族による扶養が優

先され，さらに利用できる資産と能力を使い果たしたうえで適用される。そのため，いったん保護の対象となるとなかなか抜け出せない，厳しい審査により保護が受けられない世帯がかなりあるなどの問題点が指摘されている（伊東 2005）。

　現在，社会保障制度全般の見直しが進められるなか，生活保護制度についても抜本的な見直しが議論されている（京極 2006）。そのような流れのなか，社会保障審議会は「生活保護の在り方に関する専門委員会」を設置し，「利用しやすく自立しやすい制度へ」を基本視点に，いくつかの提言がなされた（伊東 2005）。そして，2005年度から，この提言をもとに「自立支援プログラム」の導入が進められている。2006年度には，824自治体で2,119のプログラムが策定・実施されており，2007年度には，全自治体で就労支援に関する個別支援プログラムが策定・実施されることになっている（厚生統計協会 2007）。プログラムの有効性は就労実績よりも，その後の継続性によって評価されるべきものであると考えられるため，その成果が明確にされるのは今後のことであろう。しかしながら，このプログラムがより有効性を発揮するためには，貧困転落防止機能を前提とした早期の対処や保護の間口を拡げることが不可欠であると考えられる。

5　不安定さの悪循環

(1)　雇用の欠如と働くことの価値低下

　BhallaとLapeyre（2004, =2005）は，Sen（1975）の雇用概念に依拠して，雇用の欠如の意味するところを明らかにしている。雇用は所得へのアクセスだけではなく，勤労者に対して社会における生産的な役割を承認することによって，彼らの社会的な拠り所や社会的な地位をも提供するのである。すなわち，雇用の欠如は，社会の一員としてのアイデンティティの喪失，もしくはシティズンシップの剥奪を意味する。このことは，将来の見通しを描きがたくしている雇用の不確実性が個人と社会とのつながりを希薄化させているという現代社会の

第1章　新しい貧困とソーシャル・インクルージョン

ありようを示している。あるいは，逆に，社会とのつながりの希薄さが労働へのインセンティブ，働くことの意味を曖昧にさせていることをも想起させる。

　内閣府では，毎年（1997〜2001年は隔年実施），『国民生活に関する世論調査』を実施しており，2001年以降，「あなたが働く目的は何ですか」という質問を設定している。その結果によれば，過去7年間いずれも「お金を得るために働く」がほぼ半数を占め（2007年の数値は49.4％），トップであった。以下，「生きがいをみつけるために働く」（同，22.2％），「社会の一員として，務めを果たすために働く」（同，14.1％），「自分の才能や能力を発揮するために働く」（同，9.6％）の順となっている。また，1999年には同一の選択肢で「人は何のために働くことが大切だと思いますか」という質問を設定している。厳密な比較はできないが，規範を問う形でのこの質問に対して，「お金を得るために働く」という回答は33.7％にとどまり，「生きがいをみつけるために働く」（35.3％）と拮抗していた。これらの調査結果は，ホンネ（2001年以降）とタテマエ（1999年），あるいは現実と理想のギャップを感じさせるとともに，働くことの意味が「お金を得るため」という所得の側面だけに回収されてしまっているという現実を露にしている。労働市場の二極化という現象は，新卒パートタイマーやワーキングプア，その極限としての「ネットカフェ難民」という「まともな」労働市場からの排除を生み出すとともに，若年失業者やニートという労働市場そのものから排除された人びとを増殖させた。3人に1人が非正規雇用の国にあっては，働くことの価値低下は避けられない事態なのかもしれない。

　Youngはポストフォーディズム下における排除型社会の構造を論じた著書の中で，次のように述べている（Young 1999，＝2007：471-472）。

　　社会から排除されていると感じている（そして相対的剥奪感をもっとも強く感じている）人々の多くは，仕事に就いている人々なのである。そして，失業者の多くが仕事に就くことに抵抗する理由は，それらの政策が能力主義的な観点からみて不公平であることを現実的に感じ取っているためである（強調は原著者）。

第Ⅰ部　ソーシャル・インクルージョンの視角

　ここでいう「それらの政策」とは，福祉受給者に対して給付の対価として勤労や勤労体験プログラムへの参加を義務づけるワークフェア（workfare）政策を指している。労働市場二極化を放置した上での就労自立・自立支援策は，失業者を現行の非正規労働市場の底辺に吸収するだけに止まる可能性が高い。仮に雇用の欠如が解消できたとしても，そこには働くことの価値の復権は望むべくもない。すなわち，雇用の持つ「社会的承認」という機能は著しく損なわれかねない。能力主義的な公正さを保つためには，均等待遇（同一労働同一賃金）の原則を確立し，キャリアアップのための開放性を高めることが不可欠であろう。単なる雇用の保障ではなく，「公正な」雇用の保障が求められているのである。さらには，働くことが単に所得を得るための手段としてだけではなく，生きがいや達成感，個人の尊厳や社会とのつながりと深く関わっていることを，政策的にも認識する必要がある。

(2)　関係的貧困とつながりの喪失

　Paugam（1995）は，雇用の不安定さが，単に「経済的貧困」を生み出すだけではなく，夫婦関係の揺らぎ，家族生活の不調和，サポート・ネットワークの不足や社会参加の少なさなどの「関係的貧困」と相互に関連しあっていることを実証的に明示し，「不安定さの悪循環（spiral of precariousness）」と表現した。また，菊池（2007）の分析によれば，日本でも非自発的失業の経験者がサポート・ネットワークや地域での活動から排除されやすいことが明らかにされている。このことは，前述したように不安定就労が結婚や出産といった「家族形成力」の低下を招いているという現象にも通じており，ホームレスの増加や「ネットカフェ難民」出現の背景に家族・親族ネットワークや近隣コミュニティの後退があることとも重なっている。

　「不安定さの悪循環」は，単に個人の社会生活上のリスクだけではなく，「社会関係の織物が傷つけられたせいで生じる失敗という社会構造的なリスク」（Bhalla & Lapeyre 2004, =2005：ⅲ）とも深い関連をもっている。すなわち，「経済的貧困」と「関係的貧困」のスパイラルは，マクロなレベルにおいては

「経済的格差」と「社会的結束（social cohesion）の脆弱さ」というスパイラルに置き換えることができる。

OECD（2005，＝2006）は，社会的結束指標として「主観的福祉」「社会的孤立」「団体加入」「10歳代の出産」「麻薬の使用および関連する死亡」「自殺」を用いて加盟国間の比較を行っている。「主観的福祉」は「生活満足度」と「幸福感」によって測定されており，日本はOECD 28カ国中22位であった。また，一人当たり所得が3万米ドル水準（購買力平価換算）の国の中では，最も生活満足度が低い。すなわち，日本は物質的な豊かさの割に主観的福祉の貧しい国といえるであろう。「社会的孤立」では，友人，同僚，社会団体のメンバーとのつきあいがほとんど（まったく）ない人の割合が比較され，日本はトップを占めた（15.3％，OECD平均は6.7％）。また，友人との接触にかぎってみてもほとんど（まったく）ない人が33.8％と，3人に1人の割合に及んでいる（OECD平均は14.4％）。「団体加入」では，平均所属数が1団体未満であり，OECD 29カ国中20位であった。団体所属数とボランティア活動への参加の間には強い相関関係があり，日本はボランティア参加率（少なくとも1団体で無給の仕事をしている人の割合）も低位のグループに属している。「自殺」については，人口10万人当たりの自殺者数が25.5人に達し，ハンガリーに次いで多い。日本の主観的福祉が低い背景には，社会的なつながりの希薄さが作用していることを感じさせる結果といえる。

以上のように，いくつかの指標に認められる社会的結束の脆弱さは，社会ないしは共同的生活空間であるコミュニティが内包する「貧困転落防止機能」を著しく損ねていることの現れと見なすことができる。日本は個人の社会生活上のリスクである「関係的貧困」と社会構造的なリスクである「つながりの喪失」という克服すべき大きな課題に直面しているといえよう。

6 「つながり」の再構築へ向けて

近年，ヨーロッパ諸国では，これまで述べてきたような「新しい貧困」の多

次元的で動的なプロセス (Berghman 1995) を「ソーシャル・エクスクルージョン (社会的排除)」という概念で捉え，その対抗策として「ソーシャル・インクルージョン (社会的包摂)」という標語が唱えられている。1997年に調印された欧州同盟 (EU；European Union) のアムステルダム条約では，「高水準の雇用の継続と社会的排除の撲滅のための人的資源の開発」を目標として掲げ (136条)，加盟国政府による「貧困と社会的排除に抗するナショナル・アクション・プラン」の実現を促した (金丸 2000；中村 2002)。このプランでは，①雇用への参加，ならびに資源・権利・財・サービスへの万人のアクセスの促進，②排除のリスクの阻止，③最も傷つきやすい人への支援，④すべての関係者の動員という4つの目標が定められ，「ソーシャル・インクルージョンに関するナショナル・アクション・プラン」とも称された (中村 2002)。この4つの目標を達成するための具体的内容には，失業や貧困対策を超えた多様な問題意識が込められている (芝田 2006)。例えば，雇用への参加促進の内容には男女共同参画の視点が含まれ，育児・介護と仕事の両立推進が目標とされている。排除のリスクの阻止に関しては，障害者の情報ニーズへの対応やホームレス防止策，あらゆる形態の家族のきずなの維持などが含まれている。また，最も傷つきやすい人への支援には，子どもの社会的排除の根絶や貧困地域対策などをその内容としている。すべての関係者の動員には，当事者や一般市民の積極的参加や企業の社会的責任の促進，NPO/NGOとのパートナーシップや専門職の感性の向上への期待が込められている。

　日本でも，このような動きに呼応するように，新たな形による不平等・格差の発生や，共に支え合う機能の脆弱化の進展に対して「つながり」の再構築の必要性が唱えられている (厚生省社会・援護局 2000)。また，「つながりが築く豊かな国民生活」を副題とする2007年度版『国民生活白書』では，家族，地域，職場という3つの場における「つながり」の弱まりと，それが精神的なやすらぎや生活の豊かさに及ぼす影響が指摘されている (内閣府 2007)。このような「つながり」の強調の背景には，関係的貧困や社会的結束の脆弱化という本質的な問題に加え，国家による福祉システムの弱体化があると考えられる。

EUが提示した「ソーシャル・インクルージョンに関するナショナル・アクション・プラン」の目標のひとつには「すべての関係者の動員」が掲げられているが,課題解決のためには公私のパートナーシップが不可欠であろう。BhallaとLapeyreは,国家が重要な役割を演じ,公共政策の執行における失敗を減らすためには,人びと自身による自分の状況やニーズに関する分析に根ざす制度構築の必要があるとしている（Bhalla & Lapeyre 2004, ＝2005：32）。すなわち,そのような参加の保障が個人と社会とのつながりを再構築するために必要であるとともに,当事者意識を高めるためのエンパワーメントが求められている。

（西村昌記）

引用・参考文献

Berghman, J.,(1995) Social Exclusion in Europe : Policy Context and Analytical Framework, Room ed., *Beyond the Threshold : The Measurement and Analysis of Social Exclusion*, Policy Press

Bhalla, A. S., Lapeyre, F.,(2004) *Poverty and Exclusion in Global World, Second Revised Edition*, Palgrave Macmillan（＝2005,福原宏幸・中村健吾監訳『グローバル化と社会的排除――貧困と社会問題への新しいアプローチ』昭和堂）

玄田有史・曲沼美恵（2004）『ニート――フリーターでもなく失業者でもなく』幻冬舎

本田由紀・内藤朝雄・後藤和智（2006）『「ニート」って言うな！』光文社

伊東雅之（2005）「生活保護制度見直しの課題」『調査と情報』494

金丸輝男（2000）『EUアムステルダム条約――自由・安全・公正な社会をめざして』ジェトロ

菊池秀明（2007）「排除されているのは誰か？――『社会生活に関する実態調査』からの検討」『季刊社会保障研究』43

京極高宣（2006）『生活保護改革の視点――三位一体と生活保護制度の見直し』全国社会福祉協議会

厚生省社会・援護局（2000）「社会的な援護を要する人々に対する社会福祉のあり方に関する検討会報告書」（http : //www 1.mhlw.go.jp/shingi/s 0012/s 1208-2_16.html, 2007.8.28）

厚生統計協会（2007）『国民の福祉の動向』(『厚生の指標』臨時増刊 54 (12))

厚生労働省（2005）『厚生労働白書（平成17年版）』ぎょうせい

―――（2006 a）『厚生労働白書（平成18年版）』ぎょうせい

―――（2006 b）『労働経済白書（平成18年版）』国立印刷局

厚生労働省雇用安定局（2007）「住居喪失不安定就労者等の実態に関する調査報告書」（http : //www.mhlw.go.jp/houdou/2007/08/h 0828-1.html, 2007.8.28）

熊沢誠（2003）『リストラとワークシェアリング』岩波書店

内閣府（2006）『経済財政白書（平成18年版）』国立印刷局

第Ⅰ部　ソーシャル・インクルージョンの視角

─── (2007)『国民生活白書（平成 19 年版）』時事画報社
中村健吾 (2002)「EU における『社会的排除』への取り組み」『海外社会保障研究』141
OECD (2005) *Society at a Glance : OECD Social Indicators 2005* (= 2006, 高木郁郎監訳『図表でみる世界の社会問題　OECD の社会政策指標──貧困・不平等・社会的排除の国際比較』明石書店)
─── (2006) *OECD Economic Surveys, Japan 2006* (= 2007, 大来洋一監訳『OECD 日本経済白書 2007』中央経済社)
大竹文雄 (2000)「90 年代の所得格差」『日本労働研究雑誌』42 (7)
Paugam, S., (1995) The Spiral of Precariousness : A Multidimensional Approach to the Process of Social Disqualification in France, Room ed. *Beyond the Threshold : The Measurement and Analysis of Social Exclusion*, Policy Press
Schoppa, L. J., (2006) *Race for the Exits : The Unraveling of Japan's System of Social Protection*, Cornell University Press (= 2007, 野中邦子訳『「最後の社会主義国」日本の苦闘』毎日新聞社)
生活保護の動向編集委員会 (2006)『生活保護の動向（平成 18 年版）』中央法規出版
Sen, A. K., (1975) *Employment, Technology and Development : A Study Prepared for the International Labour Office within the Framework of the World Employment Programme*, Clarendon Press
芝田文男 (2006)「ソーシャル・インクルージョンへの政策的取組みの現状と将来──EU，スウェーデン，ドイツ，イギリスの取組みと日本の政策への含意」『北大法学論集』57 (1)
新・日本的経営システム等研究プロジェクト (1995)『「新時代の日本的経営」──挑戦すべき方向とその具体策』日本経営者団体連盟
白川一郎 (2005)『日本のニート・世界のフリーター──欧米の経験に学ぶ』中央公論新社
橘木俊詔 (1998)『日本の経済格差──所得と資産から考える』岩波書店
─── (2006)『格差社会──何が問題なのか』岩波書店
橘木俊詔・浦川邦夫 (2006)『日本の貧困研究』東京大学出版会
Young, J., (1999) *The Exclusive Society : Crime and Difference in Late Modernity*, SAGE Publications (= 2007, 青木秀男他訳『排除型社会──後期近代における犯罪・雇用・差異』洛北出版)

第2章

ソーシャル・インクルージョンと地域社会

1 「つながり」の場としての地域社会

　近年，ソーシャル・エクスクルージョン（社会的排除）という概念と呼応する形で，ソーシャル・インクルージョン（社会的包摂）という概念が注目を集め始めている。わが国において，その議論展開の起点となったものが，厚生省社会・援護局（2000）「社会的な援護を要する人々に対する社会福祉のあり方に関する検討会報告書」であろう。

　本報告書では，「都市化と核家族化の進展や，産業化，国際化の中で人々の『つながり』が弱くなって」きている一方で，「近年，社会福祉の制度が充実してきたのにもかかわらず，社会や社会福祉の手が社会的援護を要する人々に届いていない」状況があるとする。そして，「現代社会においては，その社会における人々の『つながり』が社会福祉によって作り出される」という認識の下で，「つながり」という観点から社会福祉における問題認識とその対策について広範な議論が展開されており，特に新たなつながりの再構築の「場」として地域社会の役割が重要視されている。

　この報告書の認識の背景には，1970年代に欧州において提唱され，現在 EU において中核的な政策課題の一つとなっているソーシャル・エクスクルージョン（social exclusion）とその政策的対応としてのソーシャル・インクルージョン（social inclusion）がある。ソーシャル・インクルージョンは欧州の各諸国において積極的に取り組みが進められているが，厚生省社会・援護局の報告書同様，地域社会の位置づけが非常に高く，実際に地域社会をベースとして多様な

取り組みが展開されている。

　本章では，ソーシャル・インクルージョンを地域社会という観点から，その背景と含意，さらには内実について検討を進めつつ，日本における展開の現状と課題，その可能性等についての考察を試みることを目的とする。

　まず，そもそも何故，ソーシャル・インクルージョンという概念の文脈において地域社会の役割が重視されているのかについて，ソーシャル・エクスクルージョンの含意を踏まえ，その背景と視座について確認を行う。次に地域社会を基礎として展開されているソーシャル・インクルージョンの内実をイギリスの状況を中心に概観する。イギリスの状況を中心に取り扱う理由として，イギリスのソーシャル・インクルージョン施策は，他の欧州諸国と比しても地域社会へのウェイトが高いことが挙げられるが，その理由については後述したい。そしてイギリスでの取り組みを基に地域社会におけるソーシャル・インクルージョンの諸特徴の整理を概括的に試みる。最後にそれらを踏まえ，わが国におけるソーシャル・インクルージョン施策の導入の課題点とその可能性について，わが国の地域社会に関する諸施策，さらには地域福祉の内実を検討したうえで，考究を進めていくことにしたい。

2　ソーシャル・インクルージョン論における地域社会

(1)　ソーシャル・エクスクルージョンの問題認識

　先に述べた通り，ソーシャル・インクルージョンという概念は，ソーシャル・エクスクルージョンという問題状況に対応して，生み出された概念である。したがって，ソーシャル・インクルージョンの考察を進めるためにはまず，ソーシャル・エクスクルージョンの含意，すなわち，何故，ソーシャル・エクスクルージョンという新たな概念が生み出されたのか，そして従来の問題認識とどのような差異があるのかについて，確認をしておく必要があろう。

　ソーシャル・エクスクルージョンという概念は，福祉国家の危機以降，顕在化する経済構造の変質から生じた新たな問題状況がその背景にあるとされてい

る（岩田 2004；菊地 2007 a）。ソーシャル・エクスクルージョンという概念を 1974 年に初めて用いた R.Lenoir は，経済的繁栄と福祉国家の成熟のただ中において，そこに包摂されない「排除された人々」が恒常的に生み出されていることを指摘している（田中 2006：81）。このような状況下において，フランスでは，排除された人々を既存の制度への統合政策が目指されるが，1980 年代以降，その限界に直面することになる。すなわち長期失業や非正規雇用の増大，家族の多様化によって，従来の福祉国家に統合されない人々が社会に拡散していき，「排除」の問題は特定階層の問題から社会階層全般に広がる「不安定」な状況一般を指す概念となるのである（田中 2006：82）。

　フランスにおけるこのような新たな問題認識の生成は，福祉国家の危機というグローバルな構造転換という趨勢において，他の欧州諸国においても，同様の問題を生起させてきたといえる。ソーシャル・エクスクルージョンという概念が本格的に取り上げられることになるのが，欧州委員会が 1992 年に発表した文書『連帯の欧州をめざして――社会的排除に対する闘いを強め，統合を促す』である。中村（2002：59）によると，1992 年の欧州委員会文書におけるソーシャル・エクスクルージョン概念の特徴は，①結果のみを問題にするのではなく過程を問題にする点，②低所得や失業といった問題に特定されない多元性を有している点，③「社会的な統合とアイデンティティの構成要素からなる実践と権利から」人々が排除されていくこと，つまりはシティズンシップを支えるさまざまな権利や制度を人々が享受できなくなる点，が指摘されているとする。

　以降，ソーシャル・エクスクルージョンという概念が，欧州委員会において主要な政策概念として扱われるにつれて，その概念の精緻化も進むことになる。例えば，Berghman（1995：20-21）は，貧困や相対的剥奪，困窮化という類似の概念との比較を通して，ソーシャル・エクスクルージョンは動態的プロセスと多面的要因から問題状況の理解を試みる概念であることを指摘している。また Bhalla と Lapeyre（2004，＝2005：35-38）は，①多次元的なアプローチ，②失業と不安定さがもたらす諸々の帰結，③質的な次元，④長期の過程，⑤ダイナ

ミックな過程，⑥相対的な概念，⑦政策志向の概念，をソーシャル・エクスクルージョンの主要な特徴として挙げている。

　上述のようにソーシャル・エクスクルージョンは極めて多義的な概念であるが，岩田（2002：29-30）は，①ある人々と社会，あるいは社会の中の利害関係を異にする人々の関係に焦点をあてた概念であること，②所得に代表されるような物的資源から捉える貧困や，その帰結としての再分配政策では問題が解決されないことを強調する概念であること，③「複合的問題」を，その結果からではなく，それらが時間と空間の中にどのように生起し人々の人生の軌跡や地域における問題の集中を生み出してきたのかという「プロセス」に焦点をあてた概念であること，の3点がその特徴であるとしている。

　岩田の整理を踏まえるならば，ソーシャル・エクスクルージョンは，①関係性，②問題・課題の多面性，③過程性を強調した概念であるといえるであろう。このような問題認識が必要とされるのは，福祉国家の危機以降，顕在化する経済構造の変質が，生活におけるあらゆる側面での問題性を生起させるからである。BhallaとLapeyre（2004，=2005：21-32）によるとソーシャル・エクスクルージョンは，経済的次元，社会的次元，そして政治的次元の3つの排除の側面があるとしている。すなわち雇用の流動化による労働市場からの排除のみならず，ワーキングプアのような経済的権利からの排除という経済的次元，教育など社会サービスへのアクセスからの排除や雇用の不安定さといった労働市場へのアクセスからの排除，さらには社会的孤立といった社会参加へのアクセスからの排除という社会的次元，そして機会の平等や表現の自由といった市民権からの排除という政治的次元，それぞれが連鎖しながら問題が構築されるのである。

　このような多面的な問題状況は，原因を一義的に特定することは難しく，支援方策も単独で設定することも無理があるといえるであろう。問題を関係的に捉えることによって，関係の多面性と排除関係に至る過程を理解し，解決への方策を見出すことができるのである。そのような意味では，ソーシャル・エクスクルージョンという概念は一定の有効性をもつといえるであろう[1]。

第2章　ソーシャル・インクルージョンと地域社会

　それでは上述のような問題認識を有するソーシャル・エクスクルージョンの解決の方策として措定されるソーシャル・インクルージョンとは，どのような基本的視点を有しているのであろうか。次に確認を行うことにしたい。

(2)　ソーシャル・インクルージョンの基本的視座

　ソーシャル・インクルージョンがその対象とする問題状況，すなわち排除の具体的場面は極めて多様である。Percy-Smith（2000：8-11）は，排除の具体的な側面を次のように挙げている。①経済的要因による長期の失業・臨時的で不安定な就労・失業世帯・収入不足，②社会的要因による伝統的家族の崩壊・10代の妊娠・ホームレス・犯罪・政治的無関心の若者，③政治的要因による無力化・政治的権利の欠乏・低い投票登記・低い投票者数・低いレベルの地域活動・政策過程における阻害や信頼の欠如・サポート・ネットワークの崩壊，④個人的要因による身体的精神的な不健康状態・教育的低位性と低い知識・自己肯定感や信頼感の喪失，⑤空間的要因によるバルネラブル（vulnerable）な状態におかれたグループの密集やマージナル化，⑥集団的要因による高齢者や障害者，エスニック・マイノリティといった特定のグループにおける①～⑤の問題の集中，であるとする。

　このような排除場面の多様性に対してソーシャル・インクルージョンは，どのようなアプローチを内包しているのであろうか。菊地（2007b：183-190）は，ソーシャル・インクルージョンのアプローチを，コミュニティのつながりの再構築をめざすアプローチと経済産業構造の変革をめざすラディカルなアプローチに大別できるとする。コミュニティのつながりの再構築をめざすアプローチは，特定の人々の行動（逸脱行動）と，それがもたらされる原因（コミュニティのつながりの弱体化）に着目してソーシャル・エクスクルージョンを理解する視座に根ざしており，一方，経済産業構造の変革をめざすラディカルなアプローチは，経済産業構造（脱工業化によってもたらされる失業・不安定雇用）に着目してソーシャル・エクスクルージョンを理解する視座にそれぞれ根ざしているとする。

また樋口（2004：8-14）は，排除の諸側面に応じてそれぞれの包摂方策について検討を加えている。具体的には，経済的側面に対応する形での積極的労働市場政策，社会的側面に対応する形での地域コミュニティにおける社会的ネットワークの構築，文化的側面に対応する形での否定的アイデンティティからの脱却，そして政治的側面に対応する形での権利要求運動としてのシティズンシップがそれぞれ対応するとしている。

以上のようにソーシャル・インクルージョンに関するアプローチの分類には，包摂される対象・内容，さらには包摂の方法の設定によって，さまざまな理解を存在するが，少なくとも社会的に排除されている状況下において，「何とどのように関係を取り結ぶのか」という点が，その核心にあるといえる。また関係の取り結びには，どのような特徴があるのであろうか。

ソーシャル・エクスクルージョンは，グローバリゼーションとそれに関連した社会経済構造の変化を背景としながらも，国家的文脈と地域的文脈で理解する必要があるとPercy-Smith（2000：5）は指摘する。すなわち国家的文脈とは，経済政策や福祉体制そして市民権を具体的には指し，地域的文脈とは，地域や住民，地方行政を具体的に指すとしている。そのような意味では，ソーシャル・エクスクルージョンは，構造的であり，行政の態度や活動，さらには政策によって改善あるいは悪化もする。また同概念は関係性を重視することが特徴であるが，その含意には排除されている個人だけでなく，排除するシステムを焦点化することを指摘する。単に社会的に排除されている個人や集団，コミュニティを変化させるのではなく，制度やその過程を変化させることが重要なのである（Percy-Smith 2000：5-6）。

つまりソーシャル・インクルージョンには，国家というマクロ的視点での包摂と地域というメゾ的視点での包摂があるということ，また包摂とは少なくとも排除されている側の問題性を強調するのではなく，排除する側の問題性を強調することにその特徴があるということは注視しておく必要があるであろう。そしてそのことがソーシャル・インクルージョンのアプローチの特徴を塑形しているのである。

ソーシャル・インクルージョンの有する基本的視座について確認を行ってきたが，その特徴の一つとして，「地域」という視点を内包していることが，その特徴の一つとして挙げられる。ではソーシャル・インクルージョンにおいて地域社会はどのような意味を持ち，位置にあるのかについて引き続き検討をしていくことにしよう。

(3) ソーシャル・インクルージョンにおける地域社会の意味と位置

 ソーシャル・インクルージョンという概念において，地域社会は極めて重要な位置を占めている。実際，地域社会を軸に包摂を図ろうとするアプローチは，その概念の起源である欧州各諸国において，様々な施策として取り組まれている。では何故，ソーシャル・インクルージョンにおいて地域社会は重視されているのであろうか。
 地域社会，ソーシャル・インクルージョンの文脈においてのコミュニティ (community) は，多様な文脈で用いられる多義的な概念であるが，地域性と共同性を要件とする一定のまとまり（園田 1978：54）のことであるとされる。一方で地域性と共同性それぞれの強調点は，時代や地域の状況に応じて異なることもまた事実であり[2]，その多様性ゆえに，融通性をもち，政治的，戦略的意義を持たされて使用されてきた（園田 1978：76）こともソーシャル・インクルージョンの中でコミュニティが重視されている一つの理由であると考えることができよう。
 とはいえ，政治的，戦略的意義のみでコミュニティが重視されている訳でもない。ソーシャル・エクスクルージョンの解決の方策としてのコミュニティの意義について，それぞれ社会的・経済的・政治的側面の各点から整理を試みることにしたい。
 まず社会的側面として，ソーシャル・エクスクルージョンが関係性を重視する概念であり，その関係性を回復・包摂する場として，コミュニティが重視されているということである。三本松（2006：80）によるとソーシャル・エクスクルージョンの観点からの理解には，集合的生活困難の形成要因と共に，地域

的な背景についての理解を進める必要性を指摘する。すなわち特定地域に集中した生活困難問題は諸要因の複合的相互作用の結果として生じているものであるとの理解に立ち，その複合的な構造の解明を就業，教育，政治・地域への参加，移動や行政サービスへのアクセスの困難に着目することであるとしている。つまりコミュニティは社会的に排除された人々の生活の場であると共に，生活上の諸関係からの排除の場であるともいえる。関係の包摂化は生活の場であるコミュニティの状況に即した形で行われる必要があるといえるのである。

次に経済的側面として，ソーシャル・インクルージョンを推進するに際し，コミュニティへの投資は経済的効果があるという観点から，コミュニティが重視されているということである。ソーシャル・インクルージョン，特にイギリスにおけるソーシャル・インクルージョンの理論的指導者の一人であるA. Giddens（1998,＝1999：143）によると，経済的・社会的進歩に取り残された地域や近隣を蘇生するためには，地域の経済的振興が必要であるとする（1998,＝1999：184-185）。

この指摘の背景には，ソーシャル・エクスクルージョンと雇用・就労の緊張的な関係が存在している。すなわちソーシャル・エクスクルージョンの原因の一つである長期的失業や雇用不安定を解決するためには，安定的な就労・雇用が確保される必要がある。しかし一方で，ソーシャル・エクスクルージョンを生み出したグローバルな経済構造の転換は，生産・流通・サービスの拠点を世界的に再編するという方向で企業の投資・成長戦略が進んできているため（白石 2004：44），特に社会的に排除されている人々の住む地域社会では，経済活動の空洞化といった大きな打撃を受け，雇用・就労そのものが創出されず，社会的に排除されていくという悪循環が生じているのである。

このような状況下において，地域社会を主体とした経済復興を視野に入れた考え方が注目を集めてきている。地域社会そのものへの注視が経済発展のパフォーマンスを高めるという理論であるが，その代表的なものの一つがソーシャル・キャピタル（social capital）[3]である。ソーシャル・キャピタル論の主導者のD. Putnamは，ソーシャル・キャピタルを「調整された諸活動を活発

にすることによって社会の効率性を改善できる，信頼，規範，ネットワークといった社会組織の特徴」(Putnam 1993, = 2001：206-207) と定義し，そのような特徴が見られる社会組織，すなわち地域社会ほど制度パフォーマンスと経済発展が高まると指摘する。実際ソーシャル・インクルージョンの議論においてソーシャル・キャピタル論は，地域社会を重視する一つの論拠として引かれることが多い (Giddens 2000, = 2003：88-84, Percy-Smith 2000：6-7)。つまりソーシャル・インクルージョンを実現するためには，排除された人々が生活する地域社会そのものを活性化することによって雇用・就労を創出し，延いては経済発展そのものに結びつけるのである。

そして政治的側面として，政治思想としてのコミュニタリアニズム (communitarianism) と福祉国家の再編成の影響も無視できないであろう。コミュニタリアニズムには，様々な主張があり一概に規定できないが[4]，代表的なコミュニタリアニストの一人である A. Etzioni (2001, = 2005：23-26) は，コミュニタリアニズムにおけるコミュニティの重要性について次のように説明する。

Etzioni によると善き社会は国家と市場とコミュニティを均衡させることによって実現されるものであり，この3つの部門が共に機能すること，相互に抑制しあうことが必要であるとする。特にこの3つの部門の中でコミュニティの役割が軽視されており，このコミュニティの役割を改めて見直すことの重要性を指摘している。

このような政治思想は，福祉国家の危機以降の政治体制の中で，どのような代替的政治モデルを考えるのかという点に密接に関連するものである。特にそもそもリベラリズム (liberalism) の成果であった福祉国家そのものが制度的不全を起こし，包摂よりむしろ排除を生み出す要因となっていること[5]や福祉国家の施策が職業紹介や社会的ネットワーク，すなわち中間団体を弱体化させ，結果として失業・貧困を招いている（菊地 2007 a：5）という見解は，福祉国家の機能不全が生み出す排除的状況をコミュニティの役割を重要視することによって，活路を開くといった認識を共有しているのである。

ソーシャル・インクルージョンという概念において地域社会は，単なる政治

スローガンを超えて，極めて重要な内実を有していることを確認してきた。それでは地域社会におけるソーシャル・インクルージョンはどのように施策として実践されているのであろうか。次にイギリスを例にしてその特徴と制度内容等についてみていくことにする。

3 地域社会におけるソーシャル・インクルージョンの実際

(1) イギリスにおけるソーシャル・インクルージョンの特徴

ソーシャル・エクスクルージョンに対する包摂施策は，欧州各国で取り組まれ，地域社会を基盤としたソーシャル・インクルージョン施策も多様な形態で行われているが，特にイギリスにおいては，その方向性が顕著である。その理由として，ソーシャル・インクルージョン施策を担った労働党，特に首相のT. Blair やその政策の方向性に大きな影響を及ぼした A. Giddens がその実現に際して，地域社会を重視していた（小堀 2005：99-101）点[6]やソーシャル・インクルージョンのアプローチの一つである経済産業構造の変革をめざすラディカルなアプローチが，イギリスでは主流とならなかった（菊地 2007：188）点があるとされている。

推進方策に目を向けるとその特徴として，ジョインド・アップ（joined-up）によるパートナーシップ（partnerships）とその主体としての社会的企業（social enterprise）を挙げることができる。

ジョインド・アップとは，「各部門共同による政府構想」に関連した鍵概念であり，1999年の政府白書では，社会の直面する争点との闘いを政府の組織構造にかかわらず行うものとし（小堀 2005：127），その具体的方策がパートナーシップである。パートナーシップは公的機関や企業，地域やボランタリーの各セクターの主体の対等的参加と協働を意味するもので，それは政策の革新や政策的課題の区分主義の克服，さらには問題を理解し対応する新しい協調や方法を促進することを意図したものである（Percy-Smith 2000：17）。

そもそもこのパートナーシップという考え方そのものは Blair 政権において

初めて提唱されたものではなく、古くは Webb 夫妻の繰り出し梯子理論から、福祉多元主義の文脈まで、公私関係に関する理論はイギリスにおいて伝統的なものであるといって良いであろう。福祉多元主義は、Wolfenden 報告を嚆矢とするもので、その内実に関しては様々な理解が存在するが、少なくとも福祉・保健サービスが行政・ボランタリー・営利・インフォーマルの4つの異なった部門から提供され、それは福祉サービスを社会的に提供するうえで国家を唯一の実行可能な手段とみなさないこと (Johnson 1987, = 1993:59) である。

イギリスの福祉多元主義において、政府はサービス生産の費用の出資を旨とする「出資者」、利用者は財源から購入権を与えられ自らの選択権を行使できる「購入者」、多様な事業者は「供給者」、という擬似市場 (Quasi-Markets) として展開がなされ (駒村 2004:213-214)、特に保守党政権下では、この擬似市場の「市場」部分が積極的に推進されることになった。しかし労働党政権では、対人社会サービスにおける競争原理導入を否定し、パブリック・プライベート・パートナーシップ (Public Private Partnerships：PPP) を公約に掲げ (駒村 2004:220)、現在に至っている。この背景に Blair 政権は、目標の達成のために必要な限りで民営化や市場化という手法を用いた (小堀 2005:151-152) のであり、パートナーシップもソーシャル・インクルージョンという目的実現のための手法であるといえるであろう。

またパートナーシップの中心的主体が社会的企業である。社会的企業とは、伝統的な非営利アプローチと社会的経済アプローチの範囲から部分的にはみ出す特徴を有した新しい企業家活動として捉えられ、財・サービスの生産・供給の継続的活動、高度の自立性、経済的リスクの高さ、最小量の有償労働、コミュニティへの貢献という明確な目的、市民グループが設立する組織、資本所有に基づかない意思決定、活動によって影響を受ける人々による参加、利益配分の制限、がその特徴であるとされる (Borzaga & Defourny 2001, = 2004:27-29)。

つまり社会的企業は、民間営利セクターの企業家的スキルと社会的経済全体に特徴的な強い社会的使命を結合させたビジネス組織 (SEL 2001, = 2005:4)

であり，経済的問題と社会的問題を統合的に扱うことのできる主体としての理解がなされている。社会的企業の「企業的」側面に注目するならば，市場活動によって一定の利益を挙げる，すなわちソーシャル・インクルージョンの文脈に則すると，雇用・就労を創出する主体となる。また社会的企業の「社会的」側面に注目するならば，ケアや移送，教育，保育などといったソーシャル・エクスクルージョンの課題を主としてビジネスとして取り扱い，その解決を目途としているのである。さらに社会的企業は，コミュニティのメンバーがプロジェクトやプログラム，事業を起業し，これらのベンチャーを組織し，運営能力と士気を開発するため，人々のつながりやソーシャル・キャピタルを構築する機能もあるとされている（SEL 2001, =2005：5）。

その活動形態は，働く人々によって所有され管理される企業形態である「従業員共同所有企業（Employee Ownership）」，金融協同組合である「クレジット・ユニオン（Credit Unions）」，自らが受益者となる協同サービスの供給を目的とする「協同組合（Co-operatives）」，コミュニティに基盤をもつ地域再生組織である「開発トラスト（Development Trusts）」，障害者など労働市場における不利な条件をもつ人々への雇用創出を目的とした「ソーシャル・ファーム（Social Firms）」，不利な地域に住んでいる長期的失業者のために一時的な雇用と持続可能な新しい仕事を喚起することを目的とした「媒介的労働市場会社（Intermediate Labour Market Companies）」，非営利のビジネスである「ソーシャル・ビジネス（Social Businesses）」，地域コミュニティによって設立・所有・コントロールされる商業組織である「コミュニティ・ビジネス（Community Businesses）」，などがあるとされている（SEL 2001, =2005）。

地域社会におけるソーシャル・インクルージョンの実現は，地域社会における様々な諸分野を越えて，公的セクターも含めた各主体間のパートナーシップを結ぶこと，特に地域住民を主体とした営利―非営利のブリッジ的性格を有した社会的企業の役割を重要視して行われているといえるであろう。それでは次にその推進のための具体的な施策について確認をしていくことにする。

(2) 地域社会におけるソーシャル・インクルージョンの諸制度

　イギリスにおけるソーシャル・インクルージョン施策の出発点は，1997年の社会的排除対策室（Social Exclusion Unit：SEU）の設置である。政府は，ソーシャル・エクスクルージョンを「人々や地域が失業，乏しい技術，低収入，不公平な差別，粗末な住宅，高い犯罪率，不健康と家族崩壊などの連結した問題の複合的被害を受ける時に生じるであろうことの簡潔な用語」と定義し，そのような問題に対して，各部門共同して解決方法を見出し政府全体で取り組みを進めるために設置されたものである（SEU 2004：3-4）。

　ソーシャル・エクスクルージョンの原因・結果に対して，政府が取り組むべき項目として，①経済的原因，②子どもの貧困への取り組み，③機会の平等の促進，④地域社会の支援，⑤最も深刻な課題への取り組みが挙げられている。①については，障害者のためのニューディール（New Deal for Disabled People）や最低賃金制（National Minimum Wage）の導入と就労税額控除（Working Tax Credits），②については，家族の家計支援を目途とする児童手当（Child Benefit）や就労家庭への税額控除（Working Families' Tax Credit），さらには児童養育への税控除（Child Tax Credit）や就労税額控除，③については，特に教育に重点をおいた劣悪な教育・住環境・健康の向上，障害をもつ子どもの就労・財・サービスへのアクセスの確保，④については，不利な条件におかれた地域に問題に取り組むために近隣地区再生のための全国戦略（The National Strategy for Neighbourhood Renewal：NSNR）に地域戦略パートナーシップ（Local Strategic Partnerships：LSP）とその活動資金としての近隣地区再生ファンド（Neighbourhood Renewal Fund：NRF），地域社会のためのニューディール（The New Deal for Communities：NDC）に近隣地区管理人制度（Neighbourhood Wardens）と近隣地区マネージャー制度（Neighbourhood Management Pathfinders）の設置，⑤については，10代の妊娠やホームレスなど深刻な課題について取り組むとしている（SEU 2004：9-12）。

　これらの諸施策の中で，特に地域社会におけるソーシャル・インクルージョンに関連するものが，④地域社会の支援である。地域社会の支援の基本的な考

え方として，近隣再生は，人種・信条・ジェンダー・高齢・性的嗜好・障害にかかわらず，誰でも地域の主導権を持ち，強固で密着力のある地域社会を構築するためのプラットホームを提供することにあるとする。またその背景には，近隣地区の優先事項及びニーズが何かについて，住民自身が一番良く知っており，住民がその再生に参加する機会やツールを持たなければならないという考え方が存在しているのである。

　このような考えを背景とした最初の政策が，1997年の地域社会のためのニューディール（NDC）である。この政策は，住民主体の強調，複数の団体・組織によって構成されるパートナーシップ組織が事業主体となって，10年間の長期地域再生計画を策定・実施，またソーシャル・エクスクルージョンに関連する分野においてこれまで講じられてきた行政サービスをどのように地域のニーズに応じて修正・発展させていくのかを企図したものである（中島 2005：14-15）。

　さらに2001年には，近隣地区再生のための全国戦略（NSNR）[7]が実施される。この目的は，近隣という地域住民に最も近いレベルにおいて，福祉・医療・教育といった公共サービスの内容や提供のあり方を住民の視点から修正すると共に，サービス供給主体として，地域組織を育成し，行政は地域組織の活動のファシリテーターとしての役割を担うことによって，新しい社会サービスを形成しながら地域の自立度を高め，雇用機会を創出することである。

　具体的には，88の衰退地域の近隣地区を政策単位として登場させ，社会福祉・医療・教育・コミュニティといった分野からの代表による地域戦略パートナーシップ（LSP）を組織し，近隣地区再生戦略（Local Neighbourhood Renewal Strategy：LNRS）の策定と近隣レベルでの行政サービスの再編，またLSPが取り組みを開始するための資金として近隣地区再生ファンド（NRF），さらには地域サービス改善に対する住民一人ひとりの要望を吸い上げることを目的とした近隣地区マネージャー制度と地域レベルの反社会的行動に対応する近隣地区管理人制度を設置している。

　特に88の衰退地域の近隣地区のLSPを監視・支援する目的で設置されてい

るのが，近隣地区再生対策室（Neighbourhood Renewal Unit：NRU）である。これは政府の地域と地方自治省（Department for Communities and Local Government：DCLG）の一部として設置され，不十分な仕事の見通しや高いレベルの犯罪，教育の低位性，不健康，住宅と物理的環境等の問題解決に関するプログラムの実施や調整・調査を行う。

地域戦略パートナーシップ（LSP）は，法令に拠らない複数機関のパートナーシップであり，地域社会レベルで公的機関・企業・地域・ボランタリーそれぞれが独自性とサービスを有効に機能することができるように互いを支援することを目的として集められ，自治体単位で設置されている。このLSPに求められている課題の一つが，近隣地区再生戦略（LNRS）の策定である。このLNRSは，①変化のためのビジョンとプランの列挙，②同一地域内において利害関係をもつ全ての人々や機関の合意と義務，③地域戦略のフレームワークの明確な説明，④目標をモニタリングするためのシステムなどを含めることとされており，その実現のために近隣地区再生ファンド（NRF）が交付される。

ただしNRFは88の衰退地域のLSPにのみ交付され，他の地域との格差が生じてしまうため，2004年からLSPを補強する仕組みとして地域協定（Local Area Agreement：LAA）が導入された（西村 2007：51-53）。LAAは，地域問題の優先順位について，中央政府と地域が交渉し，地域での優先事項と資金について中央と地域とが合意を行う仕組みであり，LAAによって全ての地域に大きな資金獲得の機会が与えられることになった（西村 2007：53）。

また近隣地区再生対策室（NRU）は，LSP成功の鍵を握る各地域のボランタリー・セクターの参加を支援するために，地域資金（Community Chests），地域教育資金(Community Learning Chests)，地域活性化ファンド(Community Empowerment Fund)の3つの地域参加プログラムも有している。これらが2005年から単一地域プログラム（Single Community Programme）に統合されて，ボランタリー・セクターのネットワーク組織である地域活性化ネットワーク（Community Empowerment Network：CEN）に対して資金提供が行われる。この目的は，①住民がLSPに十分に取り組めるように地域活性化ネットワーク（CEN）を

維持すること，②助成金や学習戦略の開発によって地域での学びを支援すること，③助成金の提供によって活動的に資源豊富な地域の発展を支援すること，④住民が近隣地区再生を推進する際に中心的な役割を果たすことができるように近隣地区レベルでのパートナーシップによる地域参加を支援することにある。

さらに NRU は，全国レベルにおいて，全国地域フォーラム (National Community Forum) を設置している。その目的は，国家レベルでの戦略の提供，地域がどのように有効に近隣地区再生に関与することができるのかについて助言を行うことである。

近隣地区マネージャー制度と近隣地区管理人は 1997 年の地域社会のためのニューディール（NDC）において設置されたものである。近隣地区マネージャーは，巨額の資金の配分には関係しないが，地域とサービス提供者を活性化させ，サービス提供者の関係を変更し，地域ニーズへのサービス提供者の反応を改善することを目的としたものである。すなわちそれは住民と提供者の接点であり，サービスがどのように提供されるかに関して，提供者と交渉する権限を有し，サービスの状況が悪い近隣地区やサービス改善を行う必要のある人々に対して支援が行われる。一方，近隣地区管理人は，犯罪及び犯罪の恐れを縮小し，生活の質の改善や地区再生に寄与することを目的とした，半官半民的存在で，市街地や犯罪多発地域に設置される。その役割は地域住民と主要機関の間の連携や地域の安全性の促進，さらにはゴミや落書きなど地域のニーズとして存在する多くの役割を担っている。

(3) 地域社会におけるソーシャル・インクルージョンの諸特徴

イギリスにおけるソーシャル・インクルージョンは，先に確認した通り，地域社会をベースに地域の様々な主体のパートナーシップによって社会的に排除された人々を包摂化していくという方法が一つの特徴となっている。

その全体の構成をまとめたものが，図 2-1 である。この図では，主要政府省庁，近隣地区再生対策室 (NUR)，官庁の近隣地区再生チーム，地域戦略パートナーシップ (LSP)，近隣地区の活動がそれぞれ主要なアクターとして規定

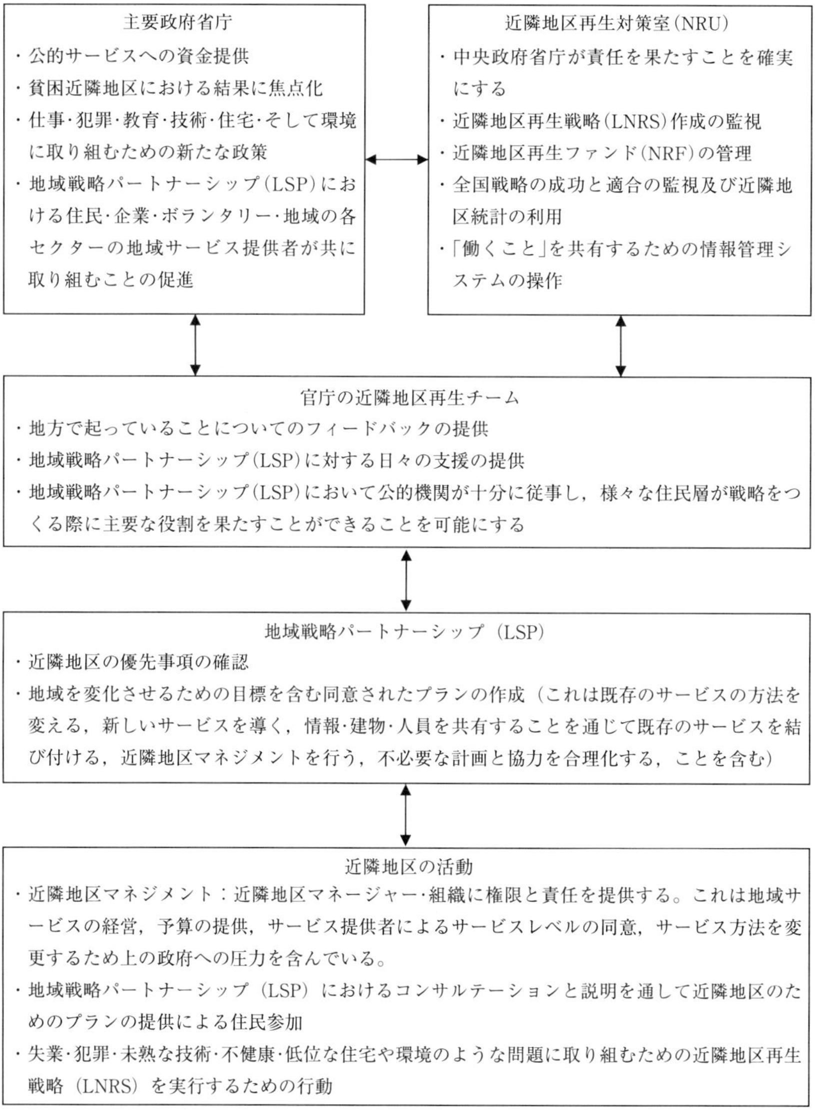

第2章　ソーシャル・インクルージョンと地域社会

```
┌─────────────────────────────────┐     ┌─────────────────────────────────┐
│          主要政府省庁            │     │      近隣地区再生対策室(NRU)     │
│・公的サービスへの資金提供        │     │・中央政府省庁が責任を果たすこと  │
│・貧困近隣地区における結果に焦点化│     │  を確実にする                    │
│・仕事・犯罪・教育・技術・住宅・  │     │・近隣地区再生戦略(LNRS)作成の監視│
│  そして環境に取り組むための新た  │←→  │・近隣地区再生ファンド(NRF)の管理 │
│  な政策                          │     │・全国戦略の成功と適合の監視及び  │
│・地域戦略パートナーシップ(LSP)に │     │  近隣地区統計の利用              │
│  おける住民・企業・ボランタリー・│     │・「働くこと」を共有するための情報│
│  地域の各セクターの地域サービス  │     │  管理システムの操作              │
│  提供者が共に取り組むことの促進  │     │                                  │
└─────────────────────────────────┘     └─────────────────────────────────┘
              ↕                                       ↕
┌───────────────────────────────────────────────────────────────────────┐
│                      官庁の近隣地区再生チーム                           │
│・地方で起っていることについてのフィードバックの提供                    │
│・地域戦略パートナーシップ(LSP)に対する日々の支援の提供                 │
│・地域戦略パートナーシップ(LSP)において公的機関が十分に従事し，様々な   │
│  住民層が戦略をつくる際に主要な役割を果たすことができることを可能にする│
└───────────────────────────────────────────────────────────────────────┘
                                    ↕
┌───────────────────────────────────────────────────────────────────────┐
│                    地域戦略パートナーシップ（LSP）                      │
│・近隣地区の優先事項の確認                                              │
│・地域を変化させるための目標を含む同意されたプランの作成（これは既存の  │
│  サービスの方法を変える，新しいサービスを導く，情報・建物・人員を共有  │
│  することを通じて既存のサービスを結び付ける，近隣地区マネジメントを行  │
│  う，不必要な計画と協力を合理化する，ことを含む）                      │
└───────────────────────────────────────────────────────────────────────┘
                                    ↕
┌───────────────────────────────────────────────────────────────────────┐
│                         近隣地区の活動                                  │
│・近隣地区マネジメント：近隣地区マネージャー・組織に権限と責任を提供す  │
│  る。これは地域サービスの経営，予算の提供，サービス提供者によるサービ  │
│  スレベルの同意，サービス方法を変更するため上の政府への圧力を含んでいる│
│・地域戦略パートナーシップ（LSP）におけるコンサルテーションと説明を通  │
│  して近隣地区のためのプランの提供による住民参加                        │
│・失業・犯罪・未熟な技術・不健康・低位な住宅や環境のような問題に取り組  │
│  むための近隣地区再生戦略（LNRS）を実行するための行動                  │
└───────────────────────────────────────────────────────────────────────┘
```

図2-1　地域社会におけるソーシャル・インクルージョンの関係
出典：Social Exclusion Unit（SEU）（2001：57）を一部変更。

第Ⅰ部　ソーシャル・インクルージョンの視角

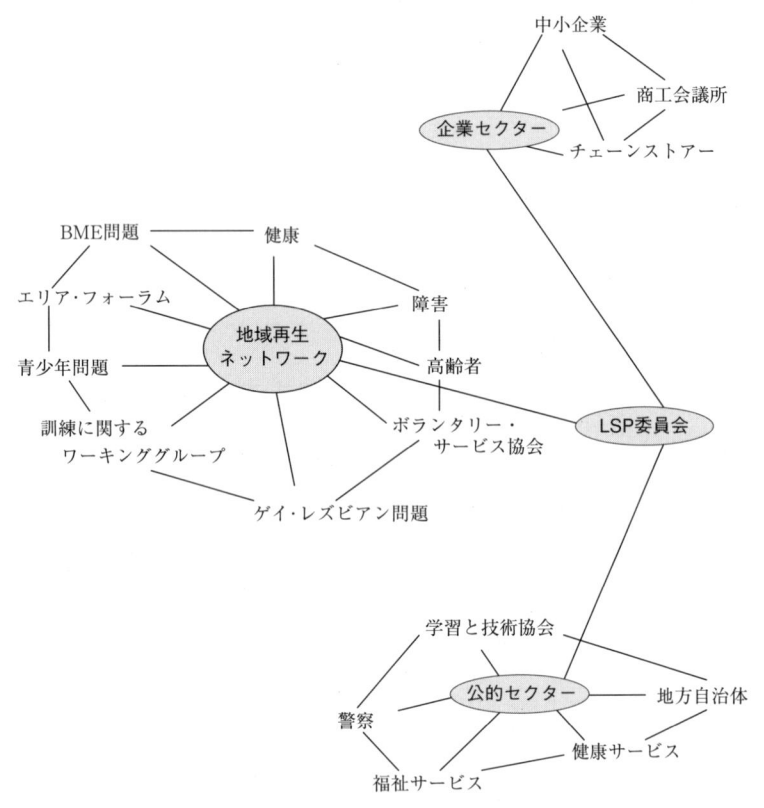

図2-2　地域戦略パートナーシップ（LSP）の例
出典：Sarkar & West（2003：4）より。

されているが，地域社会におけるソーシャル・インクルージョンを主導するのはあくまでも各地区に設置された地域戦略パートナーシップ（LSP）であり，主要政府官庁や近隣地区再生対策室（NUR）や官庁の近隣地区再生チームは，各種の活動資金の提供，情報の提供や共有というLSPが活動するための条件整備が中心的役割となっている。

またソーシャル・インクルージョンにおいて重要な役割を果たす地域戦略パートナーシップ（LSP）は，地域内の諸主体を結ぶ「ネットワークのネットワーク」（Sarkar & West 2003：3）として構築される。この関係をモデル的に図

第2章 ソーシャル・インクルージョンと地域社会

示したものが，図2-2である。この図からも明らかなように，地域戦略パートナーシップ（LSP）は多様な主体間のネットワークであり，それは特定課題を焦点化した構成ではなく，中小企業や商工会議所のような企業セクター，地方自治体や健康サービス・福祉サービスといった公的セクター，地域における様々な課題を焦点化した諸グループからなる地域再生ネットワーク（Community Regeration Network），といった多様な課題に取り組むことのできる集合体として構成されている。

地域戦略パートナーシップ（LSP）の意思決定に関しては，LSP委員会が全て行うのではなく，テーマあるいはエリア・グループ・ミーティングで行われることが多い。これは，LSPに障害・高齢・失業のような特定課題，あるいはストリートや街の特定地区のようなエリアを焦点化した団体がネットワークに参入しているからであり，LSP委員会そのものは，個別の課題が特定地域全体の課題となるようにすることが役割であるとされる（Sarkar & West 2003：3）。

以上の内容からイギリスにおけるソーシャル・インクルージョンの諸特徴を以下，3点にまとめることにしたい。

まず，第一点目として，「対象横断的」施策であるということである。特に施策的な視点でいえば，雇用や障害，若年や高齢，健康，さらには人種の諸課題を分断することなく，国家レベルでは社会的排除対策室（SEU）の設置から地域社会レベルでは地域戦略パートナーシップ（LSP）まで，一貫して対象横断的に組織されている。これはソーシャル・エクスクルージョンという問題状況が極めて多面的に生起するものであり，その包摂化も多面的に行うといった問題認識とその解決手法の一つの現れであるといえるであろう。

また第二点目として，「主体横断的」施策であるということである。これはBlair政権の特徴であったパブリック・プライベート・パートナーシップ（PPP）の具現化であるといえるが，公的セクターと企業セクター，さらには地域やボランタリー・セクターという各主体間が相互にネットワークを構築することによって，「主体横断的」に問題の解決に取り組むというものである。この背景には，保守党政権から続く諸主体間の競争，すなわち市場導入による

効率性の担保と併せて、地域社会におけるソーシャル・エクスクルージョンの問題解決には問題発生の場である地域社会で生活している住民が諸問題に最も詳しく、したがってその解決に当たっても住民そののもをアクターとするような方法を必要とするという方法論が積極的に採用されているということが挙げられよう。

そして第三点目として「資金支援的」施策であるということである。イギリスにおけるソーシャル・インクルージョン施策には実に様々な資金支援が盛り込まれている。地域戦略パートナーシップ（LSP）が活動を進めるために必要な資金援助である近隣地区ファンド（NRF），地域活性化ネットワーク（CEN）に対して拠出される単一地域プログラムの3つの資金援助（地域資金・地域教育資金・地域活性化ファンド），さらには88の衰退地区以外の地域を対象とした資金援助となる地域協定（LAA）など非常に多彩な資金支援プログラムが構築され、地域社会の住民が活動しやすい環境整備が行われている。

つまりヒト＝地域住民を中心とする主体横断的施策，カネ＝地域住民の活動を支援する資金支援的施策，情報＝問題の多面性に対応する対象横断的施策，という諸要素をすべて地域社会に統合し，それぞれの関係を取り結ばせることによって包摂化に取り組むという回路が構成されている点が，イギリスの地域社会におけるソーシャル・インクルージョンの特徴であると考えることができるのである。

以上，ここまでイギリスの地域社会におけるソーシャル・インクルージョンの諸施策とその特徴について概観してきた。次に日本における地域社会への諸施策と地域社会におけるソーシャル・インクルージョンを対比させながらその含意と今後について言及していくことにしたい。

4 日本における地域社会支援の特徴とソーシャル・インクルージョン

(1) 日本におけるコミュニティ政策と地域福祉の特質

本章の冒頭でも確認した通り，「社会的な援護を要する人々に対する社会福

祉のあり方に関する検討会報告書」を皮切りに，日本においてもソーシャル・インクルージョンという概念が定着しつつある。では日本においては，どのような地域社会の支援方策が誰を対象にして行われてきたのであろうか。

　日本における地域社会の支援方策は，大別すると一般住民に対する支援方策と社会的支援を必要とする住民に対する支援方策が輻輳的に行われてきたと考えることができる。まずは一般住民に対する支援方策から見ていくことにしたい。

　日本における「地域社会」への注視の出発点は，1970年代に求めることができよう。1970年代は，1960年代から本格的に始まる高度経済成長による経済・社会構造の転換からのいわばひずみが現れる時期でもあり，具体的には，産業化・都市化の進展化に伴う，伝統的共同体の消失，家族の変容，都市的生活様式の浸透などによる生活問題の噴出が挙げられる。また1970年代は，本格的に高齢者問題が議論され始める時期でもあった。

　このような一連の流れを受けて，地域社会は「コミュニティの回復」という文脈の中で注目を集め始めた。いわゆるコミュニティ行政[8]であるが，国民生活審議会調査部会・コミュニティ問題小委員会『コミュニティ──生活の場における人間性の回復』(1969) や中央社会福祉審議会『コミュニティ形成と社会福祉』(1970) などが具体的施策として代表的なものである。いずれも「人間性の回復」や「生活福祉の向上」を「生活の場」である地域社会を軸として，「構成員相互の信頼感」や「共通の行動」によって，その実現を図ることが目されている。

　また地域社会は「ボランティアによるコミュニティ形成」という文脈でも注目を集める。ボランティア活動を推進するための諸施策，いわゆるボランティア政策[9]は，『ボランティア育成基本要項』(1968) を端緒として，厚生省の国庫助成・モデル事業として開始された「福祉ボランティアのまちづくり事業（ボラントピア事業）」によるボランティアセンターの整備等，「コミュニティ形成」を一貫した目的として進められてきた。例えば1992年に厚生省から出された『国民の社会福祉に関する活動への参加の促進を図るための措置に関する

指針』では,「高齢化の進展,ノーマライゼーションの理念の浸透,住民参加型互助ボランティアの広がり等に伴い,地域社会の様々な構成員が互いに助け合い交流を進めるという意味での福祉マインドに基づくコミュニティーづくりを目指す」として,ボランティア活動の活性化によるコミュニティ形成を提唱している。

　これらの諸施策は一般住民を焦点化した地域社会への注視であるが,地域社会は,社会的支援の必要な者,すなわちソーシャル・エクスクルージョンされた人々の生活の場でもある。特に社会的支援を必要とする者に対して,地域社会を基盤として支援・援助を行う分野が「地域福祉」であるが,地域福祉では,どのような考えを基に支援が構築されてきたのであろうか。

　日本においては,一般住民に対する支援方策と同様に1970年代以降に本格的に開始された。特にオイルショックによる国家的財政難やコミュニティ・ケアやノーマライゼーション等,新しい社会福祉の考え方の流入によって,従来の施設を基盤とする福祉サービス提供のあり方,すなわち施設福祉から,在宅や地域社会を基盤とする福祉サービス提供のあり方,すなわち地域福祉へと大きく転換していくことになる。

　特に今日においても地域福祉理論に大きな影響を与えている岡村は,地域福祉を直接的具体的な援助活動としての「コミュニティ・ケア」,コミュニティ・ケアを可能にするための前提条件づくりとしての「一般的地域組織化活動」と「地域福祉組織化活動」,そして「予防的社会福祉」に分け,社会的支援が必要な者に対して,それらの諸活動が必要であることを論じている（岡村 1974：62）。その後,地域福祉を巡る議論は,「在宅福祉型地域福祉論」から「自治型地域福祉論」や「参加型地域福祉論」と社会福祉の今日的状況とリンクしながら展開がなされてきている（牧里 2000：4-6）。

　上述のように地域福祉の概念も様々な文脈で用いられ,2000年の社会福祉法にも「地域福祉の推進」の文言が明記されるなど,地域社会で生活する社会的支援が必要な者に対する施策は順次進められているといえるであろう。では,その考え方,すなわち概念はどのようになっているのであろうか。

例えば，在宅福祉型地域福祉論の代表的論者である永田によると地域福祉とは「人々（特に高齢者）が日々生活している地域社会を基盤に，それまでの家族・近隣関係や地域関係を継続・維持しながら必要な福祉サービスを地域社会に構築」（永田 2000：29）することであるとし，その推進の要件を，①在宅福祉サービス，②環境改善サービス，③組織化活動，を挙げている。また，自治型地域福祉論の代表的論者である右田によると地域福祉とは「地域社会を住民の生活の営みの場（単なる土地ではなく）」であるとして，「生活の形成過程で住民が福祉への目を開き，地域における計画や運営への参加を通して，地域を基礎とする福祉とみずからの主体力の形成，さらにあらたな共同社会を形成していく，固有の領域」（右田 2005：12）であるとする。そして参加型地域福祉論の代表的論者である大橋によると地域福祉とは「自立生活が困難な個人や家族が，地域において自立生活ができるようネットワークをつくり，必要なサービスを総合的に提供することであり，そのために必要な物理的，精神的環境醸成を図るため，社会資源の活用，社会福祉制度の確立，福祉教育の展開を総合的に行う活動」（大橋 1999：33）であるとしている。

各論者の論点にはそれぞれ強調点に違いがあるとはいえ，基本的には地域社会で生活する社会的支援が必要な者に対して，各種サービスが設計・配置されるとともに，その者が生活する基盤である地域社会そのものの構築が求められている点は共通であるといえる。なお自治型地域福祉論では「地域の計画・運営への参加」，参加型地域福祉論では「地域社会そのものへの参加」が強調されており，政治的参加あるいは社会的参加の必要性も重視されている。

日本における地域社会の支援方策の概要について確認を行ってきた。次にこれらを踏まえた上で，その特徴と課題について検討していくことにしたい。

(2) 日本における地域社会の支援方策の特徴とその課題

「コミュニティの回復」や「ボランティアによるコミュニティ形成」といった一般住民に対する支援方策は，変貌する地域社会の中で，あらためて「つながり」の再構築を意図しているという意味では，ソーシャル・インクルージョ

ンの考え方とも通底する内実を有している。また地域社会で生活する社会的支援の必要な者に対する援助，すなわち地域福祉においても「つながり」は重要視されてきた。特に社会的支援の必要な者を取り巻く地域社会の形成は，岡村がその重要性を指摘して以降，地域福祉において重要な柱の一つであり，その意味でソーシャル・インクルージョンと同様の内実を含むものであるといえるであろう。

とはいえ，日本における地域社会の支援方策は，ソーシャル・インクルージョンの基本的なコンセプトの異なるものであるともいえる。先にソーシャル・インクルージョン施策の特徴として挙げた「対象横断的」「主体横断的」「財政支援的」の各点からそれぞれ検討していくことにしたい。

まず対象横断的，すなわち包摂化する対象やその問題をどのように認識・理解しているのかという観点では，横断的ではないといえるであろう。園田（1978：163）が指摘するように一連のコミュニティ行政では，「身近な地域の余暇活動やボランティア活動に限定して，全体的な，あるいは生産労働や消費生活の場面での関わりに触れて」おらず，地域福祉に関しても栃本（2006：234）が雇用や地域経済との関係を有するものに転じる必要性を論じているように，対象の横断性，特に貧困や雇用問題への視点が従来の地域社会の施策には殆ど見られないことが一つの特徴である。たしかに近年，ホームレス対策や障害者対策に見られる援助—雇用の交差は，今日のイギリスにおける支援原理の一つであるワークフェア（workfare）の流れを継承するものであるといえるが，援助対象に応じて制度は分断しており，必ずしも，地域社会の中でそれらが一体的に認識されていない。

次に主体横断的という観点からは，日本においても供給主体の多元化の議論が在宅・地域福祉の進展にあわせて順次進められてきたといえるであろう。具体的には，1980年代の住民参加型在宅福祉サービス団体，1990年代のNPOの台頭，2000年以降の介護保険制度の実施を契機とした営利企業の本格的参入と，地域社会における主体の多様化は進行してきている。あわせて国と地方自治体の関係も見直される中で，地方自治体への権限委譲と財源改革が行われ

今日，イギリスの地方自治体において主流化している条件整備的役割 (enabling role) が，確立されつつある。しかし一方で，主体間の関係，特に自治体のNPOの関係は，パートナーシップというよりはむしろ，行政主導による業務委託という側面が強く，必ずしも対等の関係は担保されていない。イギリスではボランタリー・セクターと政府の関係性の枠組を確認する協定文書「コンパクト (conpact)」が存在し，その試み自体に課題が散見されるとはいえ，両主体間のパートナーシップに向けての協議への担保が模索されている（塚本 2007：13-14）。

そして財源支援的という観点からは，かつてのボランティア政策に見られた「ボランティア教育あるいはコーディネート機能などは早くから指摘され，積極的に整備されていったが，活動整備基盤なかでも財政的基盤の整備という項目が本格的に盛り込まれることがなかった」(熊田 1998：263) という側面から，近年の自治体の役割変化に応じて，財源視点的性格は総じては強まってきているといえるであろう。しかし財源支援をより広い観点から俯瞰するならば，例えば，認定NPO法人制度の導入によって個人や法人，遺産相続に関する寄付金の優遇も行われているが，取得するための認定要件の問題，さらには民間企業並みの課税に耐えきれず，税制面で有利な社会福祉法人に衣替えせざるを得ない状況に追い込まれる（神野・澤井 2004：255）など課題も多い。そのような意味では主体が組織され，活動を継続していくための環境の整備も今後の課題であるといえる。

つまり地域社会における一般住民施策，社会的支援を必要とする住民施策と共に，日本における地域社会に関する諸施策は，その理念として「つながり」というソーシャル・インクルージョン的視点の一部を方法論として内包している。とはいえ，その対象に関して，貧困や雇用という生活における重要な側面が含められず，かつ，主体の関係，さらには主体の中でも鍵を握るボランタリー・セクターと自治体との関係や同セクターへの財源的支援にも大きな検討の余地が残されているといえるであろう。

対象認識という点で考えるならば，日本における地域社会認識が生活におけ

る生産―再生産という側面の中で，再生産面だけがクローズアップされ，生産と一体的に捉えることがなされてこなかったことに加え，社会的支援を要する者も主として高齢者が想定されてきたことが挙げられる。しかし，仮に高齢者を想定したとしても，高齢期における貧困問題は地域社会における重要な課題であり，かつ，欧州諸国に見られるような経済構造の変動は，日本においても例外ではなく，そのような意味で，あらためて地域福祉も対象の再設定化を求められているといえる[10]。

またその推進方法についてもいわば供給体制の多元化のみならず，多元化した主体間の関係性についても整理とパートナーシップを推進するための具体的方策が求められる。特にボランタリー・セクターにおける財源問題は，古くそして新しい問題の一つであり，住民がアクターとして活動できる環境の整備が求められているといえるのである。

(3) 地域社会におけるソーシャル・インクルージョンの含意と今後

日本におけるソーシャル・インクルージョンの可能性を考える場合，すでにその萌芽はNPOをはじめとするボランタリー・セクターの中に存していることに改めて気づく。すなわち1982年にコープこうべ（当時の灘神戸生活協同組合）の組合員活動として始まった「くらしの助け合いの会」は，住民参加型在宅福祉サービス団体隆盛の起点の一つであり，地域福祉の発展に大きな影響を及ぼしたが，その前身の団体である「四葉会」は，もともと戦争未亡人など戦後の苦しい生活状況の中，女性の就労の場を生み出すことを目的とした組織の一つであった（朝倉 2002：113）。四葉会は，有償家事援助サービスの先駆け的組織であるが，それは家事に困る組合員に対する支援と共に就労に困る組合員の支援を併せて行うこと，すなわち生産―再生産が一体化したソーシャル・インクルージョンの一形態であるということができるであろう。

また筆者も関わった福祉NPO実態調査[11]において，福祉NPOの多くは，単独分野を対象とした事業を行うだけでなく，高齢者，知的・身体・精神障害者，児童・母子，青少年，父子，女性，疾病者等の複合的な対象分野の事業を

実施しており,さらには福祉全般や市民のように対象を特定しない場合も存在している(熊田 2004:85)。これらの組織は地域社会を重視した活動を行っていることが同時に明らかにされているが(熊田 2004:90-91),このことは地域社会において支援を展開する場合,対象は複合的にならざるを得ず,結果として今日的にいうソーシャル・インクルージョンを生み出しているといえるのである。

　上述の事例を勘案するならば,地域社会におけるソーシャル・インクルージョンには日本においてすでにNPOによって先取りされてきたといえるのであり,このNPOの方法論をNPOのみに包含させるのではなく,地域社会全体に拡大させていくことが,重要となる。そのような意味で,このようなNPOの取り組みを地域社会全体の取り組みとしていかに拡大することができるか,その際に対象横断的,主体横断的,資金支援的施策として構築することができるかが,ソーシャル・インクルージョン実現への鍵を握るといえるであろう。

(熊田博喜)

注
(1) 一方で,ソーシャル・エクスクルージョンという概念に対して懐疑を呈する見解も少なくない。例えば都留(2006:75-82)は,ソーシャル・エクスクルージョン概念は結局,社会・人々を単純にINとOUTに分け,その対照で問題をみてしまい現代資本主義の問題・変容を覆い隠していることの危険性を指摘している。
(2) 例えばWellmanは,コミュニティの記述枠組を,地域におけるゲマインシャフト的結合の衰退を強調する「コミュニティ喪失論」,地域におけるゲマインシャフト的結合を再発見しその持続性を強調する「コミュニティ存続論」,地域という空間的領域を超えた個人が取り結ぶパーソナル・ネットワークを強調する「コミュニティ解放論」に分類し(町村・西澤 2000:191-192),地域性よりむしろ共同性がコミュニティの実情に近いと指摘している。
(3) なおソーシャル・キャピタルを本章では,経済的側面として整理したが,その考え方は経済領域だけに留まるものではない。Putnam(1993,=2001)がその著書で明らかにした行政,さらには社会福祉や医療,教育等の各分野においてもソーシャル・キャピタルのコミュニティにおける蓄積が有用なパフォーマンスを生むとされている(内閣府国民生活局 2003)。
(4) コミュニタリアニズムとは,人間のつながりや共通性を強調し,コミュニティにおける自由で平等な成員が共に熟慮して,共通の目的を実現していく民主主義政治を主張するものであるとされるが(菊池 2007:58),実際には様々なコミュニタリアニズムが存在する。その内容については,(菊池 2004)において整理がなされている。

(5) 福祉国家の排除的側面については，(大沢 2007) に詳しい。
(6) 例えば Blair と Giddens は，平等や責任，市場，それを追求するための地域社会の役割では共通の見解を有する一方で，責任に対する見方や教育重視に対する温度差，更には個人主義に対する見方などで，見解の相違も見られるとしている（小堀 2005：99-104）。
(7) 以下，近隣地区再生のための全国戦略（NSNR）に関する一連の記述は，SEU（2001），DCLG（2007）を参考としている。
(8) 当時のコミュニティ行政の内容や特徴については，(鈴木 1971) が詳しい。
(9) ボランティア政策の内容や特徴については，(熊田 1998) で整理を試みている。
(10) 地域福祉のこのような状況に関して，地域福祉の発展として，これを理解する立場もある。例えば野口（2007：98-99）は，1990 年代を市町村在宅福祉サービス整備期，2000 年以降を地域福祉の主流期として捉え，今後，ソーシャル・インクルージョン的施策に移行する見解を示している。
(11) 本調査は，平成 11 年度〜平成 13 年度科学研究費補助金（基礎研究（c）(2)）『社会福祉非営利組織の組織原理と運営実態についての動態的研究』（研究代表者：三本松政之）として実施されたものである。

引用・参考文献

朝倉美江（2002）『生活福祉と生活協同組合福祉』同時代社
Berghman, J., (1995) Social Exclusion in Europe : Policy Context and Analytical Framework, Room ed., *Beyond the Threshold : The Measurement and Analysis of Social Exclusion*, Policy Press
Bhalla, A. S., Lapeyre, F., (2004), *Poverty and Exclusion in Global World, Second Revised Edition*, Palgrave Macmillan (＝2005, 福原宏幸・中村健吾監訳『グローバル化と社会的排除―貧困と社会問題への新しいアプローチ』昭和堂)
Borzaga, C., Defourny, J., (2001) *The Emergence of Social Enterprise*, Routledge (＝2004, 内山哲朗・石塚秀雄・柳沢敏勝訳『社会的企業――雇用・福祉の EU サードセクター』日本経済評論社)
Department for Communities and Local Government (DCLG) (2007), *Neighbourhood Renewal Unit Homepage* (http : //www.neighbourhood.gov.uk/)
Etzioni, A., (2001), *Next : the road to the good society*, Basic Books (＝2005, 小林正弥監訳『ネクスト――善き社会への道』麗澤大学出版会)
Giddens, A., (1998), *The Third Way : The Renewal of Social Democracy*, Polity Press (＝1999, 佐和隆光訳『第三の道――効率と公正の新たな同盟』日本経済新聞社).
――― (2000), The Third Way and its Critics, Polity Press (＝2003, 今枝法之・千川剛史訳『第三の道とその批判』晃洋書房)
畑本祐介（2006）「福祉国家とコミュニティ概念」『社会政策研究』6
樋口明彦（2004）「現代社会における社会的排除のメカニズム」『社会学評論』55（1）
岩田正美（2002）「英国社会政策と『社会的排除』」『海外社会保障研究』141
――― (2004)「新しい貧困と『社会的排除への施策』」宇山勝儀・小林良二編著『新しい社会福祉の焦点』光生館
Johnson, N., (1987), *The Welfare State in Transition*, Harvester Wheatsheaf (＝1993, 青

木郁夫・山本隆訳『福祉国家のゆくえ』法律文化社）
菊地理夫（2004）『現代のコミュニタリアニズムと「第三の道」』風行社
──（2007）『日本を甦らせる政治思想』講談社
菊地英明（2007 a）「排除されているのは誰か？──『社会生活に関する実態調査』からの検討」『季刊社会保障研究』43（1）
──（2007 b）「『社会的排除─包摂』とは何か」日本ソーシャルインクルージョン推進会議編『ソーシャル・インクルージョン』中央法規出版
小堀眞裕（2005）『サッチャリズムとブレア政治』晃洋書房
駒村康平（2004）「擬似市場論」渋谷博史・平岡公一編著『講座・福祉社会 11 福祉の市場化をみる眼』ミネルヴァ書房
厚生省社会・援護局（2000）「社会的な援護を要する人々に対する社会福祉のあり方に関する検討会報告書」
熊田博喜（1998）「戦後日本のボランティア政策の史的動態に関する一考察」『東洋大学大学院紀要』35
──（2004）「福祉 NPO の運営実態とその組織特性」『武蔵野大学現代社会学部紀要』5
牧里毎治（2000）「地域福祉の思想と概念」牧里毎治編著『地域福祉論』川島書店
町村敬志・西澤晃彦（2000）『都市の社会学』有斐閣
内閣府国民生活局（2003）『ソーシャル・キャピタル』国立印刷局
中島恵理（2005）「EU・英国における社会的包摂とソーシャルエコノミー」『大原社会問題研究所雑誌』561
中村健吾（2002）「EU における『社会的排除』への取り組み」『海外社会保障研究』141
永田幹夫（2000）『改訂二版 地域福祉論』全社協
西村万里子（2007）「地域再生政策とローカル・パートナーシップ」塚本一郎・柳澤敏勝・山岸秀雄編著『イギリス非営利セクターの挑戦』ミネルヴァ書房
野口定久（2007）「地域再生と地域福祉」牧里毎治・野口定久・武川正吾・和気康太『自治体の地域福祉戦略』学陽書房
岡村重夫（1974）『地域福祉論』光生館
大橋謙策（1999）『地域福祉』放送大学教育振興会
大沢真里（2007）『現代日本の生活保障システム』岩波書店
Percy-Smith, J.,(2000), "*Introduction : the contours of social exclusion*", Percy-Smith, J., (eds.), Policy Responses to Social Exclusion, Open University Press
Putnam, R. D.,(1993), *Making Democracy Work : Civic Tradition in Modern Italy*, Princeton University Press（= 2001, 河田潤一訳『哲学する民主主義 伝統と改革の市民的構造』NTT 出版）
三本松政之（2006）「福祉の地域化とボランタリー・セクター」岩崎信彦・矢澤澄子監修『地域社会学講座 3 地域社会の政策とガバナンス』東信堂
Sarkar, R., West, A.,(2003) *A handy guide to getting involved for voluntary and community groups, revised edition*, the Community Development Fundation
白石克孝（2004）「現代の地域政策とコミュニティ」『コミュニティ政策』2
Social Enterprise London（SEL）（2001）, Introduction Social Enterprise（= 2005, 藤井敦史・清水洋行・山口浩平・荒川祥子・重頭ユカリ・北島健一・畠山正人訳「社会的企業とは何か──イギリスにおけるサード・セクター組織の新潮流」『生協総研レポート』48

第Ⅰ部　ソーシャル・インクルージョンの視角

　Social Exclusion Unit（SEU）（2001）, *A New Commitment to Neighbourhood Renewal : National Strategy Action Plan*
　──（SEU）（2004）, *Tackling Social Exclusion : Taking stock and looking to the future*
　園田恭一（1978）『現代コミュニティ論』東京大学出版会
　鈴木五郎（1971）「行政のコミュニティ・プラン」『季刊社会保障研究』7（2）
　田中拓道（2006）「社会契約の再構成　社会的排除とフランス福祉国家の再編」日本社会政策学会編『社会政策における福祉と就労』法律文化社
　栃本一三郎（2006）「地域福祉政策と地域社会の再構築」大森彌・松村祥子編著『福祉政策Ⅰ』放送大学教育振興会
　塚本一郎（2007）「福祉国家再編と労働党政権のパートナーシップ政策」塚本一郎・柳澤敏勝・山岸秀雄編著『イギリス非営利セクターの挑戦』ミネルヴァ書房
　都留民子（2006）「社会的排除：概念と政策」『社会福祉学』47（2）
　右田紀久惠（2005）『自治型地域福祉の理論』ミネルヴァ書房
　神野直彦・澤井安勇（2004）「自立的市民社会に向けて望まれる政策方向と施策」神野直彦・澤井安勇編著『ソーシャル・ガバナンス』東洋経済新報社

第3章

健康とソーシャル・インクルージョン

1 健康を求める社会

近年,健康に対しての興味関心が高まってきている。健康をテーマにした講演会などが多数開かれ,サプリメントなどの健康食品が多数販売され,厚生労働省は,その安全性や有効性が確認できたものには特定保健用食品や栄養機能食品といった表示をすることを認めている。

人間,だれしも健康でいたいし,長生きをするとしても,単に長寿というだけではなく,元気で長生きすることを求める風潮がある。そのためには禁煙,運動などが推奨され,成人病という名前は生活習慣病という名前で呼ばれるようになり,生活習慣の改善に焦点が移っている。また,昨今流行りのメタボリック・シンドロームのような複合的な健康リスク要因への対応も注目を集めている。また,学問の世界においても,単なる寿命の延伸ではなく,元気で活動的に過ごせる期間の長さ,健康余命についての研究が進んでいる。

そこで,本章では,健康とソーシャル・インクルージョンの関連について,特に社会とのつながりという側面からみていくこととする。

2 健康の定義

世界保健機関欧州地域事務局は,2003年に出版した"The solid facts : social determinants of health"において,10の健康の決定要因を挙げており,その中の1つとして,社会的排除(social exclusion)をあげている(Wilkinson & Marmot 2003)。つまり，社会的排除の状態であることは，健康を阻害する要因であり，健康であるためにはそれの解消，換言すればソーシャル・インクルージョン状態であることが望ましいということである。しかしながら同書における社会的排除の例としては絶対的・相対的貧困，人種差別，社会的不利，離婚，疾病，社会的孤立，失業，劣悪な住環境などであり，これを先ほどの定義に還元させてみると，「健康を損なう要因は貧困，人種差別，社会的不利，離婚，疾病，社会的孤立，失業，劣悪な住環境などである」ということになる。この定義は，一部はその関係性がわかりにくく，また，一部は本書の他の章で詳細に記述がなされ，また，疾病については「健康を損なう要因は疾病である」と，旧来の健康の定義そのままであり，トートロジーでもある。

そこで，健康の定義にたち戻り，ソーシャル・インクルージョンとの関係について考えてみることとする。

健康の定義は，1948年の世界保健機関憲章の定義，「身体的・精神的・社会的に完全に良好な状態であり，たんに病気あるいは虚弱でないことではない」を用いることとする。この身体的健康，精神的健康，社会的健康の3領域について，個々にソーシャル・インクルージョン状態からかい離することがどのように健康を損なうことと関連してくるかをみていくこととする。

3　身体的健康とソーシャル・インクルージョン

身体的健康が阻害されるとソーシャル・インクルージョンにどのような影響が出るのであろうか。ここでは，バリアフリーと，情報バリアフリーという2つの側面から，ソーシャル・インクルージョンとの関わりを見てみることとする。

(1)　バリアフリーとソーシャル・インクルージョン

まずはバリアフリーの現状からみてみる。

バリアフリーという言葉自体は，欧米では1960年代から使われているが，

日本においてバリアフリーに関する法律が制定されたのは 1994 年の通称ハートビル法（正式名：「高齢者，身体障害者等が円滑に利用できる特定建築物の建築の促進に関する法律」）以降である[1]。平成 18 年に公布された通称・バリアフリー新法（正式名称：高齢者，障害者等の移動等の円滑化の促進に関する法律）には，法律の目的として以下のように記載されている。

　「公共交通機関の旅客施設及び車両等，道路，路外駐車場，公園施設並びに建築物の構造及び設備を改善するための措置，一定の地区における旅客施設，建築物等及びこれらの間の経路を構成する道路，駅前広場，通路その他の施設の一体的な整備を推進するための措置その他の措置を講ずることにより，高齢者，障害者等の移動上及び施設の利用上の利便性及び安全性の向上の促進を図り，もって公共の福祉の増進に資することを目的とする」（第 1 条：下線は筆者）。

　対象としては，一定の地区ではあるが車両，道路，建築物という規定がなされ，外出の際に支障がないように整備することが目的とされている。
　このバリアフリーはどの程度達成できているのであろうか。まずは施設や交通のバリアフリーについてみてみる。
　1994 年に公布されたハートビル法に基づく施設は 2003 年度末で約 30％，2000 年に公布された，（通称）交通バリアフリー法に基づくバリアフリー化率は国土交通省の調べ[2]では 2004 年度末では 49％と，いう状況である。また，平成 17 年 3 月末時点でのバリアフリー状況では段差解消 49.1％，視覚障害者誘導ブロック設置 80.3％，身体障害者用トイレ 33.1％，ノンステップバス 12.0％という状況である。比較的整備の容易な誘導ブロックについての設置ですら達成率は 8 割で，全体の約 2 割が達成されていない。そしてそれより費用のかかるものは順に達成率が低下し，移動円滑化基準に適合した旅客船にいたっては全体の 7％しか達成されていない。国土交通省は 2010 年までに 100％の達成をめざしているが，平成 15 年度までの実績から推測すると目標が達成でき

そうなものは，現在も達成率が高い身体障害者誘導ブロック設置と，平成15年度に12％アップした身体障害者用トイレの設置の2項目のみで，段差解消や車両（鉄道・バス・旅客船・旅客機）のバリアフリー化は達成できないと予想される。また，交通バリアフリー新法の対象は1日の利用者数が5,000人以上の旅客施設などが想定されており，それより規模の小さな旅客施設や一般の施設については特段の法整備はなされておらず，どの程度バリアフリーが達成できるかどうかは不明である。

外出の際，バリアフリー化されていない場所が1つでもあれば外出の際の支障になる，ということを考えると，現在の状況はバリアフリーには程遠い状況であり，身体的な衰えが他者とのつながりの支障になることは想像に難くない。

(2) 情報バリアフリーとソーシャル・インクルージョン

次に情報バリアフリーについて検討する。人間が視覚・聴覚に障害を持つと，情報の入手に困難が生じる。例えば視覚障害であれば新聞や都道府県・市区町村の広報を読むことはできないし，聴覚に障害があればテレビやラジオ，講演会などでの情報入手が難しくなる。また，これは身体的健康ではないが，現在の日本の高齢者はパソコンやインターネットの利用などの経験が少なく，行政などがホームページで提供している情報を入手するのに非常に困難を伴う人が多い。

情報バリアフリーについての調査は，古いものや特定の地域でのものが多く，dog year といわれるほど流れが速いインターネットの現状を十分把握できるものは少ないが，いくつかの示唆は得られる。まず，郵政省（旧・総務省郵政事業庁）が1998度にまとめた調査によると，FAXは世帯全体の保有率31％と比べ，障害者世帯では49％と高い割合であったが，高齢者世帯では19％と普及が遅れていた（郵政研究所 1999）。また，ワープロ・パソコンをみると，一般世帯ではそれぞれ46％，32％の保有率であったが，障害者世帯では25％と19％，高齢者世帯では9％と5％というように保有率が極めて低い状況であった。

また視覚障害者がインターネットのホームページを閲覧する際には，総務省

が2001年に行った調査によれば，40.9%の人が「障害に配慮したホームページが少ない」という点を，インターネット閲覧の際の支障であると回答している（総務省情報通信政策研究所 2003）。また，音声読み上げソフトについては，51.1%の人が価格が高いと回答しており，その使い勝手も千葉県の調査（2006）では，使用が難しいという回答が38%であった。

次にマスコミの情報バリアフリーの状況をみる。聴覚障害者を対象としたテレビの字幕放送の状況をみると，2006年度に字幕放送が放送された時間はNHK総合がもっとも高く，全放送時間の43.1%であったが，これでも全放送時間の半分以下である。民放では在京キー5局の平均が32.9%，在阪準キー4局の平均が27.8%と，いずれも3分の1を下回っている（総務省 2007）。

また，視覚障害者向けの解説放送が放送されているのはNHK総合で3.7%に過ぎず，民放在京キー5局・在阪準キー4局ではいずれも0.3%であった。

昨今の研究の進捗や，人々の健康意識の高まりに伴い，健康で長生きするための方策について新聞，ラジオ，インターネットのホームページなどで情報が提供されている。しかし，障害を持つ人々，あるいは高齢になって心身が弱ってきた人々にとっては，そうでない人々に比べ情報の入手に著しく不利な立場にあるといえる。

以上みてきたように，現在の日本においては，身体的健康が損なわれることによる支障は非常に大きく，外出や情報の交換が阻害され，他者との「つながり」において問題が生じる可能性が極めて高い状況であるといえよう。

4　精神的健康とソーシャル・インクルージョン

次に精神的健康とソーシャル・インクルージョンの関係をみてみる。

精神的健康自体の定義については明確なものは存在しておらず，精神的健康を阻害される要因は多彩である。知的障害，認知症など疾病や障害によるもの，あるいは家族不和，職場関係といったものにより起因する過度なストレスや「幸せ」でない状況が含まれる。本書でも第10章において山崎が知的障害者

を取り上げて深く考察している。それについての考察はそちらを参照していただくとして，本章ではうつ病と高齢者の認知症について若干の考察を加えることとする。

　うつ病は軽度なものから重度のものまで存在するが，重度なうつ病の身体症状の1つとして家に閉じこもることという症状があり，社会とのつながりの支障になることが推測される。しかし，研究レベルにおいては，うつと外出についての関連を調べたものは少ない。これは軽度のうつの場合，必ずしも外出頻度の減少に結び付かない可能性があり，また，重度のうつ病の場合は調査に回答できないことなどが理由として考えられる。しかし，全国データでの検証は行われていないが，新開らが新潟県で行った調査によれば，抑うつ傾向がある，あるいは認知機能が低い場合，身体機能に問題がなくとも外出の頻度が減ることが示されている（新開ら 2005）。また，一般的なうつの症状でも興味関心の減退，おっくうで何かをする気力が起こらない，などが挙げられており，他者との交流についての興味が薄れ，外出も減るなど，社会とのつながりに支障が生じる。

　認知症高齢者の日常生活自立度判定基準[3]では，ランクⅡaの例として「たびたび道に迷う」と，外出が困難になる状況が示されており，ランクⅡbの例として「電話での応対や訪問者との対応等1人で留守番ができない」とコミュニケーションが困難であることが例示されている。そして，ランクⅢの判断基準は「日常生活に支障を来たすような症状・行動や意思疎通の困難さが見られ，介護を必要とする」であり，認知症の発症，特にそれが重度になれば社会（や他者）とのつながりを維持することが極めて困難になることが推測できる。

　また，公共交通機関が発達していない地方では，自家用車の利用が社会とのつながりを持つための重要な要素である。総務庁が1997年度に行った「高齢者の交通安全行動調査」によれば，免許を保有している高齢者のうち，週に3～4回運転している割合は大都市では63.3%であるのに対し，町村部では85.9%と自家用車への依存が高いことがわかる。

　2007年に道路交通法が改正され，75歳以上になると，免許更新時に認知症

の簡易検査が行われ，仮に認知症であると判明した場合，もしくはその検査によらずとも認知症であると申告があった場合などは，道路交通法第百三条一項二に「介護保険法第八条第十六項に規定する認知症であることが判明したとき」に免許が取り消される可能性がある（ただし，現時点では未施行）。仮に認知症が発症すると，生活に必要なその「足」を奪うことになり，社会とのつながりが断たれることとなる。

　精神的健康が損なわれると，重度になれば当事者の移動が困難になるため，身体的健康が損なわれたのと同様の状況になるが，中度の場合であってもコミュニケーションそのものへの興味が薄れる，あるいはコミュニケーションが困難になるという事態になり，社会とのつながりが保持し続け得ない状況になるということがわかる。

5　社会的健康とソーシャル・インクルージョン

　最後に社会的健康とソーシャル・インクルージョンの関連についてみていく。社会的健康は社会との適応が十分行えている状況のことであり，社会とのつながりが欠如している状態は適応が十分とはいえない，ということを勘案すると概念的には似ているが，ここではもう少し具体的に，不登校，ひきこもり，社会参加という3つの側面をとりあげ，その現状とソーシャル・インクルージョンの関連を考察する。

(1)　不登校・ひきこもりとソーシャル・インクルージョン

　文部科学省による不登校の定義は，「何らかの心理的，情緒的，身体的あるいは社会的要因・背景により，登校しない，あるいはしたくともできない状況にあるため，年間30日以上欠席した者のうち，病気や経済的な理由による者を除いたもの」となっており，平成18年の調査によれば，小学生では2万3,824人，中学生では10万2,940人，合計12万6,764人となっている（文部科学省2006）。不登校児童の割合は，文部科学省が調査を開始した平成3年以降増加

傾向にあったが，2002年以降は1.13〜1.17%とほぼ横ばいの状態である。不登校になる原因はいじめがクローズアップされがちであるが，実際にはいじめが原因の不登校は全体の3.2%であり，いじめ以外の友人関係（15.6%），親子関係（9.6%）という理由の方が多かった。しかし，もっとも理由として挙げられているのは「その他本人にかかわる問題」（31.2%）であり，理由がはっきりしない不登校が多いことがわかる。これは他の調査でも同様の傾向がみてとられ，不登校は複数の要因が絡み合って発生している可能性が示唆される。

次にひきこもりであるが，これは主に思春期以降にみられる様態で，厚生労働省の定義によれば，「6ヶ月以上自宅にひきこもって，会社や学校に行かず，家族以外との親密な対人関係がない状態」[4]と定義されている。ひきこもりの総数については諸説あり，たとえば岡山大学の「地域疫学調査による「ひきこもり」の実態調査」では41万世帯から全国引きこもりKHJ親の会による推計値の160万人までと多少はばがある。このひきこもりが発生する理由についても国立精神・神経センター精神保健研究所の「ひきこもり」対応ガイドラインによると，

　「「ひきこもり」とは，病名ではなく，ましてや単一の疾患ではありません。また，「いじめのせい」「家族関係のせい」「病気のせい」と一つの原因で「ひきこもり」が生じるわけでもありません。生物学的要因，心理的要因，社会的要因などが，さまざまに絡み合って，「ひきこもり」という現象を生むのです」[5]。

とあるように，複数の要素が原因であると考えられている。

不登校・ひきこもりの両者に共通している点としては，原因が複数であること，そして不登校，もしくはひきこもることで，それら複数の原因から自分の身を退避させることで一応の安定を保っている状態であり，その状況から抜け出すことが難しいということである。

(2) 社会参加とソーシャル・インクルージョン

最後に社会参加であるが，これは近年，とくに高齢者分野で注目を集めてい

る考えである。前述の不登校・ひきこもりとは逆に，その状態でない人が社会とのつながりが欠如する，という概念である。社会参加という考え自体は，老人福祉法第3条第1項に「老人は，(中略)その知識と経験を活用して，社会的活動に参加するように努めるものとする」とあるように，半世紀以上前から存在するが，近年は介護予防との関連で新たに着目されてきている。

社会参加の定義については定まったものはなく，就労を含めるか否か，あるいは趣味の外出を含むか否かなど，研究者によって多少の差異がみられる。ここでは，ソーシャル・インクルージョンとの関わりを考えるため，社会と何らかのふれあいがある，換言すれば就労も趣味も散歩もすべて含んだ広義の概念を用いる。

社会参加している高齢者の割合については国レベルのものはないが，東京都の行った外出頻度の数値を代替指標としてあげてみる。2000年の「高齢者の生活実態」によれば，毎日外出している高齢者が全体の54.6%を占めている反面，週1回かそれ以下しか外出しない高齢者が10.0%存在する（東京都福祉局 2000）。また，社会参加全体ではなく，個々の活動別にみると，内閣府が2003年に行った「高齢者の地域社会への参加に関する意識調査」では，近所の人たちとの交流（親しく付き合っている）が57.6%，グループ活動に参加している人が54.8%，学習活動に参加している人は21.4%という割合であった。これらの効果については，東京都老人総合研究所の調査によれば，男性については有償労働が生きがいや生活満足度を高めること，男女ともに地域社会への支援提供が生きがいを持つ割合が高くなること（東京都老人総合研究所 2000），社会貢献を行っていると生きがいを持つ割合がほぼ3倍になること（東京都老人総合研究所 2001），といった結果が提示されている。

このように高齢者のQOLの向上に効果的な社会参加であるが，高齢者の場合，既述の身体的健康および精神的健康の衰えによる外出忌避というのは当然存在する。特に高齢者の場合，若者に比べ移動のバリアの壁が高く，手軽に利用できる交通手段の欠如などが原因で外出を控えるようになる割合が高い。

また，高齢者は移動のバリア以外に転倒という外出阻害要因がある。内閣府

の2006年の調査によれば，この1年間に転倒経験のある高齢者は自宅で10.6％，屋外で11.8％であり，うち屋内では転倒経験者の37.5％が怪我をしたという状況が報告されている（内閣府2006）。加えて「転倒後不安症候群」と呼ばれる精神的な影響についても報告されており，1度の転倒から外出を控え，外出を控えることで脚部の筋力が衰え，それが転倒しやすさを加速させる，という負の連鎖が起こりがちである。

以上，社会的健康との関連についてみてきたが，現状では対策が採られているが，全面的な解消には程遠い状況である。しかし，一方で，特に高齢とじこもり者については，要介護のリスク要因である一方，主体的判断で閉じこもっている可能性も高く，長期的な働きかけによるライフスタイルの変容なども必要である。

6 ソーシャル・インクルージョンの普及

以上，3領域とソーシャル・インクルージョンの関連について関係をみてきたが，いずれの領域もそれぞれの健康が損なわれると社会とのつながりに支障が生じ，ソーシャル・インクルージョンからは乖離する状況にあることが把握できた。しかし，その要因は領域ごとに異なり，身体的健康が損なわれると，主にハードウェア面が障害となり，精神的健康が損なわれると，主に対象者本人の状況が妨げとなり，社会的健康が損なわれると，主に当人のライフスタイルがソーシャル・インクルージョンの阻害要因となっている。

このうち，ハードウェアに依存する問題については，お金と時間をかけることである程度の改善が可能である。実際，比較的整備が容易であると思われる誘導ブロックについては現在8割以上が整備されている。もちろん，中には巨額の費用がかかる（例：ノンステップバスについては，既存のバスの改造ではなく，バスの車体自体の更新が必要な）ものもあるが，中・長期的に見ればいずれは相当の改善が期待できる。しかし，本人の疾病やライフスタイルなどについては，生活習慣指導や健康概念の普及啓蒙活動などを含めた長期的な取り組みで改善

の余地があるが,短期的な改善や劇的な変化については望めない要因である。特に新しい疾病,たとえば既述のメタボリック・シンドロームなどについては,それまでの健康教育では教わることがなかった概念であり,こういう概念を地域住民に啓蒙するには,個人個人への個別アプローチでは時間がかかりすぎるため,マスコミや広報誌などを効果的に利用したアプローチなども必要になると思われる。

ソーシャル・インクルージョン状態であることは,当人のQOL向上といったメリットがある。しかし,それに加えて,(高齢者分野ではあるが)市区町村レベルでの計画の際には介護予防のために社会参加を推進しているところが多い[6]。また,社会参加が介護予防につながるといった研究も散見[7]されるようになり,単に個人のQOLといったレベルではなく,社会的に望まれる,望ましい状態であるともいる。

既述のように,ソーシャル・インクルージョンは一朝一夕では達成できない。今後に向けて,地道に粘り強い普及啓蒙活動が必要であるといえよう。

(深谷太郎)

注
(1) それ以前にも,「公共交通ターミナルにおける身体障害者用施設設備ガイドライン」(1983年,運輸省),「視覚障害者誘導用ブロック設置指針について」(1985年,建設省)のように指針レベルでのルール作りは行われていた。
(2) http://www.mlit.go.jp/kisha/kisha05/01/011104_.html
(3) 平成5年10月26日,老健第135号,厚生省老人保健福祉局長通知
(4) 育児支援家庭訪問事業実施要綱第2条第2項
(5) 精神保健福祉センター,10代・20代を中心とした「ひきこもり」をめぐる地域精神保健活動のガイドライン─保健所・市町村でどのように対応するか・支援するか─
(6) 介護保険法の改正に伴い昨年度から各市町でスタートした介護予防事業の中に,運動器の機能向上や栄養改善と並んで閉じこもり予防・支援が盛り込まれている
(7) 一例をあげれば,新開省二らの高齢者の社会参加・社会貢献の増進に向けた介入事業の展開とその評価,杉澤秀博らの「中高年者の職業からの引退と健康」プロジェクトなどがあげられる。

引用・参考文献
千葉県県健康福祉部健康福祉指導課(2006)「第1回インターネットアンケート調査結果」
文部科学省(2006)「平成18年度児童生徒の問題行動等生徒指導上の諸問題に関する調査」

内閣府（2006）「高齢者の住宅と生活環境に関する意識調査」
NPO法人全国引きこもりKHJ親の会ほか（1985）「ひきこもりに関する全国調査報告書」
新開省二・藤田幸司・藤原佳典・熊谷修・天野秀紀・吉田裕人・寶貴旺（2005）「地域高齢者におけるタイプ別閉じこもり発生の予測因子──2年間の追跡研究から」『日本公衆衛生雑誌』52（10）
総務省（2007）「平成18年度の字幕放送等の実績」
総務省情報通信政策研究所（2003）「障がいのある方々のインターネット等の利用に関する調査報告書──国民全般の情報環境との比較を通じて」
東京都福祉局（2000）「高齢者の生活実態　東京都社会福祉基礎調査」
東京都老人総合研究所（2000）「後期高齢期における健康・家族・経済のダイナミクス」（1998—2000年度短期プロジェクト研究報告書）
東京都老人総合研究所（2001）「高齢者の健康と生活──『長寿社会における暮らし方の調査』の結果報告」
Wilkinson, R., Marmot, M., (2003) *The solid facts : social determinants of health*, World Health Organization（http://www.euro.who.int/document/e 81384.pdf）
郵政研究所（1999）「障害者・高齢者における情報通信の利用動向」

第4章

地域福祉計画とコミュニティ，
そしてソーシャル・インクルージョン

1 施設福祉から地域福祉へ

 第2次世界大戦敗戦後の日本の社会福祉は，戦後の混乱に対応するためにも，緊急を要するものとして昭和20年代（1945～54年）に制定された「生活保護法」（旧，昭和21年），（新，昭和25年），「児童福祉法」（昭和22年），「身体障害者福祉法」（昭和24年），そして「社会福祉事業法」（昭和26年）のいずれにおいても，金銭の給付や施設の設置，収容を中心とし，それらを量的にも増やし，拡大するという方向で進められてきた。

 昭和30年代（1955～64年）に入っての戦後の復興，そして引き続いての経済の高度成長期以降となると，所得や財政の伸びや増大を基盤として，「精神薄弱者福祉法」（昭和35年），「国民皆年金，皆保険」（昭和36年），「老人福祉法」（昭和38年），「母子福祉法」（昭和39年）と福祉の施策は拡大されたが，そのいずれもが金銭給付の増大や施設整備や収容の拡大という方向で進められたことには変わりはなかった。

 これらのことを，日本では，児童や障害者などと比べると遅れてスタートした高齢者福祉に即してやや具体的にみてみると，1963年に老人福祉法が制定された以前の段階では，「身寄りのない，貧しい老人」のみが福祉の対象とされていたため，高齢者関係の福祉施設は生活保護法での養護施設のみで，所得要件なしの「介護」の施設としての特別養護老人ホームは，老人福祉法制定当時の1963年の時点では，全国ではただの1カ所のみという状況であった。それがその後，施設の整備，拡大という波に乗って，入所施設としての特別養護

老人ホームは，1970年には539カ所，1980年には養護老人ホーム数を抜いて1,031カ所，さらにゴールドプランが開始された1990年には2,260カ所，そして2000年には4,463カ所と10年毎にみると，それぞれ倍増するほどの勢いで増え続けてきたのである。

　このような収容施設中心，金銭援助中心の日本の福祉に，黄信号を点滅させ，ストップをかけたのが1973年秋のオイルショックを契機とした経済成長の終焉であり，国家財政の急激な落ち込みであった。これらとあわせて，1980年代から顕著になった日本の高齢化の急速な進展による福祉の需要者の増加，さらには自立生活やノーマライゼーションを志向する福祉の世界的潮流などが重なって，日本でも1980年代の後半頃より，施設福祉から地域福祉への転換という声や動きが次第に高まりをみせるようになってきたのである。そしてこれらが行政の施策や法制度として登場するようになったのは1990年代に入ってからのことであった。

　この転換への動きを明確な形で打ち出したのが，1989年に社会福祉関係審議会合同企画分科会がとりまとめた「今後の社会福祉の在り方について」の答申であり，そこでは，①市町村重視，②在宅福祉サービスの拡大，③民間事業者，ボランティア団体育成，④福祉，保健，医療サービスの連携の方向が具体的に挙げられたのである。

　同じくこの1989年には，ゴールドプランの別名でも知られる「高齢者保健福祉推進10ヵ年戦略」が策定され，ホームヘルパー，デイサービス，ショートステイという在宅福祉サービスの整備が進められた。そして1990年には，「老人福祉法等社会福祉法八法改正」を通して，「市町村中心の地域福祉の明確化」が図られ，さらに「社会福祉事業法の一部改正」を通して，在宅福祉事業を第二種の社会福祉事業として明確に位置付けることも打ち出された。さらに同じくこの1990年には，「市区町村高齢者保健福祉計画」の策定が「義務」づけられ，その後の数年間の内で全市区町村で出揃うこととなった。加えて，1997年には，「公的介護保険制度」が成立し，市区町村が保険者となって「要介護」と認定された者に対しては2000年4月から介護サービス事業が提供さ

れることとなった。

　また，1998年6月には，当時の厚生省社会・援護局を事務局とした中央社会福祉審議会社会福祉構造改革分科会から「サービスの利用者と提供者の対等な関係の確立」や，「住民の積極的な参加による福祉文化の創造」などを「改革の基本的方向」として掲げた「社会福祉基礎構造改革について（中間まとめ）」が発表された（中央社会福祉審議会社会福祉構造改革分科会 1998）。2000年には厚生省社会・援護局より，ソーシャル・インクルージョンという視点からの社会福祉を日本で最初に提起したとされる「社会的な援護を要する人々に対する社会福祉のあり方に関する検討会」報告書がまとめられた（厚生省社会・援護局 2000）。

　そしてこれらの総仕上げとして，2000年には，半世紀前の1951年に制定された社会福祉事業法が社会福祉法と改められ，その第4条には「地域福祉の推進」に係わる規定が設けられ，それに基づいて市区町村地域福祉計画と，それを支える都道府県地域福祉支援計画の推進が図られることになったのである。

2　行政施策中心から住民参加の重視へ

　このように，今回の「地域福祉計画」の登場の背景や要因として，今日，そして今後の社会福祉を進展させていくに当たっては，国家や行政の力のみでは不十分だし，不可能だという事態が，よりはっきりしてきたということが挙げられよう。

　第2次大戦終了後の日本の社会福祉は福祉国家を標榜して，権限や財源を国家に集中して進められてきた。それがオイルショックを契機に発生した経済成長の鈍化や，国家財政の破綻により，国家に一元化した福祉の推進は困難なものとなり，都道府県や市区町村への権限委譲とか，民間の事業者や企業の福祉への導入，あるいはNPOなどの非政府や非営利組織や活動の育成，さらには一般の人々のボランティア活動の奨励など，さまざまな施策がとられるようになってきているのである。そしてまた，今日直面し，解決が求められている福

祉の課題やニーズということにおいても，そこには単なる生活の困窮や破綻や貧困といった金銭や経済的な問題に関わるものだけではなく，ますます進む過度競争社会の中で，切り捨てられ，脱落し，放置され，無視されているといった社会的役割やつながりの喪失などの社会的な問題との関わりの多いものも急増してきているのである。

今回の地域福祉計画の策定にあたり，厚生労働省が「地域福祉計画の策定及び実施は，地域福祉の推進を図る上で重要な意義を有することから，都道府県及び市町村が地域福祉計画を策定する際の参考に資するよう，地域福祉計画の策定に関する指針の在り方について社会保障審議会福祉部会に審議を求めた」ことに対しての同部会からの報告書「市町村地域福祉計画及び都道府県地域福祉支援計画策定指針の在り方について（一人ひとりの地域住民への訴え）」では，その冒頭で次のようなアピールがなされたのである（社会保障審議会福祉部会2002）。

　我が国においては，かつての伝統的な家庭や地域の相互扶助機能は弱体化し，地域住民相互の社会的なつながりも希薄化するなど地域社会は変容しつつある。少子高齢社会の到来，成長型社会の終焉，産業の空洞化，そして近年の深刻な経済不況がこれに追い討ちをかけている。このため，高齢者，障害者などの生活上の支援を要する人々は一層厳しい状況におかれている。また，青少年や中年層においても生活不安とストレスが増大し，自殺やホームレス，家庭内暴力，虐待，ひきこもりなどが新たな社会問題となっている。

そしてこの部会報告書では「地域福祉推進の背景と必要性」について続けて以下のように述べられている。

　先の中央社会福祉審議会社会福祉構造改革分科会の報告においては，「社会福祉の基礎となるのは他人を思いやり，お互いを支え助け合おうとする精神である。その意味で，社会福祉を作り上げ，支えていくのはすべての国民

である」と述べているが，国民生活の安心と幸せを実現するためには，自立した個人が地域住民としてのつながりを持ち，思いやりを持って共に支え合い，助け合うという共に生きるまちづくりの精神が育まれ活かされることが必要不可欠である。

　今こそ，共に生きるまちづくりの精神を発揮し，人々が手を携えて，生活の拠点である地域に根ざして助け合い，生活者としてそれぞれの地域で誰もがその人らしい安心で充実した生活が送れるような地域社会を基盤とした福祉（地域福祉）の推進に努める必要がある。

　法制度においても，平成2年のいわゆる福祉八法の改正以降，在宅サービスの法制化，措置権の委譲に伴う保健福祉サービスの市町村への一元化や，高齢者，障害者，児童各分野でのサービスの計画化などにより，地域住民の生活に密着した市町村を中核とする保健福祉サービスの提供体制の基盤づくりが進められてきた。とりわけ，社会福祉事業法においては，地域に即した創意と工夫による福祉サービスの総合的な実施，福祉サービスにたいする地域住民の理解と協力が定められる等，実質的に地域福祉の推進が唱えられ，平成12年の社会福祉法においては，「地域福祉の推進」が明確に位置づけられるようになった。

これらを踏まえて，この報告では，行政が設置した審議会としてはやや異例な「一人ひとりの地域住民への訴え」というタイトルや見出しで，次のような呼びかけが行われたのである。

　とかく，これまでの社会福祉は，ややもすると行政から地域住民への給付という形を取ってきた。しかしながら，これからは，個人の尊厳を重視し，対等平等の考え方に基づき，地域住民すべてにとっての社会福祉として，かつ，地域住民すべてで支える社会福祉に変わっていかなければならない。そのためには社会福祉に対しての地域住民の理解と協力，つまり地域住民の参加と行動が不可欠なのである。

この際，一人ひとりの地域住民に対して，社会福祉を限られた社会的弱者に対するサービスとしてではなく，身近な日々の暮らしの場である地域社会での多様な人々の多様な生活課題を地域全体で取り組む仕組みとしてとらえなおし，地域住民としてこれらの多様な生活課題に目を向け自発的，積極的に取り組んでいただけるように訴えたい。また，社会福祉を消極的に単なる特定の人に対する公費の投入と考えるのではなく，むしろ福祉活動を通じて地域を活性化させるものとして積極的な視点でとらえていただけるよう強く訴えたい。

このように同審議会の報告書は，地域福祉への転換により，福祉サービスの提供の場や担い手は，日常の生活から離れた入所施設から，通所施設や市町村を基盤としたサービスに移されたとはいえ，今後の新たな，より一層の社会福祉を推進し，実現していくにあたっては，地域住民が，単なるサービスの受益者や利用者にとどまるのではなく，社会福祉の主体的，積極的な担い手や協力者となって住民参加を強め拡げていくこと，そしてさらに相互のケアや支援あるいは助け合いなどを通して新たなつながりや結びつきを生み，育てていくことの必要性を強調しているのである。

3　地域福祉への都道府県，市区町村の対応と取り組み

(1)　都道府県と市町村の地域福祉計画策定状況

以上にみてきたように，社会福祉の「基本法」ともいわれてきた「社会福祉事業法」を半世紀ぶりに法律の名称も「社会福祉法」と変えるという大改正を行い，そしてそこで謳われた「地域福祉の推進」ということを「措置から契約へ」というスローガンと並べて「社会福祉基礎構造改革」の二本柱の一つとして位置づけ，さらには「ソーシャル・インクルージョン」というヨーロッパを中心として広がり始めた国際的な動向をも導入して，ということで打ち出され，呼びかけられたのが今日の地域福祉であり，地域福祉計画の策定であった。

第4章 地域福祉計画とコミュニティ，そしてソーシャル・インクルージョン

そこで次に，この地域福祉計画の策定や推進の状況を，2002（平成14）年4月1日付けで厚生労働省社会・援護局長より各都道府県知事宛に出された「市町村地域福祉計画及び都道府県地域福祉支援計画の策定について」と題された通知からみてみると，そこでは次のように謳われていた（厚生労働省社会・援護局長 2002）。

社会福祉の増進のための社会福祉事業法等の一部を改正する等の法律（平成12年法律第111号）による改正後の社会福祉法（昭和26年法律第45号）においては，地域福祉の推進を図る観点から第1条の目的に地域福祉の推進を掲げ，第4条に地域福祉の推進にかかわる規定を設けるとともに，新たに第10章として地域福祉計画，社会福祉協議会及び共同募金に係わる規程からなる地域福祉の推進の章が設けられた。

これらにより，地域福祉計画なるものが，社会福祉，そして地域福祉の前面に躍り出る形となり，2002年より市区町村が地域福祉計画を，そして都道府県はそれをサポートする地域福祉支援計画の策定に取り組むものとされた。しかし，都道府県や市町村の動きは大変鈍く，厚労省による2006（平成18）年10月1日現在の状況調査の結果では，とりわけ現実に計画を担う市区町村においては，「平成18年9月末までに策定が終わっている」のは22.9%，「平成18年以内に策定が終わる予定」が10.9%，「平成19年度以降に策定予定」が25.7%で，「策定と策定の予定の合計」でも59.6%で，スタートから4年半を経過した時点になっても「策定未定」という市区町村が40.4%にも及んでいる（表4-1）というように，都道府県や市町村の反応や対応は全体としては極めて鈍く，低迷し，遅々とした歩みとなっている（表4-2, 4-3）。

とはいえ，それらを都道府県別や市町村別にみてみると，それらの進捗状況や取り組みには大きな差異があるように思われる。そこで以下では，それらの実態や，その要因などの検討を行うこととしたい。

表 4-1　市町村地域福祉計画策定状況

(2006.10.1 現在)

	平成18年9月末までに策定が終わっている	平成18年度以内に策定が終わる予定	平成19年度以降に策定予定	策定と策定予定の合計	策定未定	計
市区	283 (35.3%)	109 (13.6%)	237 (29.6%)	629 (78.4%)	173 (21.6%)	802 (100%)
町村	139 (13.4%)	92 (8.9%)	236 (22.7%)	467 (45.0%)	571 (55.0%)	1,038 (100%)
計	422 (22.9%)	201 (10.9%)	473 (25.7%)	1,096 (59.6%)	744 (40.4%)	1,840 (100%)

出典：厚生労働省「地域福祉計画」ホームページより。

表 4-2　都道府県地域福祉支援計画策定状況

(2006.10.1 現在)

平成18年9月末までに策定が終わっている	平成18年度以内に策定が終わる予定	平成19年度以降に策定予定	策定と策定予定の計	策定未定	計
33 (70.2%)	2 (4.3%)	5 (10.6%)	40 (85.1%)	7 (14.9%)	47 (100%)

出典：表 4-1 と同じ。

(2)　「先進」事例としての大阪府および府下の豊中市

　まずは，都道府県としての「地域福祉支援計画」を 2003 年 3 月にいち早く立ちあげ，また都道府県下の市区町村としての，「地域福祉計画」の「策定未定」は 43 市区町村中 1 市のみという大阪府および府下の市町村を取りあげてみていく。大阪府の「支援計画」の冒頭には，大田房江知事の名前で以下のような一文が掲載されている（大阪府 2003）。

　　少子高齢下の進展や地域・家庭の機能の低下，長引く景気低迷など社会経済環境の変化は，都市特有の様々な課題を有する人を生み出しています。さらに，これらの人が社会や地域から孤立することで，課題の解決が困難なケースも増加しています。

第4章　地域福祉計画とコミュニティ，そしてソーシャル・インクルージョン

表4-3　都道府県別策定状況　　　　　　　　　　　(2006.10.1現在)

	市町村地域福祉計画												都道府県地域福祉支援計画			
	市町村数			平成18年9月末までに策定済		平成18年度末までに策定予定		平成18年度末以降策定が終わる予定		平成19年度以降策定する予定		策定未定		平成18年9月末までに策定済	平成18年度末までに策定が終わる予定	平成19年度以降策定する予定	策定未定
		市区	町村	市区	町村	市区	町村	市区	町村	市区	町村	市区	町村				
北海道	180	35	145	47	18	29	11	0	11	24	4	20	98	13	85		○	
青森県	40	10	30	5	2	3	2	2	0	7	3	4	26	3	23		○	
岩手県	35	13	22	2	1	1	3	2	1	11	5	6	19	5	14			○
宮城県	36	13	23	5	2	3	3	2	1	11	5	6	17	4	13	○		
秋田県	25	13	12	1	1	0	3	3	0	9	6	3	12	4	8	○		
山形県	35	13	22	4	1	3	5	2	3	14	8	6	12	2	10	○		
福島県	61	12	49	5	1	4	6	3	3	13	3	10	37	5	32	○		
茨城県	44	32	12	5	4	1	3	2	1	27	22	5	9	4	5	○		
栃木県	33	14	19	4	3	1	4	2	2	10	7	3	15	2	13	○		
群馬県	38	12	26	2	1	1	3	1	2	7	6	1	26	4	22	○		
埼玉県	71	40	31	13	12	1	5	5	0	24	14	10	29	9	20	○		
千葉県	56	36	20	11	11	0	4	4	0	15	12	3	26	9	17	○		
東京都	62	49	13	48	42	6	2	1	1	4	2	2	8	4	4			○
神奈川県	35	19	16	19	16	3	4	3	1	3	0	3	9	0	9	○		
新潟県	35	20	15	7	4	3	4	4	0	19	9	10	5	3	2	○		
富山県	15	10	5	5	5	0	2	2	0	4	2	2	4	1	3	○		
石川県	19	10	9	4	4	0	1	1	0	5	2	3	9	3	6			○
福井県	17	9	8	9	5	4	5	3	2	2	0	2	1	1	0	○		
山梨県	28	13	15	4	4	0	6	1	5	9	5	4	1	1	3	○		
長野県	81	19	62	19	9	10	7	2	5	26	7	19	29	1	28			○
岐阜県	42	21	21	11	7	4	4	4	0	23	10	13	4	0	4	○		
静岡県	42	23	19	29	18	11	7	2	5	5	2	3	1	1	0	○		
愛知県	63	35	28	15	14	1	3	1	2	16	7	9	28	11	17	○		
三重県	29	14	15	7	5	2	3	2	1	4	1	3	14	3	11	○		
滋賀県	26	13	13	4	3	1	7	6	1	0	0	0	13	2	11	○		
京都府	28	14	14	9	9	0	1	1	0	5	2	3	13	1	12	○		
大阪府	43	33	10	33	27	6	4	3	1	5	2	3	1	1	0	○		
兵庫県	41	29	12	12	11	1	6	6	0	14	11	3	9	1	8	○		
奈良県	39	12	27	3	3	0	5	2	3	5	2	3	26	5	21	○		
和歌山県	30	9	21	4	1	3	2	1	1	13	5	8	11	2	9	○		
鳥取県	19	4	15	4	2	2	4	2	2	8	0	8	3	0	3	○		
島根県	21	8	13	2	0	2	7	3	4	8	5	3	4	0	4	○		
岡山県	29	15	14	3	3	0	3	2	1	5	2	3	20	11	9	○		
広島県	23	14	9	3	3	0	3	2	1	6	5	1	11	4	7			○
山口県	22	13	9	8	6	2	2	2	0	2	8	3	5	0		○		
徳島県	24	8	16	2	0	2	3	1	2	5	3	2	14	4	10		○	
香川県	17	8	9	5	3	2	3	1	2	5	4	1	4	0	4	○		
愛媛県	20	11	9	2	1	1	4	4	0	10	4	6				○		
高知県	35	11	24	1	1	0	4	2	2	0	3	1	2	29	8	21		○
福岡県	68	27	41	9	7	2	6	3	3	10	4	6	43	13	30	○		
佐賀県	23	10	13	1	0	1	6	4	2	10	5	5	6	1	5	○		
長崎県	23	13	10	6	0	2	1	1	13	9	4	8	3	5		○		
熊本県	48	14	34	18	4	14	1	0	1	9	16	9	7	4	3	○		
大分県	18	14	4	2	1	1	4	3	1	10	8	2	2	2	0	○		
宮崎県	31	9	22	7	4	3	4	2	2	11	1	10	9	2	7		○	
鹿児島県	49	17	32	1	1	0	7	3	4	9	4	5	32	9	23			○
沖縄県	41	11	30	6	4	2	2	1	1	5	4	1	22	4	18	○		
合　計	1,840	802	1,038	422	283	139	201	109	92	473	237	236	744	173	571	33	2	5	7

出典：表4-1と同じ．

第Ⅰ部　ソーシャル・インクルージョンの視角

　この計画は，こうした課題に対応し，社会福祉法に定める「都道府県地域福祉支援計画」として策定したもので，大阪の地域福祉の水準を高めていく上で，市町村の地域福祉推進の指針となるものです。

　また，昭和58（1983）年，全国に先駆けて策定した「大阪府地域福祉推進計画（ファインプラン）」で打ち出した，身近な地域で支え合い，ともに生きる福祉の推進という考え方を継承・発展させるものです。

　この計画の副題では，「おおさか福祉コミニュティ創生プラン」と名づけ，「すべての人の安心と自立を支える福祉コミュニティの創生」を目標とし，その実現には，行政のみならず，地域の住民の皆様とともに，社会福祉法人，NPO，学校，企業，各種団体などの関係者が連携・協力した取り組みを進めることが不可欠としています。

　そしてこの推進計画では，「地域福祉は，こうした社会づくりに向けて『地域の住民一人ひとりが主役となって，誰もがよりよく生きることの出来る住みよいまちづくりの活動を地域の実情に応じて計画的に連帯して進め，その成果を次の活動に活かすという不断の取組み』であり，日常生活を送っていく上で必要な生活関連施設が概ね充足されている小学校区を基本としながら，必要に応じて中学校区や市町村域，府域といったより広域的な単位での活動や取組みとも連携して支え合うような仕組みとしていく必要があります」とその方向性を打ち出している。

　そして具体的には，本計画を担当した樫岡の説明では，「大阪府では，この地域福祉支援計画に基づき，大阪府の独自の施策として『校区での地域福祉活動』に対し，市町村を通じて支援を行っています」として，「その結果，生まれたのが『コミュニティソーシャルワーカー』です」。「大阪府が全国に先駆けて導入した「コミュニティソーシャルワーカーは，地域において支援を必要とする人々の生活圏や人間関係など，環境面を重視した援助を行う，地域を基盤とする活動やサービスを発見して支援を必要とする人に結びつける，新たなサービスの開発や公的制度との調整，などを行うことを目的として，概ね中学校

区といった身近な地域において，既存の資源を活用して，援助を要する高齢者，障害者，子育ての中の親などに対する『見守り，発見，相談サービスへのつなぎ』などの機能を担っていただくもので，現在，市町村とともに，配置を促進しています」としている（樫岡 2007）。

これらを受けて，あるいはこれらを支え，促進させるような形で，大阪府下の市町村では，小・中学校区などの日常生活圏域を活動範囲とする地域福祉活動や小地域福祉活動を展開するなかで，さまざまな地域福祉計画を住民が主体的につくる動きが生まれてきている。

そしてさらには，大阪府内の一つの自治体である豊中市では 2007 年 10 月 6 日に，「全国校区地域福祉活動サミット in 豊中」の開催を呼びかけ，地元豊中市からの 700 人を含めて全国から 1,400 人の参加者を集め，活動家や実践者，そして社協や行政の担当者を発表者とした 5 つのシンポジウムが繰り広げられた。また当日この集会に講師そしてシンポジストとして招かれた厚労省の中村秀一社会・援護局長からは，「平成 20 年度厚生労働省予算の概算要求で，『小地域福祉活性化事業』の創設が計上され，身近な地域において，住民相互の支え合い運動を促進し，地域において支援を必要とする人々に対し，見守り，声かけをはじめとする福祉活動を活性化するため，地域福祉活動を調整する役割を担うコミュニティソーシャルワーカーを市町村に配置するとともに，拠点づくり・見守り活動等の事業を支援するモデル事業を実施する」ことが発表されるなど，大阪府あるいは府下の市町村の「校区コミュニティ」を基盤とした地域福祉計画の策定や推進が，全国的な「モデル」ともなり，広がるという展開をみせるようになってきているのである（樫岡 2007）。

(3) 「後進」事例としての新潟県および県下の市町村

これらに対して，地域福祉や地域福祉計画の推進や取り組みということで，今日なお，計画の「策定時期未定」とか「策定自体未定」，あるいは「策定済み」となっているとはいえ，それが地域福祉計画単独ではなく，他の計画に包含されたものとして作られている都道府県や市町村が多い地域から，新潟県お

よび県下の市町村を採りあげてそれらの状況や事情などをみていくこととしよう。

　新潟県では，2004年1月，そして2006年4月にそれを一部改正した「市町村地域福祉計画策定の手引き――これからの地域福祉のあり方について」を作成しているが，それによると2006年3月に取りまとめられた「新潟県健康福祉ビジョン」が「地域福祉支援計画の内容を含むものであり，本計画によって市町村の地域福祉推進への支援をしていきます」ということで，県としても独自の地域福祉支援計画は策定していない（新潟県 2006）。

　そして，「支援計画の内容を含むもの」とされている「新潟県健康福祉ビジョン」においても，その柱立てとしては，①「平均寿命・健康寿命の延伸」と並ぶものとして，②「コミュニティ（地域）で支える福祉支援（住民参加の福祉の実現）」が挙げられ，その重点課題として，「自立と参加を支える基盤づくり」施策ということで「自立と社会参加を支える環境整備の促進」，「高齢者の意欲や能力に応じた社会参加の支援」，「障害者の能力や適性に応じた社会参加の支援」，「県民の福祉を支えるひとづくりの促進」，「福祉に関する情報提供のシステムづくりの促進」，「福祉に関する相談体制の充実強化」，などが，そしていまひとつの重点課題として「共生・共助の基盤づくり」施策としては，「地域住民の意識醸成と幅広い参加の促進」，「住民参加の支え合いの仕組みづくりの促進」，「住民参加の子育ての支援の仕組みづくりの促進」などが挙げられてはいるが，それらはまだ一般的，抽象的なビジョンや課題や施策にとどまっていて，具体的で，実際的な計画や活動と結びつくものとはなっていない（新潟県 2006）。

　次には新潟県下の市町村の「地域福祉計画」の策定状況や動向をみてみると，2007年4月1日現在の状況調査の結果では，同年同日より日本海側で初の政令指定都市となった新潟市からは，「現行は新潟市保健医療福祉計画と兼ねた計画，2007年度より区ごとの地域福祉計画を予定」との回答が寄せられているが，2007年4月1日の政令指定都市指定と同時に発足した市内の8つの行政区からは，まだ，行政区としての新しい体制の整備に追われていて，それぞ

れの地域福祉計画の策定の具体的な動きは報告されていない。

　また，県下の第2の大都市でもある長岡市からも現行のものは「長岡市高齢者保健福祉計画と兼ねた計画」であり，「第3期長岡市高齢者保健福祉計画は，平成18年度～20年度を期間とした計画でしたが，災害等により策定が1年遅れ，今年の3月に策定が完了しました。高齢者保健福祉計画は『地域福祉計画』の性格を併せ持つものです」とされているが，直接的に関連する項目としては，安心して暮らせるまちづくり，ということで「いざというときに市民が助け合える地域コミュニティを形成し，地域防災力の強化を図ります」ということが盛り込まれている程度のものである。

　そして新潟県の場合には，県下の市町村で2007年4月の時点で単独の市町村地域計画を策定し終えたのは，糸魚川，柏崎，上越，南魚沼の4市のみで，全県下の動向としても，35市町村中，「策定時期未定」が11の31.42％，「策定自体未定」が5の14.29％で，合わせると45％と半数近くの市町村に及んでいる（表4−4～4−6）。

　またそれらの理由としては，「障害者自立支援法関係の業務に追われて手をつける暇がなく，地域福祉計画の策定時期については未定である」（新発田市），「町は数年後の合併を控えており，地域福祉計画は合併後に策定することが，より現実的な計画となるため」（川口町），「現状では策定の必要性を感じていないため」（加茂市）などの回答が出されている。

　新潟県および県下の市町村で地域福祉計画の策定が遅れていたり，鈍いものとなっている要因として考えられることは，一つには，市町村からの回答のうちにもあったように，平成10年代には，いわゆる「平成の市町村合併」が全国的にも進行し，とりわけ新潟県下では，2000（平成12）年3月31日当時の市＝20，町＝57，村＝35，計112から，2006（平成18）年3月20日現在では，市＝20，町＝9，村＝6，計35へと約3分の1に激減するという変化がみられたこと，いまひとつには，新潟県下では，2004年10月23日の中越地震，そして2007年の中越沖地震と立て続けて2度にわたる大災害に見舞われ，県下の市町村，とりわけ中越地方では，それらの復旧や支援に追われているという

第Ⅰ部　ソーシャル・インクルージョンの視角

表4-4　市町村地域福祉計画策定状況　　　　　　（2007.4.11 現在）

策定状況及び策定年度 （H17年度調査項目）		H17.4月現在		H18.10月現在	
		市町村数	比率（%）	市町村数	比率（%）
H16年度以前に策定済み		6	(13.33)	(A) 7	(20.00)
H17年度策定済み		5	(11.11)		
H18年度以降策定予定	H18年度	8	(17.78)	(B) 4	(11.43)
	H19年度	1	(2.22)	(C) 5	(14.29)
	H20~H22年度	0	(0.00)	(D) 3	(8.57)
	策定時期未定	10	(22.22)	(E) 11	(31.42)
策定自体未定		15	(33.33)	(F) 5	(14.29)
合　計		45	(100.00)	35	(100.00)

出典：新潟県ホームページ「市町村地域福祉計画策定状況調査結果」より。

表4-5　策定時期未定及び策定自体未定の市町村の状況　（2007.4.11 現在）

区　分	未策定の理由	H17.4現在 市町村数	H18.10現在 市町村数
策定時期未定（E）	他計画との関連	1	3
	策定メリットとの関連	1	0
	組織体制との関連	1	2
	合併との関連	3	6
	理由なし	4	0
	計	10	11
策定自体未定（F）	組織体制との関連	1	0
	策定メリットとの関連	2	1
	他計画との関連	4	4
	合併との関連	8	0
	計	15	5
合　計		25	16

出典：表4-4と同じ。

事情が発生したことなども考慮に入れなければならないであろう。

しかし，これらの事情や経過はあったにせよ，新潟県や県下の市町村の地域福祉や地域福祉計画についての理解や対応の不十分さや鈍さは問題として指摘されなければならないであろう。

というのも，大地震や河川の氾濫や土砂の流出などの大災害の発生は，それ

第4章 地域福祉計画とコミュニティ，そしてソーシャル・インクルージョン

表4-6 策定方法及び未策定理由 (2007.4.1現在)

NO	市町村名	分類	策定状況	策定方法及び未策定理由等
1	新潟市	A	平成12年度策定（19年度見直）	現行は新潟市保健医療福祉計画と兼ねた計画。平成19年度より区ごとの地域福祉計画の策定を予定
2	長岡市	A	平成12年度策定（18年度見直済）	長岡市高齢者保健福祉計画と兼ねた計画。平成19年3月に見直し済
3	見附市	A	平成13年度策定（見直時期未定）	見附市保健医療福祉計画と兼ねた計画
4	弥彦村	A	平成17年度	弥彦村健康福祉総合計画と兼ねた計画
5	小千谷市	A	平成17年度	第四次小千谷市総合計画及び小千谷市復興計画と兼ねた計画
6	津南町	A	平成17年度	津南町保健医療福祉計画と兼ねた計画
7	神林村	A	平成17年度	神林保健医療計画と兼ねた計画
8	糸魚川市	B	平成18年度	単独の市町村地域福祉計画
9	柏崎市	B	平成18年度	単独の市町村地域福祉計画
10	上越市	B	平成18年度	単独の市町村地域福祉計画
11	南魚沼市	B	平成18年度	単独の市町村地域福祉計画
12	十日町市	C	平成19年度	保健医療福祉総合計画（仮称）と兼ねた計画を策定予定
13	佐渡市	C	平成19年度	単独の市町村地域福祉計画を策定予定
14	三条市	C	平成19年度	単独の市町村地域福祉計画を策定予定
15	燕市	C	平成19年度	単独の市町村地域福祉計画を策定予定
16	阿賀野市	C	平成19年度	単独の市町村地域福祉計画を策定予定
17	魚沼市	D	平成20年度	単独の市町村地域福祉計画を策定予定
18	出雲崎町	D	平成21年度	単独の市町村地域福祉計画を策定予定
19	聖籠町	D	平成22年度	第3次聖籠町総合計画において，今後5年間のうちに地域福祉計画を策定する旨記載されている。単独の市町村地域福祉計画を策定予定
20	村上市	E	策定時期未定	現在，村上市・岩船郡内5市町村で合併の事務準備が始められており，策定するならば広い地域（圏域）で地域福祉の進め方等，合理的，効率的に計画づくりが運ばれるものと考えられるため
21	新発田市	E	策定時期未定	障害者自立支援法関係の業務に追われ手をつける暇がなく，地域福祉計画の策定時期については未定である
22	五泉市	E	策定時期未定	平成18年1月1日市町村合併により，新市としての地域福祉計画策定の必要性はあるが，高齢福祉・児童福祉・障害福祉にまたがる計画は，体制不十分のため策定時期は合併後となる
23	川口町	E	策定時期未定	町は数年後に合併を控えており，地域福祉計画は合併後に策定することが，より現実的な計画となるため
24	湯沢町	E	策定時期未定	湯沢町地域福祉計画に代わるものとして，現在は湯沢町総合計画の後期基本計画（2006~2010年）を基とし，さらにその下位の計画として老人・障害・児童等々個々の福祉計画を策定し，施策実施に取組む。湯沢町においては，逼迫する財政状況解消のため，大幅な財政・機構改革を検討中であり，それによっては福祉に係る事業についても大幅な見直しも考えられ，併せて昨今激変する福祉施策の動向を見ながら，次期湯沢町総合計画策定の初年度（2011年）を目途に策定したいと考えているが，現在のところ未定
25	荒川町	E	策定時期未定	市町村合併後，速やかに策定予定
26	朝日村	E	策定時期未定	平成19年度に市町村合併が予定されており，当面合併に向けての事務調整等が多忙でもあり，合併後，新市において速やかに策定することが望ましいと考えるため
27	山北町	E	策定時期未定	市町村合併後に策定について検討を行う
28	刈羽村	E	策定時期未定	刈羽村老人保健福祉計画・第3期介護保険事業計画・健康かりわ21・総合整備計画等の個別計画があること，計画策定する方針はあるが，具体的な方向性は個別計画で対応できることから，取りかかる時期が決まっていない状況である
29	粟島浦村	E	策定時期未定	合併予定のため
30	阿賀町	E	策定時期未定	東蒲原郡シルバー人材センター，民生委員児童委員，各行政区長等，様々な組織と連携し地域ニーズに応じた計画策定は急務であるが，現状体制（合併した中で）では，具体的な策定年度の調整はしていない。他市町村の策定状況を視野に入れ策定に向けた検討をしていかなければと考えている
31	田上町	F	策定自体未定	介護保険，保健，福祉の総合計画を策定しており，内容がほぼ重複しており，次回の見直し時に検討したい
32	胎内市	F	策定自体未定	現在障害福祉計画を策定中であり，現段階では計画を予定することが困難なため
33	加茂市	F	策定自体未定	現状で策定の必要性を感じていないため
34	妙高市	F	策定自体未定	児童・障害児者・高齢者を対象とした個々の計画があること，制度の見直しが今後予想されることから，現段階での策定は未定である
35	関川村	F	策定自体未定	次世代育成支援計画，高齢者保健福祉計画，介護保険事業計画等に地域福祉計画を内包する計画が策定され推進が図られているため

出典：表4-4と同じ

による被災者や犠牲者などが高齢者や障害者などにとりわけ多く及んだという，いわゆる「災害弱者」の問題を改めてクローズ・アップさせ，それらに対しての取り組みとしても地域での支援やネットワークづくりの必要性や重要性が指摘され，厚労省としても2007年の地域福祉の見直しの通達にあたっては，これらの課題の解決を第1に挙げるに至っていること（厚生労働省社会・援護局長 2007），そしていまひとつには，新潟県下の市町村においても，今日すでに社会福祉以外の行政部局で，行政区や小・中学校区などを単位や基盤としたコミュニティや街づくりや住民参加の仕組みづくりや活動が積み重ねられたり，動き出したりしているところも少なくないという流れもみられるからである。

　例えば，新潟市では，2002年に小学校区単位を基本として地域コミュニティ協議会を市長の肝いりで立ち上げ，学習，文化やスポーツ，さらには福祉ネットワーク活動などを，定期的，恒常的に進める組織づくりや活動に着手してきているし（新潟市政策企画部区政推進課 2006），さらに政令指定都市となった2007年4月には，合併で新たに発足することになった市内8つの行政区ごとに，区自治協議会を設けて住民参加を進めようとしている（新潟市 2007）。

　また，長岡市ではすでに全市の概ね小学校区の範囲で組織されている地区社会福祉協議会と地区福祉会がある。前者は「いわゆる昭和の大合併とこのたびの平成の合併により長岡市に編入した地区」で，「長岡市合併以前に存在した各市町村社協を合併後引き続き地区社協へ移行」したものであり，後者は「旧市街地地区」で，「昭和62年度から開始した住民参加型在宅福祉サービスを実施するに当たって新たに組織を設立」したものである（長岡市社会福祉協議会 2003）。

　各地区には，地区活動の拠点となる施設として，公民館内，児童館併設，高齢者センターなどに「地区福祉センター」と「コミュニティセンター」が設けられており，それぞれに市社協嘱託の「地区コーディネーター」1名と市嘱託員の「コミュニティセンター主事」2名が業務を担っている。また，2004年度からの長岡市のコミュニティセンター事業の開始に伴い，地区活動の拠点となる施設は全地区「コミュニティセンター」に名称が統一され，「地区コーディ

ネーター」は廃止となり，全地区を3名の「コミュニティセンター主事」が業務を担っている。各地区社協，各地区福祉会におかれている推進委員は，町内会代表，老人クラブ代表，民生委員，児童委員などで構成されており，町内会を基盤とした色彩が強いものとなっている。

とはいえ，これらの「校区コミュニティ」の整備や取り組みが新潟市の場合では市長部局としての政策企画部，長岡市では教育委員会の公民館の系列の下にあって，福祉部局での「地域福祉」や地域福祉計画とは結びつかず，別々に進められているというのが実状なのである。

これらの他にも，新潟市内では，1990年頃より市の社会福祉協議会が担い手となっての「まごころヘルプ」という名称の，全国的には「住民参加型福祉サービス」に属する有償の助け合いの活動が生まれ，2005年には，サービス提供会員が1,091人，利用会員が1,102人，そして賛助会員が254人にまで拡大してきている。さらには，新潟県下の各地でも，これは1997年頃より「地域の茶の間」づくりという月1回から数回程度の寄り合いや溜まり場づくりの取り組みが，社会福祉協議会や農業協同組合，あるいは生活協同組合などの肝いりで作られ，今日では県下全体で773カ所にも広がりをみせてきているが，これも行政の地域福祉施策とは別の流れとなっている（渡邉 2007）。

4 地域福祉・地域福祉計画の課題と評価

(1) 地域福祉，地域福祉計画の基本的課題

以上のように，地域福祉計画策定の進行や進捗の状況を都道府県別や市町村別にみてみると，そこには大きな差異や開きがみられるということであった。

そして，それらの要因や条件となっていると考えられるものを検討してみると，地域によっては，ほぼ同時期に直面することとなった町村合併や，発生した大災害の影響などがあったとはいえ，それらを越えた，地域福祉そのものやそれ自体についての受けとめや理解の仕方にそれらの問題や課題があるのではないかということであった。

そこで，以下では，本章の結びとして，それらについての若干の分析や考察を試みたい。

第1には，地域福祉や地域福祉計画の策定や推進などでの先進地域や成功事例というのは，従前の高齢者，障害者，母子福祉，あるいは介護や医療や生活保護などといった，タテ割りの，個別の福祉サービスの提供などの施策や枠組みや評価基準とは異なる，独自の課題や理念や目標があるということを，明確に理解し，それらの具体化を進めているのではないかということに関してである。

そこで改めてここでいま一度「地域福祉」とは，ということをまとめ直してみると，それは，人々の日常的な生活が営まれている地域社会という場や関係を基盤として，行政や事業者や専門職などと，住民や市民，あるいは利用者や当事者などが，相互に協力しあい，一体となって，福祉課題のよりよい解決を目指して取り組むことにある，と要約できよう。

これらのことは，今回の地域福祉計画の策定の出発点でもある社会福祉法（2000年）の第4条（地域福祉の推進）においても次のような規程で謳われていた。

地区住民，社会福祉を目的とする事業を経営する者及び社会福祉に関する活動を行う者は，相互に協力し，福祉サービスを必要とする地域住民が地域社会を構成する一員として日常生活を営み，社会，経済，文化その他のあらゆる分野の活動に参加する機会が与えられるように，地域福祉の推進に努めなければならない。

このように，今日，そして今後の社会福祉を進めていくにあたっては，住民主体や住民参加が，とりわけ地域福祉の推進や計画においては基本であり，行政や専門職などの福祉サービス提供者からの，一方的な，あるいは個別的な方策や取り組みだけでは解決できない課題が増えてきているのである。

さらには，このたびの地域福祉計画の策定にあたって，2002年に社会保障

審議会福祉部会よりの「指針」として例示され，盛り込まれている「自殺やホームレス，家庭内暴力，虐待，ひきこもり」などだけではなく，生活格差，対立，分裂，いじめ，差別，排除，無気力，無関心，閉じこもりといった，社会的，人間関係的な問題や課題は，ますます増大し，拡大し，そして深刻さを強めてきている。そしてこれらの解決や対応には，これまでの福祉の主流であった経済的な貧困や身体的，精神的な疾病や障害などへの取り組みと合わせて，社会的，人間関係的な視点や対応の必要性や重要性を迫るものとなっているのである。このたびの地域福祉計画の策定にあたっても，「地域社会の共通の価値観」としてのコミュニティであるとか，「共に生きる社会づくり」としてのソーシャル・インクルージョンなどが重視され，重用されているのもこれらの流れが基底にあると考えられる。

(2) コミュニティとソーシャル・インクルージョンの再検討

そこで第2としては，このたびの地域福祉計画の策定や推進にあたって，日本でも改めて光が当てられ，着目されるようになってきたコミュニティとソーシャル・インクルージョンについて整理や検討を加えておくこととしたい。

まずは，コミュニティ。英米語のcommunityには，近隣とか地域社会という意味あいと合わせて，共通の関心事で結びついている人々とか共同社会といった意味内容をももっている。前近代社会においては，村落共同体（village community）などに代表されるように，地域とそれを基盤とした共同の関係は固く結びついていた。それが社会の近代化，都市化の過程の中で，両者の関係は失われ，弱体化し，崩壊しつつあるといえる。また，それらに従って，社会での対立や分裂，無秩序や無関心，個別的で自己中心的な行動などが拡大し，深刻な社会問題も多く発生してきているのであるが，これらに対して，新しい秩序や関係や結びつきなどを模索したり，樹立に向けての試みや動きなども，さまざまな形や広がりで台頭してきている。このたびの地域福祉計画づくりなどの過程で再浮上し，関心が高まりつつある「福祉コミュニティ」なども，それらの一つの動きであると考えられる。

このような流れの中でみてみると，今日，そして今後の福祉の領域などで期待され，必要とされるのは，これからの人々の日常的な生活の領域や生活課題の解決といったことからしても，かつての集落のまとまりと比べれば若干広い，そしてまた自然発生的，伝統的な結びつきというよりは，共同の関心や利害，あるいは共同で利用する各種の生活手段としての種々の広場や公園・緑地などの管理・運営，それらへの参加や交流などを介しての意図的，計画的な共同や連帯の関係づくりであるともいえる。小学校区や中学校区を基盤とした各種のコミュニティ形成の広がりも，これらと関わってのものであるといえるであろう。

そしていまひとつのソーシャル・インクルージョン（社会的包摂）。日本ではこれまで，とりわけ研究者や関連の学会などでは，ソーシャル・エクスクルージョン（社会的排除）という用語や概念の方が，対立・分裂・解体・排除・差別・偏見等々の種々の社会病理的な現象を捉えたり，診断する枠組みとして多く用いられてきた。

今日，社会的な格差や分裂や対立の拡大，差別や偏見や排除の増大，社会的結びつきや関係の希薄化や弱体化，そして犯罪，非行，暴力，いじめなどの現象や事象の急増や広がりといった事態や現実に直面して，フランスやイギリスをはじめとするヨーロッパ諸国から，それらと立ち向かう，あるいは乗り越える方策や施策の旗印やシンボルとして用いられ着目されるようになってきたのが，このソーシャル・インクルージョンということなのである。

それは，経済的貧困とか，格差，分裂，あるいは身体的・精神的病苦とか障害といった次元の問題だけではない，社会関係や結びつきの弱体化や喪失に光を当て，さらにはそれを乗り越え，包み込むことを志向するという，社会福祉にとっても基本となる課題を提示しているのである。

とはいえ，それらの課題の解決に正面から，根本から取り組むとなると，一時的，分散的なものでは有効なものとか，成果を挙げるのは困難な課題が多い。それゆえ，これらと関わる問題は，社会的力とか関わりなどからしても，近隣だとか日常の生活圏でということを越えた，市民団体，当事者組織，さらには

生活協同組合や労働団体等をも含めた非営利組織などが，行政や専門職をも巻き込んでの力を結集した活動や運動なども必要とされ，期待されるものが多いといえるであろう。

(3) 主体性と共同性の強化と拡充に向けて

　最後に，地域福祉計画の策定や推進と関わって，その具体的な目標や成果などについて，検討や整理をしておきたい。

　まずは，厚生労働省が地域福祉計画の策定や推進にあたり，その必要性として例示した「自殺やホームレス，家庭内暴力，虐待，ひきこもり」等々の，都道府県別，市区町村別，小・中学校区別など地域別の発生状況（数と比率）や，それらの年次別の推移といったデータの点検がある。次いでは，高齢者，障害者，母子，あるいは生活保護や医療や介護等の種々の福祉の分野での，当該地域での状況や状態や推移などを，それぞれの地域での必要性や緊急性や課題に応じて，同じくその数値をできるだけ具体的に把握していくことが大切である。

　そして，地域福祉ということでは，それらの問題や課題への対応や解決にあたり，地域住民や市民，あるいは利用者や当事者自身が，どの程度積極的，主体的に関わってきたかとか，関わっているかという参画や参加の度合いや広がりの実態やその変化への着目ということが一つのポイントともなるので，それらについても都道府県や市区町村，あるいは小・中学区などの地域別にできるだけきめ細かく把握していくことが望まれる。

　そして，地域福祉の計画や推進にあたっては，日常的な生活圏域である，近隣，小学校区，中学校区，市区町村等々のさまざまな地域的な範囲において，人々の交流や度合いや参加などを創ったり，促がす場（所）や機会などを，イベント的とか一時的なものではない形で整えていくことが重要であろう。

　さらには，これらを支えたり，進めていく世話人やコーディネーターの養成や配置なども必要であり，いわゆる地域福祉の先進地域や事例などといわれているところでは，これらの整備がなされていたり，配慮がされている地域が多くみられる。

結局のところは，社会福祉のさまざまな場面や課題の解決において，行政や専門職側の役割や責任と結び合わせて，住民や市民，あるいは利用者や当事者側の意欲や可能性，そして積極性や主体性などをどの程度引き出し，強めていくのか，さらにはそれらを媒介として全体や共同の関係や結びつきなどをどのように創り，広めていくのかという点が重要である。

地域福祉や社会参加の評価ということも，以上のような主体性や共同性の具体的，実際的な把握や分析に関わるものがポイントとなるであろう。

(園田恭一)

引用・参考文献

中央社会福祉審議会社会福祉構造改革分科会 (1998)「社会福祉構造改革について (中間まとめ)」

樫岡宗吉 (2007)「大阪府における『校区での地域福祉活動』支援について」(「全国校区地域福祉活動サミット in 豊中」実行委員会編『当日配布資料』)

厚生労働省 (2006)「全国の市町村地域福祉計画及び都道府県地域福祉支援計画等の策定状況について」(平成 18 年 10 月 1 日現在の状況調査結果) (http://www.mhlw.go.jp/topics/bukyoku/syakai/c-fukushi/)

厚生労働省社会・援護局長「(2002) 市町村地域福祉計画及び都道府県地域福祉支援計画の策定について」

────(2007)「市町村地域福祉計画の策定について」

厚生省社会・援護局 (2000)「社会的な援護を要する人々に対する社会福祉のあり方に関する検討会報告書」(http://www1.mhlw.go.jp/shingi/s0012/s1208-2_16.html)

長岡市社会福祉協議会 (2003)「長岡市社会福祉協議会と地区社協・地区福祉会」

新潟県 (2006)「市町村地域福祉計画策定の手引き──これからの地域福祉のあり方について」

────(2006)「新潟県健康福祉ビジョン」

────(2007)「市町村地域福祉計画策定状況」(平成 19 年 4 月 1 日現在) (http://www.pref.niigata.lg.jp/html_article/sakuteih 19,0.pdf)

新潟市政策企画部区政推進課 (2006)「地域コミュニティ協議会への支援について」

新潟市 (2007)「新潟市区自治協議会」(http://www.city.niigata.jp/info/kusei/kujitikyo.htm)

大阪府 (2003)「大阪府地域福祉支援計画──おおさか福祉コミュニティ創生プラン」

社会保障審議会福祉部会 (2002)「市町村地域福祉計画及び都道府県地域福祉支援計画策定指針の在り方について (一人ひとりの地域住民への訴え)」

渡邉敏文 (2007)『地域福祉における住民参加の検証──住民参加活動を中心として』相川書房

第Ⅱ部

ソーシャル・インクルージョンの射程

第5章

誰がホームレス施策を支持するのか
――東京都台東区・荒川区の住民意識調査から――

1 ホームレス問題の所在

　公園や河川敷に広がるブルーシート，たくさんのアルミ缶を自転車にのせて走る人たち。そのような風景や人々の生活を見る経験は，都市での生活経験のひとこまになっている。そうした人々を私たちはホームレス（定義については後述）と呼んできた。近年では，ワーキングプア，ネットカフェ難民等の，ホームレス状態へと陥るリスクの高い人々の貧困問題に注目が集まり，徐々に，それらの人々とホームレスとを関連づけて「生活困窮者」として理解する試みが広がりつつある（湯浅 2007）。

　そのような「生活困窮者」は，グローバリゼーションの進行に伴う市場の再編と個人化の進行に伴う，社会―個人関係の再編のひずみから生まれている。社会構造上の再編に伴う個人生活の危機に対して，社会的排除の概念（定義については第2節にて述べる）を用いて捉えるようになり，社会福祉制度や政策にも変更を迫っている（藤村 1999）。

　本章では，不定住的貧困，あるいはホームレス型貧困の状態にある人を，ホームレスと呼んでいる。ホームレス型貧困は，職業と住居を喪失することによって生じる様々な社会関係からの疎外を伴う貧困状態である。それらの貧困は，公共空間に露出している場合，可視化しやすく，問題にされやすい，という特徴をもっている。ここでいうホームレス問題とは，ホームレス型貧困形態を問題としたものであり，ホームレス支援は社会的なつながりを再編成するための施策や活動である。

第Ⅱ部　ソーシャル・インクルージョンの射程

　本章は,東京都のホームレス支援の現状を踏まえて,地域住民のホームレス支援に対する意識について検討を行う。第2節ではホームレスの定義とホームレスを検討することの意味を確認したのち,ホームレス型貧困の特徴について,特に社会的関係から阻まれている側面を取りあげる。第3節では,ポスト産業社会の進展に伴う個人化の浸透により,ボランティア活動の活発化,コミュニティの変容,地域福祉の推進といった現象が,生じていることを指摘する。第4節では,東京都のホームレス施策の内容について批判的検討をふまえて,地域住民によるホームレスとの関わりや施策支持の内容について検討する。ホームレスに対する地域住民の関わりは,ホームレス施策に対する支持と関連があり,ホームレスに対する理解を深めるために実際に関わっていくことが重要である。また地域住民以外にもボランティアのネットワークを通じての地域での社会的包摂が重要であると結論づける。

2　ホームレス型貧困の意味

(1)　ホームレス型貧困の特徴と社会的排除

　社会的排除は,ポスト産業社会の進展と労働市場を支える社会の共同性を再編する過程において,個人の生活に表れた諸矛盾を捉える概念であり,EUの社会政策の重要テーマのひとつとなっている。社会的排除概念が登場した背景には,1980年代にヨーロッパに登場した新しい貧困問題がある。ここでいう新しい貧困問題とは,「マージナルな人びと（障がい者もしくは社会的規範から排除された人びと）にかかわるものではなくて,不安定な仕事と長期失業,家族や家族外の社会的ネットワークの弱体化,そして社会的地位の喪失といった多次元の諸問題に苦しんでいるますます多くの人びとにかかわるもの」(Bhalla & Lapeyre 1999, 2004, =2005：4)であり,労働市場の再編と国際競争による不安定化によってそれが生じている。

　また,社会的排除は,物質的な豊かさの欠如だけでなく,シンボルによる排除,社会的剥奪,主要な社会的諸制度への不完全な参加とも関連している (Silver 1994)。社会的排除とは,「労働の不安定さ〈precariousness〉や失業を含み,他方では福祉国家の危機,フレキシブルな［資本］蓄積のパターン,個人主義の台頭,そして第1次的連帯(たとえば家族のネットワーク)の弱体化を通じた,社会的なつながり〈social bond〉の崩壊を含んでいる」多次元的で構造的な過程である。(Bhalla & Lapeyre 1999, 2004, =2005：2)。

このように,社会的排除は,経済生活,家族の弱体化・脆弱化によって,帰属の中心であった職業,家族の絆がゆるくなることで,労働と教育を通じたネットワークへの参入／再参入が難しくなることを問題視する概念である。住居をもたない極貧の形態としてホームレス型貧困は,社会的排除の一典型である。

社会的排除に抗するための対応策には,社会的包摂アプローチが用いられている。社会的包摂を実現するための所得保障のアプローチには,ワークフェア,アクティベーション(活性化),ベーシックインカムがあり(宮本 2004),それらを具体化する試みが各国で行われている。日本での同様の取り組みは,「社会的な援護を要する人々に対する社会福祉のあり方に関する検討会報告書」(以下,「報告書」)に代表される。「報告書」では,つながりを鍵概念として,社会福祉政策の対象となりにくい人々を取り上げている。つながりの欠如状態の代表的事例に,ホームレス,薬物依存者,DV,サラ金トラブル,フリーターを挙げ(厚生省 2000),「報告書」では,社会福祉制度を通じて社会的なつながりが結び直される可能性を示唆している。

(2) ホームレスの定義とその構成

日本におけるホームレスの定義には,2002年に施行されたホームレスの自立の支援等に関する特別措置法(「自立支援法」と略)による規定がある。「自立支援法」の第2条に,「都市公園,河川,道路,駅舎その他の施設を故なく起居の場所とし,日常生活を営んでいる者」と定義されている。つまり,この定義では,公共空間で生活する場面の〈見える〉人をホームレスと定義している。他の国のホームレス定義と比較すると,日本で用いられている定義は対象範囲

が狭い[1]。その数は，2007年1月に行われた全国調査では，1万8,564人であり，2003年調査より6,732人減少している。

2003年に出された「基本方針」では，ホームレスを3つの類型に分けて，それぞれに，①就労自立，②福祉，③社会生活拒否として分類を行い，その分類に基づいて支援のシステムを組み立てている（厚生労働省 2003；山田 2003）。ここから見えてくるホームレス問題とは，公共空間で生活する貧困者をホームレスと定義し，彼ら／彼女らを就労ないし福祉で自立させていくことで問題の解決を図るというものである。

社会福祉学の貧困研究を通じて練り上げられた岩田の定義では，ホームレス型貧困とは，職場や家族といった「生きていく場所」の変化と喪失に伴って可視化された「異質な貧困」をさしている。この貧困は，「われわれの貧困」の延長線にあるものと理解されにくく，その存在は近代の貧困概念の限界を示している（岩田 2000：31-34）。この定義に先行する「不定住的貧困」は，居住性に注目した貧困の定義である。この「不定住的貧困」は，地域社会への居住（＝所属）の有無によって露出した「特異」な貧困形態を意味している（岩田 1995, 2005）。

以上の定義をふまえて，岩田は，路上ホームレスに限定して，①安定型，②労働住宅型，③不安定型に分類を行っており，この分類では，②労働住宅型の不安定さを強調して取りあげている。労働以外に社会関係の結びつきをもたない人々は，住居と結びついた労働関係の結びつきをひとたび絶たれると，社会的ネットワークを失いやすい（岩田 2004）。このように，ホームレス型貧困は，社会的結びつきを失ったために仕事と住居を失い，貧困状態に陥っているという特徴を持っている。そして，路上に露出している場合に〈見える〉存在であり，その〈見える〉ことによって様々な誤解と軋轢を生んでいる。また，〈見えない〉場合は，あたかも存在しないかのように扱われてしまう。

ホームレス型貧困は，福祉国家の日常化とも無関係ではない。ホームレスは単身男性が多く，福祉国家が想定する標準世帯モデルからの逸脱をした存在であるために，福祉国家からの支援を受けづらい。また，年金等の社会保険の資

格は職場や地域への帰属を介して与えられるため，社会福祉サービスや保健サービスを受けるためには，安定した就業や住民としての帰属証明や居住年数が必要である（岩田 1997：116-117）。そのため，福祉国家は，ホームレス型貧困への対応を想定していないが故に，ホームレスの生活保護制度からの漏れが生じている。生活保護法では，居宅保護の原則があり，その前提として国籍や「居住地」の確認が必要である。生活保護の原則は「現在地保護」だが，ここで「現在地」の住所をどこにするのかによって，ホームレスを保護の対象とするのかどうかが決まってくる。また，ホームレスには単身男性が多いため，生活保護制度の「補足性の原理」によって，自身の稼働能力が問われやすい。ホームレスは住居を確保できないほどの極貧状態であるため，そして，男性が多いために自分で就労自立を達成することが求められ，支援の対象となりにくいのである。

(3) ホームレス型貧困と差別・偏見

　ホームレス型貧困は，人々の支援に関する理解が得にくいことも特徴の1つである。ホームレス型貧困を社会的排除という観点から見たとき，社会的なつながりから隔離されていることが特徴である。ホームレスではない人は，ホームレスとの関わりを持つことを避け，あたかも彼ら／彼女らが存在しないかのように振るまいがちである。このような，ホームレスとの関わり合いを避ける社会の態度は，ホームレス型貧困がたんなる貧困ではないことを暗示している。ホームレスは，衣食住にかかわる資源が決定的に不足しているだけでなく，社会のあらゆる制度が彼ら／彼女らを拒み，排除される（岩田 2007：120）。

　ホームレス支援が社会的合意を得にくい理由は，前節で指摘したように，ホームレス型貧困が福祉国家の標準モデルから逸脱しているために支援の枠組みに捉えにくいだけではなく，ホームレスは「気まま」で「自由な」「怠け者」として，差別や偏見にさらされてきたことにもその理由がある（藤井・田巻 2003；渡辺 2007）。ホームレスは「自業自得」であるという自己責任論や，あるいは就労自立を強化すべしといった見解は，ホームレスを「怠け者」である

とみることから成り立っている。そのような認識プロセスは，ホームレスの現実を見えなくする便利な発想でもある（島 1999：13）。

この「怠け者」イメージは，生活習慣が異なることによって生み出されていると思われる。ホームレスの住まい方・生活の仕方，特に，公共空間に住む，深夜にアルミ缶集めをする，仕事のない日は朝から酒を飲む等は，その「当たり前」ではない生き方であり，地域の秩序を乱すと認識されがちである。つまり，「当たり前」である私たちと「当たり前」ではない彼ら／彼女ら，といった対比で考えがちである。

彼ら／彼女らと私たちの関係をどのように考えていくのかは，ホームレス支援をするかしないかに大きく関わる。ホームレスが社会構造上の矛盾から生まれ，かつての地域住民であった人がホームレスになっていると認識するのか，あるいはまったく私たちとは関係のないよそ者として捉えるのかどうかが，その分岐点となるだろう。

ホームレス型貧困は，路上にあらわとなって〈見えて〉いる。しかし，そこへ至る要因については，社会変動，個人の事情が絡み合い，要因が複合化している。そのため，なぜホームレスとなったのか，ということについては，大変〈見え〉にくいのである。その〈見えにくさ〉が様々な偏見や差別を生み，社会から阻まれるというホームレス型貧困の特徴を生みだしている。

3 ホームレスをめぐる社会的背景

(1) 個人化の二つの側面──自己責任論の浮上とボランティア・社会運動の登場

1980年代には，ポスト産業社会の進展に伴って産業構造の変化が生じた。この結果，サービス業を中心とする第三次産業の規模増大と農林水産業の労働人口の減少，第二次産業の製造業の海外移転等，がおこり，これまで不況時の公共土木事業を支えた日雇い労働市場である「寄せ場」が縮小した。産業構造の変換に伴って福祉国家は財政難に見舞われ，その見直しをせざるを得なくなった。こうしたポスト産業化社会は，モダニティ（近代化）の徹底化に伴っ

て，個人化の傾向を強め，個人の生活や意識にも多大な影響を及ぼしている（Giddens 1990，＝1993）。

　ここでいう個人化とは，「工業社会的生き方の脱埋め込みを，次に，新たな生き方による工業社会的生き方の再埋め込みを意味し，この新たな生き方においては，一人ひとりがみずからの生活歴を自分で創作し，上演し，補修していかねばならない」ことを意味している(Beck et al. 1994, ＝1997：30)。片桐はBeckを引用しつつ，個人化を「集団や組織を前提とするライフスタイルを設計するのではなく，その設計が個人個人の単位で行われるようになってきた傾向」と定義している（片桐 2006：3）。個人化は「かつては家族集団や地域社会，あるいは働く場を基盤とする社会階級などの力を借りて克服することができた人生の危機やジレンマに対して，現代社会では自分自身で注意を払い対処していかなければならない傾向に対応している」（片桐 2006：3）。こうした個人化の浸透の背景には，福祉国家の日常化にその多くを負っている。個人化は，福祉国家という一般条件のもとで生じているのであり（Beck et al. 1994, ＝1997：30)，福祉国家は私生活中心主義様式を条件付けるための実験装置でもある（Beck 1994, ＝1997：35)。

　このように，個人化は，家族，企業といった個人の帰属を規定する集団・組織の解体・再編へと方向付けた。こうしたコミュニティの変化は，社会と個人との調和的関係をつくりだすために，かつてのようにコミュニティが機能しなくなったことを意味している。個人化の浸透によって，個人をめぐる様々な生活の型が失われ，その統制・管理に関する責任は個人が負うものとなり，個人が集団から分解されてバラバラになり，また，グローバルな経済資本による個人の直接コントロールが始まっている（Bauman 2000, ＝2001：11)。

　同時に，個人化は，「新たな，全地球規模におよぶ場合さえある相互依存を意味している」(Beck et al. 1994, ＝1997：32)。個人の「選好や生活の局面が変化した場合，人は，たんにその生活歴だけではなく，その人のコミットメントやネットワークをも産みだし，自分で立案し，自分で演出することを強制されていく」という（Beck et al. 1994, ＝1997：32-33)。ということは，個人化は，

コミュニティの解体・再編を促したばかりでなく，たとえばコンピュータ・ネットワーク上のコミュニティのような，物理的な場所に限定されない広範囲のネットワークを作り出す可能性を持っており，居住地域を超えたボランティア活動の活発化を促す要因にもなっている。

したがって，ポスト産業社会化に伴う個人化は，ホームレスを支援する人々の結びつきをも生みだしている可能性がある。個人にまつわる全てが自らの責任で構成する自由を謳歌することは，個人の私生活に自由な幅を持たせボランティアやNPO活動を促進させると同時に，ホームレス化要因を個人の責任として強調する自己責任論の隆盛をもたらしている。

(2) 地域の変容

ポスト産業社会化の進展によって，個人化の浸透が人々の私生活中心主義として表出され，具体的にはそれは個人の地域での生活時間の減少にも現れている。その結果として，地域はこれまでとは違った性格と役割をもつようになっている。Giddensによれば，地域は，前近代的な性格をもった集まりであるが，「《場所》という観点から確立された《ローカル化した関係》」であり，それは重要であるという。(Giddens 1990, =1993：128, 136-137)。地域に代表される《場所》は，グローバル化の進展による時空間関係の拡大による変容を受けず，人々の存在論的安心感に寄与している (Giddens 1990, =1993：129-130)。しかし，現代においては，地域に対する愛着感情や帰属意識は現存しながらも，遠方からの影響力が浸透して，地域はこれまでとは違ったものとして変化している。それゆえ，「地域共同体は，なじみ深い，当然視された意味が染み込んだ環境ではなく，かなりな部分，拡大化した関係のローカルな表出」になった(Giddens 1990, =1993：136-137)。つまり，地域は，親密な空間であるというだけでなく，世界的ネットワークの一部でもあるということになる。

こうして，地域に〈住む〉事の意味が，これまでとは違ったものになっており，いうなれば「地域はかつての地域ならず」なのである。そのため，地域に対するノスタルジックな憧憬の念と現実の地域とのぶつかり合いが，人々の中

に葛藤として現れているのではないだろうか。その葛藤は，従来の地域組織の相互扶助機能を低下させると同時に，新しく NPO やボランティア活動を活発にさせ，その結果，人々のコミュニティ帰属が複数化している（Delanty 2000, ＝2004）。人々の帰属する場所としてのコミュニティは，地域だけではなく，ボランティア，社会運動，嗜好・趣味サークル等に多様化した。こうしたコミュニティの重複した場所としての都市は，帰属の複数性が常態化し，異質なものと出会うための仕掛けや，地域を超えた近接性のない結びつきの契機が用意されている。こうしたボランティア団体や NPO に代表される新しいコミュニティの登場は，コミュニティ概念の変更を迫っている。これまで，コミュニティには「地域性」が必要不可欠なものとして認知されがちであり，コミュニティ＝地域と考えられやすかった。しかし，コミュニティには，「共同性」と「地域性」のふたつの概念を表象し（園田 1999），「共同性」について力点をおく理解が深まっている。

したがって，ポスト産業社会の進展は，世界的ネットワークの拡大を生み，地域に〈住む〉だけではなく〈関わる〉ことを重視する傾向を強めている。この動きは，これまで地域には多様な人々がいること，その人々が生活をしていることに光を当てている。たとえば，在日外国人に代表される日本国籍をもたずに「住む」人々，通勤者，学生，ボランティアなど，「住む」以外の関わりをする人々などである。その傾向はますます強まっていくと思われるが，これまで多様な人々を無視するかたちで，均質的な地域や地域住民が想定されてきた（西澤 1996）。コミュニティを構成する人々の変化は，コミュニティ＝地域という暗黙の了解に対する再考を迫っている。

(3) 地域福祉の推進

個人化が進行すると，ボランティア活動を軸として地域の再編成が行われ，地域は社会福祉制度を媒介したつながりを再構築する場となる。その具体的な局面は地域福祉の推進であり，地域は具体的な場所をもった，社会連帯と個人の自立支援の両立を具体化させていく実験の場である。

第Ⅱ部　ソーシャル・インクルージョンの射程

　社会的包摂アプローチは，個人の社会への復帰を目指す戦略であり，地域の場面では，地域福祉の推進によってそれが現実のものとなっている。社会的包摂アプローチのうち，特にアクティベーション（活性化）が持つ排除的側面を防止するために，地域の意義が見直されている（樋口 2004：10）。地域レベルでの社会的包摂は，コミュニティの共同性を強めていくことによって，それが実現する。それは，第1に，地域のもつネットワークを強化していくこと，第2に地域ネットワークの中に個人を取り込んで，地域の中に統合・復帰させていくことの二つを意味している。しかし，こうしたアプローチは，包摂的であると同時に排除的である。それは，援助を受けるべき人を決めると同時に，援助を受けるべきではない人も決めてしまうためである。また，この種のネットワークに頼ることは，特定の人びと（特に女性）に不均等な負担をかけてしまう（Spicker 1995, ＝2001：57-59）。連帯や相互扶助を過度に強調することは，「最も貧しく，自らを擁護できない人びとは，同時に，他の社会的ネットワークから適切に援助を受ける可能性が最も低い人びとである」という問題を解決できない（Spicker 1995, ＝2001：144）。地域のバランスを是正することなく補足し補完する試みは，その結果，最も貧しい人々を残余的福祉にゆだねることになりかねないという難点がある。

　また，地域福祉の推進は，ノーマライゼーション，特に「脱施設化」を目指しており，地域ネットワークが弱い場合，あるいは支援の対象となる人が周辺的な位置を占める場合，地域ケアを十分にうけられない危惧がある。自立した地域生活を送るにあたって，実際の地域生活の基盤は家族であるが，実際には，個人化の進行とともに家族の流動化がすすんでおり，ケアの担い手として家族にそれほど期待できない。このように，地域福祉の過度の強調は，地域への定着性，帰属性の証明を強化することになるため，流動的な単身者などを地域福祉から排除しやすい（岩田 1997：125）。

　地域福祉の推進においては，地域の一員とみなされにくい人々のケアは，大きな課題のひとつである。「支え合う」という行為の前提にあるのは，仲間意識に代表される，他者との共感可能性，同質性ではないだろうか。これを逆に

見ると，共感可能でもなく，同質でもないと思われ，そしてそのように扱われる人々への対応が課題として浮上する。特にホームレス問題のように，地域住民に「迷惑」を及ぼすと考えられ，「異質な他者」と見なされる人々を「支え合う」ためには，地域公共性に対する対抗的相補として，社会運動やボランティアが存在する。また，そうした人々の権利擁護の仕組みを作っていくことも重要である。それでも依然として，地域に住居を構えることは重要な社会帰属の経路であり，地域福祉の推進によって，社会帰属の拠点としての地域はますます重要視される傾向にある。

4　地域住民のホームレス支援意識

(1)　東京のホームレス支援

東京都のホームレス支援は，第1に自立支援システム[2]，第2に地域への配慮，第3に民間団体の活用といった特徴がある。これらの3つの特徴は，第3節で検討した個人化に対応している。

第1に自立支援システムは，緊急一時センターから自立支援寮，就労自立という3つのステップをたどる施設入所型の施策である。この事業では，就労を通じた自立支援の強調がなされ，自己の生活を自らの責任で統制すべし，という個人化のもつ自己責任の強調の側面を踏まえている。

自立支援システムの仕組みは，比較的短期間で安定雇用と就労自立を目指すため，比較的若く，労働経験，家庭があり，野宿歴の短い人に向く施策である。そのため，短期間での就労自立を目指すことは，それまでの本人の職業経歴を生かした不安定職種への就労に結びつきやすい。極言するならば，自立支援システムに乗ることによって，低賃金・不安定雇用層を労働市場に送りだそうとしているともいえる（加美 2006：72）。これは，自立支援を行い，また，労働市場を活性化させていくことでもたらされる社会的包摂のジレンマ，つまり包摂の試みが排除へとつながりやすいというジレンマを示している。

また，公共空間に長期にわたって野宿をしている人は，自立支援システムに

乗りにくく、また、住民票（住居）がなければ生活保護の受給もできなかった。そのため、自立支援システム（就労自立）も生活保護（福祉自立）も難しい人々が、将来の展望をひらくことができず、公共空間にとどまらざるを得なかった。そうした人々を放置したまま自立支援システムを構築することは、自立支援システムのサービスに乗らない人を切り捨てることにもなりかねず、自立支援システムが新たな排除の装置にもなっている（北川 2005）。このように、ホームレス問題をホームレス自身の就労自立によって解決する問題であると断定することは、就労自立以外の支援を必要とする人を切り捨てることになる。また、ホームレス自身の家族問題や住居確保の問題であることを見失わせ、ホームレス問題が様々なタイプの貧困の複合形態であることから目を逸らさせてしまう（岩田 2004：50）。

第2に、地域への配慮は、地域の変化ならびにその地域相互扶助の低下にともなって、地域住民に対するホームレス問題への理解と、それをふまえた地域を場としたサービス供給の展開を意味している。この試みは、生活保護の他に、東京都の場合は地域生活移行支援事業[3]によって、それが行われている。

地域生活移行支援事業は、ホームレスが就労自立を果たし地域生活を送るためにあり、ホームレス本人が労働して自身の生活を支えることが基本である。事業の内容は、ホームレスが地域生活へ移行するために、借り上げアパートを低家賃（3,000円／月）で2年間貸し付けて、就労や生活の支援を行うものである（東京都福祉保健局 2007：22）。こうした事業を通じたホームレスの自立は、ノーマライゼーションの観点から、ホームレスの社会復帰／参加を促すことになるという。この地域生活移行支援事業は、社会的包摂の施策と位置づけられている（石神 2005：91）。

この地域生活移行支援事業の開始によって、ホームレス支援は新たな局面を迎えた。これは、安価なアパートを期間限定で提供することによって住居を確保し、半年の臨時就労をセットにして、社会への再参入をめざすものである。労働による社会再参入のほかに、「居住」を通じたつながり作りをつくることで、ホームレスから住民への移行をスムーズに行うという意味をこの事業は

持っている。こうした，ホーム（住居）の回復によって，人間関係の回復がなされ，身体の回復の場が出来ると考えられる（山崎ら 2005）。

一方で，この事業は，公共空間に〈見える〉ホームレスを対象としており，固定した小屋をもたずに移動するホームレスやネットカフェ難民といった〈見えない〉ホームレスを事業の対象にいれていない。そのため，公共空間の利用を〈適正化〉して地域住民との軋轢を解消することに力点を置いた施策でもある。あくまでも「地域住民との軋轢」に焦点化して，地域住民レベルでのホームレス問題を定義しているのであり，ホームレスを支えるための努力や，ホームレスが数多く居住しない地域はどのような取り組みをするべきなのか，についての検討は今後の課題となっている。

第3に，民間団体の活用[4]は，まさに個人化の浸透に由来するボランティア活動・社会運動の隆盛をふまえたものである。

東京都は，行政がNPOや企業にホームレス施設の運営を委託して，官民協働が行われており，NPOは事業運営を行う主体としての力をつけているということになる。また，行政との協働を行わないNPOも数多くあり，それぞれがホームレス支援の有力な担い手である。

NPOやボランティア団体に参加するボランティアはホームレスを通じて地域に関わり，地域住民とは違った見方でホームレスを捉えている。ボランティアは，当該地域の外から来た人であり，場所性をもたない地域に対する意識的つながりをもっている。そのため，地域住民の構成する地域公共性とは違う社会公共性を提示し，ホームレスを代弁しているともいえる[5]。そのふたつの公共性が衝突する局面が，ホームレス・ボランティアと地域住民のやり取りのなかにある。

東京のホームレス支援法の特徴は，ホームレス向け特別対策として組み立てられている点にあり，ホームレスへの個別支援は考えられているが，その他のカテゴリーの人々の支援と連携した支援体制が組み立てられていない点にある。次いで，予防システムを組み込んだ支援は具体化されていないこと，地域住民の理解をどのように得ていくのかといった偏見・差別意識の克服について，具

体的な働きかけがなされていないことも特徴である。

　労働と福祉（住居，生活保護）を通じて社会復帰を目指すホームレス支援は，福祉制度を通じた社会的包摂の再構築を試みている。ここで示される社会的包摂の具体的アプローチは，就労自立を強化することで達成されるものであり，国民全体の理解を促進する試みについてはまだ施策が乏しいといえるだろう。

(2)　地域住民のホームレスとの関わりとその意識

　本節では，地域住民のホームレスとの関わりの内容について，筆者が2005年に行った山谷地域・山谷周辺地域の台東区・荒川区住民調査の結果を基にみていくことにしたい[6]。

　本節では，「関わりがある」とは，ホームレスをたんに見る以上の，何らかの具体的な行動を指している。例えば，声をかける，注意する，ものをあげる等である。「関わる」ということは，日常生活のなかで繰り返し行われているため，その内容は様々である。一貫して援助的な関わり（声をかける，ものをあげる等）をする人もいれば，排除的かかわり（注意する等）を行う人もいる。また，援助的関わりと排除的関わりの両方を行った経験のある人もいる。そういった関わりの重複性こそが，ホームレスと〈関わる〉ことであり，〈知る〉ことではないかと思われる。こうした「関わりがある」ことは，日常生活の場面のなかでホームレスに関心がある，あるいは関心を持たざるを得ないと捉え，関わることでホームレスを実際に〈知る〉ということを意味しているのではないかと捉えている。

　それは，どのような具体的関わりがあるのか，という関わりの内容の差異以上に，何らかの関わりがある／なしの方が，ホームレスに対する意見に大きな違いを生んでいると考えられるからである。それゆえに，ここでは，関わりありと関わりなしに分類して，その比較を行った。そこで，この関わりの有無が地域住民のホームレス施策に関する意識に対して，どのような影響をおよぼしているのかをみていきたい。

　台東区・荒川区の地域住民に，ホームレスを見たことのある人は多く，「毎

第5章　誰がホームレス施策を支持するのか

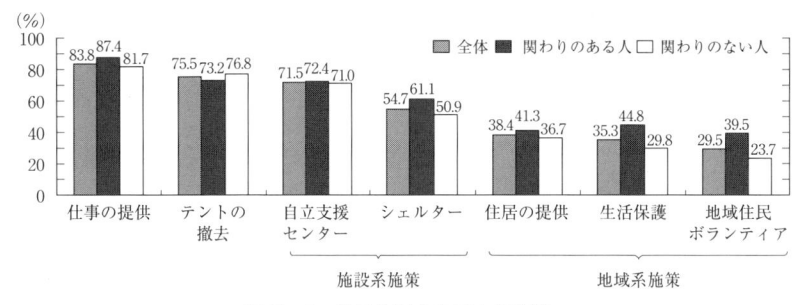

図5-1　地域住民の支持する施策

出典：筆者作成。

日見かける」という経験が74.4%を占める。「週に1回以上見かける」が16.5%，「月に1回以上見かける」が5.4%，「月に1回以下見かける」が3.1%，その他が0.6%と続く。見かける経験と関わりの有無の関係についてみると，関わりのある人のうち82.0%，関わりのない人の70.0%は，ホームレスを毎日見かけている。関わりのある人の15.6%，関わりのない人の17.0%が，週に1回以上見かけている。関わりのある人の2.3%，関わりのない人が7.2%は，月に1回以下見かけている。このように，関わりのある人は「毎日見かける」比率がやや高いが，関わりのあるなしは，ホームレスを〈見る〉経験に大きな影響を及ぼしていないといえる。これは，ホームレスを〈見る〉経験が生活のなか，当たり前の事としてあるようになっていることを意味しているのではないだろうか。

次に，ホームレス施策に対する地域住民の支持の内容についてみていこう。地域住民に最も支持されている項目は，仕事の提供が83.8%，次いでテントの撤去が75.5%，自立支援センターが71.5%，シェルターが54.7%，住居の提供が38.4%，生活保護が35.3%，地域住民のボランティアが29.5%と続く（図5-1）。ここから，地域住民は，シェルターや自立支援センターといった施設に入所して就労自立を目指すタイプの施策（「施設系施策」）を中心とする東京都の自立支援システムに一定の評価をしていることがわかる。しかし，住居の提供，生活保護，地域住民ボランティアといった施策（「地域系施策」）はあまり

支持が高くない。特に地域住民によるボランティアは最も支持されていない。しかし、施策に反対なのではなく、「どちらともいえない」と判断を保留している率が高い。

関わりの有無による違いをみていくと、「地域系施策」、仕事の提供、テントの撤去では、大きな違いはない。ただし、シェルターに対する支持は、関わりのある人（支持61.1%）のほうが、関わりのない人（支持50.9%）よりもやや積極的に支持している。一方で、「地域系施策」に対する支持は、関わりのある人に、より支持が高い。住居の提供に対する支持は、関わりのある人（支持41.3%）が、関わりのない人（支持36.7%）よりもより積極的に支持している。同様に、生活保護に対する支持は、関わりのある人（支持44.8%）が、関わりのない人（支持29.8%）よりもより積極的に支持している。

最も関わりの有無による差があったのは、地域住民ボランティアである。関わりのある人（支持39.5%）が、関わりのない人（支持23.7%）よりもより積極的に支持している。これは、関わりを持つ人は、ホームレス対策に対してより積極的であり、それはホームレスとの関わりをもっているから、ホームレスの存在を無視できないことを示している。逆に言えば、関わりを持たない人は、ホームレスを〈知らない〉から関心がないといえるのではないだろうか。

(3) ホームレス・ボランティアと地域住民との断絶

前節で指摘したように、地域住民ボランティアは最も支持されていない。これは、地域住民自らが支援に関わるという意識が弱く、ホームレス・ボランティアの参加意向についてみると、「参加している／参加したい」という人は1割にとどまる。関わりの有無による違いをみていくと、関わりのある人の17.5%が参加意向を持ち、関わりのない人（参加意向あり6.1%）より意向が若干強い。したがって、日常的に関わりのある人は、ボランティアに参加するという意味では、ホームレスへの関心があると考えられる。また、ホームレスとの関わりのある人は、普段の地域活動・ボランティア活動への参加経験率も50.0%にのぼり、関わりのない人（34.4%）よりも高い。関わりのない人は、

第5章　誰がホームレス施策を支持するのか

普段の地域活動・ボランティア活動にも関わらないため，地域もホームレスも〈知り〉づらい人々であるとも考えられる。

では，ホームレス・ボランティアには参加したくない，という意識傾向は，何から生まれているのだろうか。それはホームレスに関わりたくないという偏見の問題以外にも，実際に地域住民が見聞きするボランティア活動の内容に対する疑問として表れているように思われる。では，調査で得られた自由回答から，地域住民の意識についてみてみよう（以下、自由回答の下線強調は筆者による）。

「ボランティア団体は人権保護を訴えているが自分の家の近所に住み着かれたらどう思うのだろう？　匂いは臭いし，子供の教育にだってよい影響があるとは思えない。ボランティア団体の方は自分の家の近くで助けてあげて欲しいものです」（荒川区在住，男性30代）。

「近くに住んでいる者として，物を与えるようなだけの中途半端な援助はしてほしくないです。その日が食べていけるから増えてしまうのも一因だと思います。1人でも自分の家に連れて行く勇気のある人はいるのでしょうか。そこまでやって本当のボランティアだと思います」（台東区在住，女性50代）。

「色々地方から支援物資がたくさん来ているのも知っています。その日使った毛布や衣類もすぐに手に入るのですぐ捨てています。物資は山ほど残っています。食品や衣類等よりは少ないのですが…」（台東区在住，女性50代）。

上記の自由回答記述にもあるように，地域住民の考える〈本当のボランティア〉とは，〈自分の家の近くで迷惑をかけずにやること〉であり，〈中途半端〉なことをしないボランティアである。ここでいう〈中途半端〉なこと，とは，私的個人や団体のできる支援の限界を見据えているのではないかと考えられる。そこに，特定の地域のなかで支援関係を閉じるのではなく，福祉社会を通じて

の支援の必要性があるのではないか。つまり，ホームレスと地域住民を，ボランティアと地域住民とを仲介し，社会的包摂を構築するための積極的支援の必要性があるのではないか，と考えられるのである。

　ホームレス支援を行うボランティアやNPO団体は，ホームレス意識が地域住民とは異なるからこそ，ホームレス支援を行っている。地域住民とは異なるやり方で，ホームレスの社会的包摂を実現しようとしている。そのため，ボランティアと地域住民との関係はとりづらい。そこで，ボランティアやNPO団体は，社会的包摂を実現するためにも，地域住民と関わる仕掛けや意見啓発等の試み，相互理解を深める働きかけがますます必要となっている。

(4)　「われわれ問題」としてのホームレス

　前節のホームレス支援施策への支持の内容を見ても，地域住民ボランティア活動に対する支持は最も低く，公共空間からの排除や施設への誘導，仕事の提供への要望が根強い。ボランティア活動を通じた支援の方向を考えてみても，ボランティア活動それ自体に賛成であっても，実際には参加しづらい面があるだろう。

　ホームレスが自身の住居を確保することが出来ずに公共空間に〈住む〉場合，それは，さまざまな〈迷惑〉であることを引き起こし，地域の秩序維持を攪乱するということになる。これはホームレスが「われわれ」とは違う生活スタイルをとっているために，地域住民との差異が強調され，ホームレスの存在によって地域生活にまつわる存在論的安心感を脅かされているともいえる。特に，ホームレスと距離的に近い場合，問題が明確化しやすいともいえる。となると，地域社会レベルではホームレス問題が解決しにくく，地域住民は直接関わりづらい。

　しかしその一方で，ホームレスを透明な存在として無視し，無関心なままでいるだけではなく，地域にはホームレスがいて，そのうえで共生の行方を考えていかねばならないと言う人たちもいる。ホームレスのいる現実，それは辛いこと，目にしたくないものを毎日のように目にする現実であり，なぜ私はこの

地域に住まざるを得ないのか，自分もいつホームレスになるのかわからないといった苦悩を表しているのではないかと考えられる（Bourdieu et al. 1993, ＝1999）。ここでも自由回答から地域住民の意識をみてみよう。

「自分が体調が悪く，経済的にも低く，気持ちだけで続けられることではなく，残念です。一歩間違えば，明日は我が身です。誰でも健康で働けばこそ，プライドが保てるのです」（荒川区在住，女性60代）。

「人間の一生の終わり方は誰にもわからない。好きでホームレスになった人は少ないと思う。十人十色，人生の生き様，私はなりたくないと思っている」（荒川区在住，女性40代）。

「給料が安いといって会社を辞めればホームレス。そんなこと知らなきゃよいのに他人の給料。つぶしのきかない職種の為，ホームレス問題は他人事とも思えない」（荒川区在住，男性40代）。

「社会に適応できない人がいるのは確率の問題。どんな世の中になっても必ずいるはず」（荒川区在住，男性60代）。

「共存せざるを得ない辛さを感じる」（台東区在住，男性70代）。

「ホームレスの人をそのまま見ない振りをしているだけでは，増えていくだけ。その場しのぎのお金の給付とかしても先につながらない。働けるなどの環境を整備してあげることも大切。一度ホームレスになってしまうと復帰が難しい今の社会の仕組みを見直す必要がある」（台東区在住，女性30代）。

　ホームレス支援をすることは，地域からホームレスの存在を〈見なかった〉ことにするのではなく，ホームレスの社会的つながりの回復をどのように支え

るのか,そして,回復過程をどのように見守るのか,である。そこには理解も葛藤もあるだろう。この課題を地域住民にばかりその試みを負わせるのではなく,日本社会に共通する課題として,考えていかなくてはならない。それが,地域の風通しをよくし,すべての人にとって住み心地のよい地域をつくっていくのではないだろうか。

5 「見えない存在」から「見える存在」へ

　地域住民によるホームレス支援は,日常的な関わりが中心になってくると考えられる。社会的なつながりを結び直す舞台としての地域には,人と人との〈関わり〉があるだろう。そうした〈関わり〉を通じての偏見・差別意識の克服が,最も必要とされるのではないだろうか。
　現在,日本の地域では,ホームレスのテントや小屋の撤去がされ,襲撃事件も頻発している。その意味で,ホームレスと地域住民との関係は抜き差しならないものになっている。したがって,地域住民とホームレスとは,日本社会の共生や葛藤の最前線に立つ人々であり,私たちがそうした関係から学ぶことが数多くあるのではないか。そして,その学びあいの過程のなかに,社会のかたちを見出すことができるのではないかと考えられるのである。公共空間で暮らすホームレスと共生することは,地域住民にとって望ましいとはいえないにせよ,そういった現実とどのように折り合いをつけていくのかは大きな課題である。折り合いをつけるやり方を編み出すプロセスで,共生,支援,見守りといった地域福祉の内容を豊かなものにすることができるだろう。
　社会的排除を生みだしたポスト産業社会の構造変化は,個人化現象としてあらわれ,具体的にはホームレスの可視化,地域の変容とボランティア活動の活発化,ホームレス自己責任論とつながっている。ということは,それぞれの事象に対して,どのように折り合いをつけていくのか,その見極めをそれぞれがやっていくことは,まさしく個人化の表れでもある。そうした個人化が浸透するなか,さまざまな社会的排除の状況にあるひとたちを,社会的要因からその

存在理由を考えていく視点が，今後ますます必要になると考えられる。

　それは，グローバルに考える視点をとり入れることでもあり，福祉国家が日常化した現在，一人ひとりが自立した個人であることを支え，社会の中で生きていくためにも，必要な視点であると考えられる。自立とは何か，どのように自立することを支えていくのか，といった自立の内容や条件に対する検討もこれまで以上に求められている。したがって，ホームレス支援は，福祉国家の基本的仕組みの問い直しを迫るとともに，どのような社会的包摂を目指すのかという社会構想を考えるための格好の事例となっているのである。ホームレスに限らず，社会の周辺にいる人々をどのように扱っていくのかは，社会の成熟度を示す指標ともなりうる。

　ホームレスを〈見えない存在〉から〈見える存在〉へとして，それを〈知る〉のかは，国民レベルでの偏見や差別の解決の問題であり，そうしたホームレスの貧困とわれわれとの社会的なつながりを見えやすくする工夫が求められている。そして，それは，ホームレス問題に限らず，現在隆盛している自己責任論や就労自立を過度に押し進める論について，問い直しをすることにつながっていくのではないかと考えられる。

　　　　　　　　　　　　　　　　　　　　　　　　　　　　（渡辺　芳）

注
(1)　イギリスでは，住宅法によって規定された「法定ホームレス」，単身ホームレス，野宿者，一時的な住居（友人宅など）を移動する人々，ロマを含む広い概念であり，その実数を測定することが難しい。というのは，「ホームレス状態と考えられる範囲は，路上で寝ている野宿者から自治体などによって提供されている一時的宿泊施設で生活している世帯や友人と一緒に暮らしている者までをも含んで議論されている」からである。つまり，イギリスでのホームレスとは，「自分自身の安定的な最低限の適切な住居空間の権利あるいは利用する権利の欠落という状態」を指す（中山 2002：125-127）。イギリスでは公共空間に住んでいる人のみがホームレスではない。
(2)　東京都のホームレス対策は，山谷対策から路上生活者対策を経て，ホームレス対策へと至った経過がある。東京都では路上生活者対策はホームレス対策とほぼ同義であり，ホームレス対策の制度仕組みとして，自立支援システムが構築されている。2002年7月に，東京都知事と23区長による「路上生活者対策事業に係る都区協定書」を締結し，路上生活者対策事業実施大綱・要綱が制定される。同年11月に自立支援センター「台東寮」「新宿寮」が開設し，自立支援システムが稼働する。2005年8月には，緊急一時保護センター「千代田寮」開設された。「千代田寮」の開設により，23区内に緊急一時保護センター5カ所，自立支援センター5カ所が整備され，自立支援システムの整備が完

了した。
(3) 地域生活移行支援事業の目的は,「既存の自立支援システムでは対応が困難だった,公園等でテント生活をしているホームレスを対象」として,「就労や生活面での支援により,地域で自立してもらい,併せて公園等の本来の機能を回復し,地域住民等の利用をめぐる軋轢をなくす」ことである(東京都福祉保健局 2007：ⅲ)。この事業の利点は,①周辺住民の抵抗が少ないこと,②自己決定に基づく自立生活が尊重されること,③プライヴァシーの確保,④地域へのインテグレーションが可能であること,⑤住民登録による身分証明ができ,社会の中での自身の位置づけを明確にできること,である(阪東 2005：241)。地域住民の軋轢解消という点でみれば,この事業は,ホームレス向けの施設の確保が難しくなっているため,施設―地域コンフリクトの回避でもある(古川・庄司・三本松編 1993)。

(4) 地域生活移行支援事業は,支援に関わる人々や団体に対して,大きなインパクトをあたえた。その第1は,行政との結びつきを強めてNPO化する団体と,ネットワーク化する団体,性格は異なるが支援を行うという点での協働や連携が見られた団体間のネットワークを再編した(渡辺2005)。第2は,住居をかまえたホームレス元当事者(生活保護受給者を含む)を作り出したため,新しい支援スタイルを模索が模索された。住居確保後のアフターケアや仲間づくり,半福祉・半就労といった新たな支援の形が作り出され,それらの変化に対応できない団体は活動を縮小せざるを得なくなった。アパート入居後のアフターケアを行う専門スタッフの養成が,急務の課題となっている(戸田 2005：89)。

(5) ホームレス問題の難しさは,ホームレスである人々たちが当事者意識を持って,みずからの声をあげにくく,集団形成がしにくいことにも起因している。

(6) 山谷地域の住民調査の概要は,以下の通りである。東京都台東区と荒川区の住民1,000人を対象として,住民基本台帳をもとにした確率比例二段抽出法を行った。調査票の配布は,郵送とクロネコメールを用い,回収法は留置法でおこなった(有効回答率35.2%.有効数352)。実施時期は,2005年5月13～27日の2週間をあて,調査票の未回収者のみを対象として,再度調査票を発送して6月3～10日の1週間に行った(本調査は2005年度東洋大学井上円了記念研究助成金の交付による調査研究である)。

引用・参考文献

Bhalla, A. S., Lapeyre, F., (1999, 2004) *Poverty and Exclusion in a Global World 2nd Edition*,Macmillan (=2005, 福原宏幸／中村健吾訳『グローバル化と社会的排除——貧困と社会問題への新しいアプローチ』昭和堂)

阪東美智子(2005)「ホームレス地域生活移行支援事業におけるアパートの実態——戸山公園の場合」『Shelter-less』26

Bauman, Z., (2000) *Liquid Modernity*, Polity Press (=2001, 森田典正訳,『リキッド・モダニティ——液状化する社会』大月書店)

Beck, U., Giddens, A., Lash, S.,(eds) (1994) *Reflexive Modernization*, Polity Press (=1997, 松尾精文・小幡正敏・叶堂隆三訳『再帰的近代化——近現代における政治,伝統,美的原理』而立書房)

Bourdieu, P., Accard, A., Balaz, G., Beaud, S., Bonvin, F., Bourdieu, E., Bourgois, P., Broccolichi, S., Champagne, P., Christin, R., Faguer, J. P., Garcia, S., Lenoir, R., Œu-

vrard, F., Pialoux, M., Pinto, L., Podalydès, D., Sayad, A., Soulié, C., Wacquant, L. J. D.（1993）*La misere du monde*, Seuil（=1999, tr. Ferguson,E.,Waryn, T.,*The Weight of the World : Social Suffering in Contemporary Society*, Polity Press）
Delanty, G.,（2000）Citizenship In A Global Age, Open University Press（=2004，佐藤康行訳『グローバル時代のシティズンシップ──新しい社会理論の地平』日本経済新聞社）
藤井克彦・田巻松雄（2003）『偏見から共生へ──名古屋発・ホームレス問題を考える』風媒社
藤村正之（1999）『福祉国家の再編成──「分権化」と「民営化」をめぐる日本的動態』東京大学出版会
Giddens, A.,（1990）*The Consequences of Modernity*, Polity Press（=1993，松尾精文・小幡正敏訳『近代とはいかなる時代か？──モダニティの帰結』而立書房）
樋口明彦（2004）「現代社会における社会的排除のメカニズム──積極的労働市場政策の内在的ジレンマをめぐって」『社会学評論』55(1)
古川孝順・庄司洋子・三本松政之編（1993）『社会福祉施設──地域社会コンフリクト』誠信書房
石神朋敏（2005）「のんびり力強く」『Shelter-less』25
岩田正美（1995）『戦後社会福祉の展開と大都市最底辺』ミネルヴァ書房
─── (1997)「現代の貧困とホームレス」庄司洋子・杉村宏・藤村正之編（1997）『貧困・不平等と社会福祉』有斐閣
─── (2000)『ホームレス／現代社会／福祉国家──「生きていく場所」をめぐって』明石書店
─── (2004)「誰がホームレスとなっているのか？──ポスト工業社会への移行と職業経験等からみたホームレスの3類型」『日本労働研究雑誌』528
─── (2005)「政策と貧困──戦後日本における福祉カテゴリーとしての貧困とその意味」岩田正美／西澤晃彦編著（2005）『貧困と社会的排除──福祉社会を蝕むもの』ミネルヴァ書房
─── (2007)『現代の貧困──ワーキングプア／ホームレス／生活保護』ちくま新書
加美嘉史（2006）「京都市のホームレス自立支援事業と就労支援の課題」『Shelter-less』28
北川由紀彦（2005）「単身男性の貧困と排除──野宿者と福祉行政の関係に注目して」岩田正美／西澤晃彦編著（2005）『貧困と社会的排除──福祉社会を蝕むもの』ミネルヴァ書房
片桐雅隆（2006）『認知社会学の構想──カテゴリー・自己・社会』世界思想社
厚生労働省（2003）「ホームレスの自立の支援等に関する基本方針」
厚生省社会・援護局（2000）「社会的な援護を要する人々に対する社会福祉のあり方に対する検討会報告書」
宮本太郎（2004）「社会的包摂への三つのアプローチ──福祉国家と所得保障の再編」『月刊自治研』533
中島明子（2006）「ハウジングファースト・アプローチに関するノート」『Shelter-less』28
中山徹（2002）「イギリスにおけるホームレス問題と『野宿者』（Rough Sleepers）対策」『グローバリゼーションと社会政策（社会政策研究第8号）』法律文化社
西澤晃彦（1996）「『地域』という神話──都市社会学者は何を見ないのか？」『社会学評

論』47(1)
島和博（1999）『現代日本の野宿生活者』学文社
Silver, H., (1994) Social Exclusion and Social Solidarity : Three Paradigms, *International Labour Review,* 133
園田恭一（1999）『地域福祉とコミュニティ』有信堂
Spicker, P., (1995) *Social Policy,* Prentice Hall Europe, a Simon &Schuster Company (= 2001, 武川正吾・上村泰裕・森川美穂訳『社会政策講義――福祉のテーマとアプローチ』有斐閣)
田巻松雄（2002）「東京都ホームレス自立支援事業の何が問題か」『Shelter-less』15
戸田由美子（2005）「ホームレス地域生活支援事業の生活サポート」『Shelter-less』25
東京都福祉保健局（2007）『東京のホームレスⅡ』
渡辺芳（2005）「キリスト教系『ホームレス』ボランティア団体に見る支援の論理構造――山谷地域におけるYの活動実践から」『東洋大学大学院紀要』41
――――（2007）『「ホームレス」の社会学的研究――当事者，ボランティア，地域社会，支援の仕組み』（学位請求論文）東洋大学
山田壮志郎（2003）「ホームレス対策の3つのアプローチ――『就労自立アプローチ』への傾斜とその限界性」『社会福祉学』44（2）
山崎克明・奥田知志・稲月正・藤村修・森松長生（2006）『ホームレス自立支援――NPO・市民・行政協働による「ホームの回復」』明石書店
湯浅誠（2007）「生活困窮フリーターと『貧困ビジネス』」『論座』2007.1.

第6章

社会から排除される子どもとソーシャル・インクルージョンの構想
――子どもの暮らしの社会史的動向をふまえて――

1　社会的に孤立する子どもの姿

　子どもという存在は，近代とともに発見された。それまで子どもはひとえに「小さな大人」として認知されるに過ぎなかったが，「子どもの発見」[1]以降，次第に大人と区別される「子ども」という観念が人びとの意識に定着していく。その結果，子どもの独自性を表す様々な「子ども観」が登場すると同時に，子どもに対して，大人と異なる扱いや配慮の必要性が認識されるようになった。そして現在われわれは子ども期には教育的営みや社会的保護など，意図的な「配慮」をめぐらすことで，子どもの本能や習性（＝固有の世界観）を尊重しようとする考えや態度を身につけてきた。

　しかしこうした原則は，社会文化的・社会経済的な条件に影響され，必ずしも十分に守られてこなかった。それでは今を生きる子どもたちへの配慮に関わって，今日最も欠乏している視点とは何だろうか。まず子どもの福祉（well-being）実現の内実を考えてみると，主として「育ち」の保障，そして「幸福」の保障という2つの要件を示すことができる。前者は文化的社会に生きるための能力や技術を身につけることであり，後者は子ども一人ひとりが生きる歓びを十分に経験できることに主眼が置かれる。そして重要なことは，いずれの要件を満たす上でも，他者や出来事との豊かな「関係（つながり）」という契機を，恐らくは欠かすことができない。言わば「子どもは他者や社会との善い関係が保障されてこそ，ゆくゆく育ちや幸福を経験することができる」と考えられるのである。

そこで子どもたちの暮らしの場である家庭，学校，地域社会に目を向けてみると，親の経済力など養育力格差や「児童虐待」の増加，学力偏重の教育内容といじめ・不登校の深刻化，商業施設の増加と自由な遊び場の減少，さらに地域養育力の低下と集団遊びの衰退など，言わば子どもたちから善きつながりの契機を奪うような現象が認められる。つまり大人社会を捉え始めている格差・孤立・貧困問題（ソーシャル・エクスクルージョン）が，直接子どもの養育環境に格差や悪影響を及ぼし始めている。そのうえ子ども同士の関係は分断され，豊かな子ども社会の成立を妨げると同時に，子どもの社会的孤立（独りぼっち）を促していると考えられる。

　以上のように，子どもの福祉実現に豊かな関係（つながり）は不可欠な要件であるが，実際は反対に社会的孤立や孤独を促す現象が多く認められるのである。さて本書を貫いているソーシャル・インクルージョンというテーマは，社会的排除や孤立などに抗して「つながりの再構築や，共に生きる社会の実現」を企図する社会目標をあらわしている。言わばわれわれはこのテーマを指針として，社会的孤立に見舞われる現代の子どもの姿を照らし出し，一方で子ども期に必要とされる豊かな関係（つながり）を構想することが求められている。

　さて子どもはひとりでに他者や社会との関係を築くことはできない。いつの時代もどんな社会にも多少ともそれを可能にする社会的な仕掛けや配慮が埋め込まれているが，現在のわが国ではそれが十分に機能していないと考えられる。そこで本論ではまず伝統社会における子どもの暮らしなど歴史的な考察も踏まえ，子どものソーシャル・インクルージョンにまつわる課題や手がかりを追究していくことにする。

2　子どもの権利の独自性

　われわれは子どものもつ特性を正しく認識できているのだろうか。かつてRousseauが『エミール』に記述した次の言葉は，時を越えて現在のわれわれに強く訴えかけてくる[2]。

第6章　社会から排除される子どもとソーシャル・インクルージョンの構想

　人は子どもというものを知らない。子どもについてまちがった観念をもっているので，議論を進めれば進めるほど迷路にはいりこむ。このうえなく賢明な人々でさえ，大人が知らなければならないことに熱中して，子どもにはなにが学べるかを考えない。かれらは子どものうちに大人をもとめ，大人になるまえに子どもがどういうものであるかを考えない（Rousseau 1762：18）。

　この書が「子どもの発見」の書として知られる所以は，次のような理由にある。それまで人びとの頭の中に，大人に対比される「子ども」という観念十分に存在しなかった。言わば「小さな大人」達は大人社会の価値体系に則って，早く一人前の大人になることが求められてきた。それに対して Rousseau は「子ども」のもつ自然な傾向に耳を傾け，その持ち前の本能や習性が，生き生きと蠢き出すための配慮を人びとに求めたのである。

　子どもを愛するがいい。子どもの遊びを，楽しみを，その好ましい本能を，好意をもって見まもるのだ。〈中略〉子どもが生きる喜びを感じることができるようになったら，できるだけ人生を楽しませるがいい。いつ神に呼ばれても，人生を味わうこともなく死んでいくことにならないようにするがいい（Rousseau 1762：101-102）。

　こうした「子どもの発見」という出来事を端緒として，現在われわれは「子ども期」をどのように尊重しようと考えているのだろうか。第2次世界大戦の終戦以降，現在までに提示された視点を，今一度確認していくことにする。
　20世紀前半を特徴づけた2度にわたる世界大戦は，人びとの心に辛く悲しい記憶を刻み込んだ。こうした戦争の最も大きな被害者は常に，戦争行為に一切の責任も持たない子どもたちである。人類はこうした悲惨の直中を経ることで，子どもという存在を言わば大切に扱うための指針を世に示した。国際連盟による「児童の権利に関するジュネーブ宣言」（1924年）や国際連合による「児童権利宣言」（1959年）の採択，また国内では「児童福祉法」（1947年）の

制定や「児童憲章」(1951年)の採択などがこれに該当しよう。ここに記述された内容を紐解いてみると、例えば「児童憲章」の前文には「児童は、人として尊ばれる。児童は、社会の一員として重んぜられる。児童は、よい環境のなかで育てられる」と示され、また「児童権利宣言」では「人類は、児童に対し、最善のものを与える義務」を負うこと、他方で子どもは「世話」「保護」「遊戯」「教育」等を受ける権利をもつことが示された。これらは総じて「子どもの受動的権利」(網野 2002：80)と称されているが、国際社会は今後大人と異なる子どもの独自性を認め、意識して子どもを危険から守り、保護するということを公にしたのである。

そして1989年に国際連合はこれまでに提示された宣言等の内容を踏まえ、「子どもの権利条約」を採択した。これは子どもの「受動的権利」保障のみならず、「能動的権利」保障をも組み込むものであった。網野武博は、「義務を負うべき者から保護や援助を受けることによって効力をもつ」受動的権利に対して、「人間として主張し行使する自由を得ることによって効力をもつ権利」を子どもの能動的権利と定義している(網野 2002：80)。そこで条約に記述された子どもの権利について、以下3つの視点から説明を加えていくことにする。

まず条約の前文において子どもの権利は、愛情や理解のある家庭環境と、平和・寛容・連帯等の精神が認められる社会の中で、子ども個人として享受されることが記述されている。その上で子どもは発達の途上にあることから、特別に保護されることが示されている。主要なものとして、経済的な搾取からの保護(32条)、性的搾取や虐待からの保護(34条)、有害な情報からの保護(17条)、肉体的及び精神的な虐待からの保護・回復(37条)、さらに子どもの育ちの自然な環境である家庭(親)との分離からの保護(9条)、そして家庭環境を奪われた子どもの保護(20条)などである。

続いて、子どもはその育ちに必要とされる便宜を享受する権利をもつことが示されている。まず子どもの生存と発達は最大限確保されなければならないこと(6条)、そして出生後直ちに氏名や国籍を有する権利(7条)、教育を受ける権利(28条)、休息・余暇・遊びの権利と文化的・芸術的な生活に参加する

権利（31条），さらにできる限り父母により養育され（7条），国は父母が養育責任を遂行するため援助を与えること（18条）などである。

そして，子どもは日常や人生を自分らしく主体的に生きるために，自分自身の意見や意思が大切にされることが示されている。関係機関は子どもに関わる措置に際して，その子どもの「最善の利益」を考慮しなければならないこと（3条）を皮切りに，自己の意見を表明する権利（12条）や表現の自由（13条），さらに思想・良心・宗教の自由（14条），結社や集会の自由（15条），プライバシーの保護（16条）などが示されている。

以上のように子どもの権利条約は，われわれ人類が子どもたちに対して社会的に配慮すべき事柄を，彼・彼女が「子ども」であるという条件のみをもって付与される権利として，包括的に提示したものであると考えられる。別言すれば人びとは長い歴史的な営みをとおして，人間（大人）の権利を子どもに適用（具現化）すると同時に，大人と区別される「子ども」という資格を条件に，特別な権利を子どもに適用することで，子ども期を尊重する包括的な視点を手に入れたのである。日本も条約の批准（1994年）を契機に，「児童福祉法」の改正（1997年）や「児童虐待の防止等に関する法律」の制定（2000年）など，国内法の整備を進めてきた。しかしながら，われわれは権利として示された子どもへの数々の配慮事項が，現在必ずしも十分に守られていないことに薄々気づいてもいる。そのためこうした歴史的に築かれてきた知見を，今後さらに徹底することが肝要なのである。

3 関係の中に生きていた子どもたち

(1) 近代の幕開けと子どもの暮らし

近代における「子どもの発見」以降，欧米で著された優れた子ども論が，「大正デモクラシー」の時期を中心に日本にも紹介されたが，十分な定着を見せることはなかった。なぜならわが国では明治期を迎えて以降，未曾有の国家優先の時代に突入していたからである。こうした時代の中で，近代化する以前

の伝統的な子ども世界の実相が，一部の民俗学者の手により発掘されることになる。それはわが国では近代の幕開けが，必ずしも多くの子どもたちに福音をもたらす機会にならなかったことを示唆している。そして近代が編み出した子ども期の位置づけと扱い方の形式は，基本的に修正されることなく，今日まで続いていると考えられるのである。そこで本節では，近代社会における子ども期の位置づけを概観し，他方で前代における「もうひとつの子どもの発見」を考察することで，子どもへの新しい配慮の構造を考える手がかりを得ることにしたい。

それでは近代以降，子どもの暮らしの環境は，どのように変わっていったのだろうか。まず殖産興業など国を挙げての産業の促進が，生産様式や社会構造の変化を推し進めていった。その結果これまで子どもの成長を司る生命線であった，産みの親を取巻く地域共同体などの仕組みは動揺し，社会関係から切り離され一人路頭に投げ出される子どもも現れ始めた。また産業化（資本主義化）が深まるにしたがって，広範な下層社会が生み出され，そこには必要な栄養や養育から排除された子どもたちも多数存在したのである。そしてこうした子どもたちの発見と救済はひとえに，キリスト教や仏教の教えに導かれた慈善家などにより取り組まれ，その中には子どもの育ちや幸福を見据えた深い配慮の伴われた実践も見られたのである。

その一方で，1872（明治5）年に「学制」が発布され，近代学校制度が成立することになる。子どもたちは身分の隔てなく平等に教育を受け，その学識を基として世間的な自立（立身出世）が促されることになった。他方で学校教育は当時の国家的な要請として，欧米列強を意識した新しい国家や産業を支える人的素材（ないし労働力）を創出するという課題を担っていた。さらに言えば1890（明治23）年の「教育勅語」の発令や15年戦争当時の「皇民教育」に象徴されるように，当時の学校教育は子どもたちを現人神としての天皇に繋がる「日本人」に仕立て上げ，統合された「国民国家」を成立させるためのイデオロギー装置という機能も発揮したのである。

以上のように，子どもの暮らしの環境は大変不安定な時期を迎えていたが，

第6章 社会から排除される子どもとソーシャル・インクルージョンの構想

それを補い代替するような仕組みが徐々に現れ始めた。すなわち人びとの相互扶助を中心とするものから,「恤救規則」(1874年)など政府による救済や慈善事業,そして学校などが子どもの保護・養育・教育などの機能を新たに担い始めたのである。しかし社会構造の変化に対して子どもを保護・救済する仕組みは不十分なものであり,また学校教育も子どもを人的素材と見定め始めた政府を中心に,その国策に合致した知識を付与し,規範を植えつける場となっていったのである。

(2) もうひとつの子どもの発見

以上のように,子どもの暮らしが政治や経済の要求に則って強く制御され始めたとき,当時進歩的な人びとからは旧態として否定され,人びとから忘れ去られようとしていた伝統社会の子育てや子どもの暮らしに,あえて着目しようとする人物が登場した。その一人としてここでは民俗学者宮本常一の業績を頼りに,伝統社会における子どもの暮らしの特徴を見ていくことにする。さて宮本の著作『家郷の訓――愛情は子供と共に』は,村落に暮らす老人からの聞き書きを下敷きに,第二次大戦中(昭和20年前後)に執筆されたものである。宮本はこの本を著した理由を主として次のように説明する。

明治大正期を契機に農村の暮らしは著しい変化を迎えた。新しい知識を得るための学校教育が普及し,立身出世主義が大きな位置を占めることになった。すなわち「共に喜び共に泣き得る人たちを持つことを生活の理想」と考えた時代は,「他人よりも高い地位,栄誉,財などを得る生活をもって幸福」と考える時代に取って代わろうとしている(宮本 1967:157)。その結果,かつてより子どもの世界に見られた生活体験の機会は縮小し,また親が倫理としてもわきまえてきた,わが子を愛しつつも,たえず社会へ社会へと押し出した庶民による伝統的な子育て,すなわち「子どもを社会公有のものたらしめようとする観念」(宮本 1967:213)もいたずらに失おうとしている。そこで宮本はわれわれの歩いてきた道は「むしろ暗く苦難にみちたものであった」ことを十分認識したうえで(宮本 1967:211),今日とみに顧みられることのない身近にあった世

界，すなわち小さな生命一つをめぐって多くの人びとの愛情が結びついていた村落社会の記憶に人びとを誘おうとしたのである。

このように宮本は，生産力などの限られた前代の伝統社会にも，実は子どもを一概に小さな大人として遇するのではなく，子どもの幸いを願い配慮してきた側面があったことを人びとに伝達しようとした。こうした試みを，本章では近代における「もうひとつの子どもの発見」と表現する。そこには異なる時代に生きるわれわれからすれば，容易に真似できない側面がある一方，思い起こし汲み取るに足る合理的な知恵も含まれている。そこで宮本常一の著作を紐解くことで，伝統社会における子育てや子どもの暮らしの実相を見ていくことにする。

(3) 伝統社会における子どもの暮らし

前代の村落社会は概してその生産力に限りがあったため，物質的には決して豊かな社会ではなかった。個々の大人は食べていくための仕事に追われ，子育てに手間をかけるだけの余裕も持たなかったのである。子どもたちが十分に生き延びることを遮るような，当時の苛酷な暮らしの現実を宮本常一は次のように表現する。

> 一人前になるまでに子を育てていくことはなかなか容易ではない。住居や衣食における不満と医学的な知識の不足から，ともすると犠牲にすることが多いのである。日本は多産の国であると共にまた多死の国でもあった。できることなら子供たちの死は防ぎたいものであるが，個々の親の愛情は深いものでありつつ，これを結合して大きな社会的な愛情にまで進展することがなかなか困難である（宮本 1967：187）。

こうした厳しい生活環境であったからこそ，せめて誰も孤独を感じないで暮らせることが大事だった。宮本によると当時の人びとが考える「幸福」とは次のようなものであった。

第6章　社会から排除される子どもとソーシャル・インクルージョンの構想

　本来幸福とは単に産を成し名を成すことではなかった。祖先の祭祀をあつくし，祖先の意志を帯し，村民一同が同様の生活と感情に生きて，孤独を感じないことである。われわれの周囲には生活と感情とを一にする多くの仲間がいるということの自覚は，その者をして何よりも心安からしめたのである。そして喜びを分ち，楽しみを共にする大勢のあることによって，その生活感情は豊かになった。悲しみの中にも心安さを持ち，苦しみの中にも絶望を感ぜしめなかったのは集団の生活のお蔭であった（宮本　1967：154）。

　このような喜びも悲しみも共に分ち合おうとする人びとの生き方は，子育ての営みや子ども期の生活においても無論例外ではなかった。子どもの誕生や成長の折に触れ行われる様々な「産育の習俗」が見られた。親も子も一つひとつの習わしを契機に他者とのつながりを深め，子どもの無事な成長を引き伸ばすような心持で待ち望んだのである。主として，次のような習俗が見られたという。

　子が生まれると先ず産飯がたかれる。ウブメシまたはウブタメシなどといわれている。もと神にそなえて将来の幸福を祈ったものと思われるが，土地によってはトリアゲババアに酒をもり，山もりの飯をたべてもらう。〈中略〉その子供に乳をつけなければならないが，これには，最近子を生んだ人を頼むことが多い。壱岐の島ではこのようにして生後数日の間他人の乳をのませてもらった親を乳親とも乳付親とも言って一生特別の交際をしたものであるというが，小さい生命は生んでくれた親以外に多くの親をもつことによって，そのわざわいから守られると考えたのである。〈中略〉子が生まれて三日目には三日祝いが行われた。〈中略〉七日目に名付けが行われた。〈中略〉子供が丈夫に育つために他人の名を借りてつけることがあり，その名を借りられた人をカリオヤと言った。〈中略〉子どもを何人も死なせた親が次に生まれた子を丈夫に育てるためとか，母親三十三歳，父親四十二歳の時にできた子とかは，捨てて誰かに拾ってもらう風もあった。〈中略〉このほか

成長に伴って，女子のカネツケについてのカネオヤ，あるいはフデオヤ，男子の元服に伴うエボシオヤ，あるいはとまり宿のトマリオヤ，婚姻の時のナカウドオヤなど，一つの生命を守りたててゆくために実親以外にかくのごとき多くの親が必要であった。これらはその一定の土地においてこれほど多くの親を必要としたわけではないが，なんらかの関係で，少なくも一人に二，三人の仮親は必要であったようである。〈中略〉単に親をたのむだけでなく，宮参りが三十日前後（三十三日が多い）に行われ，初節句が行われ，百日目には食初めを行う。生後満一年目にはタンジョーノイワイが行われ，この時餅をついていう。男女普通七歳になれば氏子入を行なう所が多く，十三歳になるとフンドシイワイが行なわれる（宮本 1967：188-190）。

　それでは何故に人びとは以上のような習俗を滞らせることなく大切に執り行ってきたのだろうか。そこには現代社会では俄かに失われてしまった，産育という営為に寄せる人びとの生活信条があったはずである。宮本の残した次のような記述は，当時の人びとが共有した子ども観の一端を示すものである。

　　このようないくつもの儀礼を通過していかねばならなかったことは子供たちのたましいが完全なものになっておらず，そのたましいを完全なものにするためのものであり，それはこの世の人びとの多くの力にあずかることによって完成すると考えたためである（宮本 1967：190）。〈中略〉かくてこの世に生れ出，生存をゆるされたものは，多くの人びとの力によって一人前になってゆくものと考えた。すなわち幼児は公有されて初めてその生命の全きを得ると考えた。よく両親の愛情のみをもってしては，それがいかに深いものであっても，どこかに不幸の入り込む隙があったのである（宮本 1967：210）。

　このような産育の習俗のほかにも，子ども期には子ども（若者）同士の結束（仲間関係）を深めるようなつながりも見られた。「子供組」「守仲間」「子供

宿」「若者組」「若者宿」「娘宿」などがそれである。こうした組仲間は,草履づくり,子守,道つくろい(道路の修繕),祭事の切盛り等々,村落社会に欠かすことのできない一定の役割を担うと同時に,大人の力が隅々にまで及ばない自律性を具えた集団であった。そして子どもや若者はこうした場に身を置くことで,村落社会に生きるための生活技能や社会的な有用感,さらにこの世に生きる歓びや楽しみを体得したのである。子ども世界に取り結ばれていた関係のもつ豊かさが,次のように表現されている。

やっと歩けるようになり三つにもなると,今度は近所の子供たちが連れて遊んでくれるようになる。〈中略〉時たまに男の子の鬼ごと遊びの仲間に入れてもらうと,カワラケと言って鬼につかまえられても鬼にならない存在として,ただ見習風に参加するにすぎない。それでも嬉しくて,ヨチヨチと走りまわる(宮本1967:106)。〈中略〉草履づくりも自分の履く分だけを作るのは楽だが,一家のものを作るとなると容易でない。そこで朋輩が集まって作るのである。すると競争になって退屈もしなかった。退屈すれば,お宮の森などで作っている時は,木登りをしたり,ぶらんこをしたりして休む。初めに何足作ろうときめてから仕事にかかるので,怠けてばかりはいられないので,しばらく休めばまた作る(宮本1967:124)。〈中略〉正月と盆には若い者仲間の道路の修繕がある。〈中略〉この道つくろいの日には若連中は全部出て行って仕事にはげむ。その時娘仲間もまた出て行って,若い者のための食いごしらえをする。村中を一軒一軒歩いて野菜類を貰いうけ,それでおかずを炊き,また飯を炊いて握り飯をつくる。そうして振まってくれる。〈中略〉この日ばかりは本当に働くことがたのしく,また何の憂いも不平もなかった(宮本1967:132)。

4 子ども期の処遇の変容

伝統社会においても,近代社会においても,子どもを一人前に育てることが,

社会を維持するために必須の要件であったことに変わりはない。しかしながら伝統社会と近代社会の間には，子どもを一人前に育てるために，人びとが子どもに向けた配慮の形式（＝社会的な処遇）に，大きな変容の跡が認められるのである。そこで近代の幕開けを契機に，変容を被ることになった事柄に焦点をあて，改めて考察を試みることにする。

　まず伝統社会に暮らす人びとは，何世代にもわたり与えられた土地に定住し，お互いの力を結集して生活を営む必要があった。そこには当時の生産力や生産方法の制約も強く影響していた。そのため若者や子どもも例外なく，生産労働の一端を担う必要があった。こうした社会経済的・社会文化的な条件が，人びとの価値観や生き方の流儀に一定の影響を与えていたと考えられる。

　伝統社会に暮らす人びとの幸福の基準は，先述のように「人びとが共に生きて孤独を感じないこと」に置かれていた。こうした価値観は人びとの子育ての営みにも，（より神聖な意味合いも加味されて）反映されていた。すなわち「子どものたましいは人びとの多くの力にあずかることで初めて完成する」と考えられたのである。そして各々がこうした価値観を自己の内部に定着させ，これまで紹介してきた産育の習俗や若者の組仲間などの形式を介して，何事にも（生活の隅々に及ぶ）助け合う生き方の流儀が作り出された。そして産みの親も幼児も子どもも若者も，人びとや自然や神々との濃密な関係の中で生きて，この中から全ての豊かな収穫を得てきたのである。

　また子育ての場面や子どもや若者の生き方の場面で，相互に助け合う関係を可能にした要件のひとつに，一人ひとりの村人が「隣人や他者を配慮する心の動き」を宿していた点を指摘することができる。一生特別な交際をした乳親やカリオヤ，遊び仲間のカワラケ，野菜を提供する村人や食いごしらえをする娘仲間，さらに子どもや若者の自律的な仲間関係を見守る大人など，これらは個人個人の内部に相手を配慮する心得が培われており，それらが具体的な行為として表現されたものと考えられる。

　さて近代社会に入ると，こうした配慮の形式は少しずつ変容していく。近代学校制度の成立などに象徴されるように，人びと自身による配慮の心得は徐々

第6章　社会から排除される子どもとソーシャル・インクルージョンの構想

に解除されていき，代わりに学校など外部の機関が教育などの機能を担い始めた（機能分化社会）(3)。あわせて育つことや学ぶことのもつ意味合いも，近代の幕開けとともに変容を被ることになった。伝統社会では共に暮らす人びとのために，「良き村人」（宮本 1967：150）として成長し生きていくことが重視されたが，近代社会では自分自身の利益（さらには国家の利益）のため個別的に学ぶことに重点が置かれることになった。

　もちろんこうした明治大正期の変化を一概に否定することは適切ではない。生活の隅々にまで及んだ配慮しあう関係が解除されることは，人びとの結合や牽制が弱まるという意味で，個人の自由や独立を押し広げる契機となった。さらには封建社会における身分秩序の解体も，明治大正期の成果として取り上げられることが多い。次のような記述はこうした恩恵的側面を述べたものである。

　　江戸時代の末期には，武士の子どもたちは寺子屋や漢学塾・藩校などで学んでいたし，庶民の間でも寺子屋で学ぶ子どもたちはかなりの数になってはいたが，それらの学問は，新しい職業を開拓して親から独立した人生を送るためのものではなく，むしろ親の身分・職業を受け継ぎ，それを怠ることなく継承していくためのものであった。明治初期の小学校も，寺子屋のような教室から出発したところも多かったが，武士か庶民かにかかわらず，学校教育の中ですぐれた成績を修める者にはより高度な学問の機会が与えられ，その結果，政府の役人や政治家や学者などになって，高い社会的な地位や経済的な豊かさを得ることができるようになった。〈中略〉そのような立身出世の志を「青雲の志」ともいい，成功をおさめて故郷に帰ることを「故郷に錦を飾る」などとも言った。とはいえ，そのような一握りにはならなくても，〈中略〉それなりの地位を得た子どもたちは数多く，彼らは江戸時代の親の身分や職業にかかわりなく，学校教育を足がかりにして職業に就くことができたのである（森山・中山 2002：245）。

　こうした点も含めて伝統社会と近代社会の間には，子ども期の処遇をめぐっ

て質的な転換が生じたと考えることができる。そのうち本論が特に重視する変化は，かつて人びとがそれぞれに宿していた「隣人や他者を配慮する心の動き」を失わせていく力が徐々に働き始めたという点である。こうした現象には，その後人びとが子どもの育ちや幸福への関心や配慮を低下させていく契機も織り込まれている。そしてこのような動きが相まって，かつて子ども期を取り囲んだ豊かな関係は喪失の途を辿り始めていく。そして現在の子どもたちの生活は，以上のような変化の延長線上に位置しているのである[4]。

5 社会関係から排除される子どもたち

(1) 子どもの生活圏をめぐる攻防

わが国は戦後しばらくすると経済成長一辺倒の世の中を迎えた。子どもの暮らしも否応なく経済戦争という時代の渦中へと巻き込まれていく。すなわち子どもたちは経済成長を支える労働力として，人口資質の向上という観点から健全育成の対象になると同時に，経済成長自体に起因する諸問題（公害など生活環境の破壊）が子どもの育ちを歪め疎外する要因となった（古川 1982：284）。かつて伝統社会において子ども期の処遇を司ってきた価値観（倫理）や配慮の心得などは徐々に失われてきたが，それに代わるものとして戦後「児童福祉法」や「児童憲章」に謳われた新しい理念は，大人同士による約束事としてはもちろん，子どもの生命を守る防波堤としての効力も十分に発揮できなかったのである。

こうした開発の論理が優先する時代に，社会福祉学者を中心として『子どもの生活圏』という著書が上梓された（1969年）。この本では子どもが生きること，成長することを巡る攻防の場（争点）として，「子どもの生活圏」という概念が提示された。この本の要点を簡潔に紹介してみる。

まず子どもの生活や育ちは，日々24時間を通じて営まれている。またその場面は，保育所・幼稚園・学校の中だけではなく，住宅や近隣地域など幅広く認識されなければならない。そしてこれらの場で営まれる，対話（伝え合い）

第6章　社会から排除される子どもとソーシャル・インクルージョンの構想

や選択や創造を含む遊び，そして Face to Face の人間関係（グループ経験）などが，子どもの生活や育ちに欠かせない要件である。しかしながら今や，土地私有制の下での都市開発，狭小過密住宅，有害環境（公害や交通事故等）の拡大，商品経済の浸透など，子どもの生活圏は捻じ曲げられ，次々と押し潰されようとしている。加えて子どもや大人の自由な時間も，管理された時間に取って代わろうとしている。そのため本書は，あたかも子どもの権利が存在しないかのようにふるまう時代を告発し，子どもの生活圏の確保と創造に向け，人びとによる対話や実践を開始する必要を示したのである（一番ヶ瀬・泉・小川・窪田・宍戸 1969：17-31）。

　さて子どもは生来，豊かな関係を必要とする存在である。こうした視点は前記した伝統社会の状況から確認できると同時に，社会福祉学をはじめ心理学や社会学の研究成果から見出すこともできる。

　例えば「パーソナリティの発達段階」を提案した Erikson は，乳児期の発達課題である「基本的信頼感」を獲得するには，母親的人物との安定した相互関係が重要であるとした。そして幼児期前期の「自律性」には子どもの意志を支える複数の親的人物との関係が必要であり，幼児期後期（遊戯期）の「積極性」の獲得には良心のモデルとなる人物（両親など）と出会うことの大切さを示した。続いて学童期の発達課題である「生産性」には主体的な学びや遊びを可能にする近隣・学校環境が大切であり，青年期の「同一性」の獲得には社会的に有意義な理想を共有し助け合える仲間集団と，彼らの表現を認める社会環境の重要性を指摘したのである（Erikson 1959, = 1973：61-118）。

　また主として親子関係の分析に基づく「関係発達論」の考え方によると，子どもは2つの主体性を生きる存在であることが示されている。ひとつは周囲の肯定的な映し返しをバネに自分の考えを貫いていく主体性であり，いまひとつは共に生きる喜びをバネにみんなで一緒にいることを求める主体としての生き方である。そしていずれの主体性を発揮するためにも，周囲にいる大人や仲間との関わりが欠かせないことが示された（鯨岡ら 2004：14-16）。

　さらに天野正子は近年人びとの生活空間が，匿名的な企業や行政組織と，愛

情規範に基づく家族へと二極化することで,「子どもたちが自分で創る空間,自分で管理する固有の時間,自分でルールを創りだす等身大の人間関係」(公私の交流する場) が失われてきており,今一度顔の見える関係に支えられた「地域」を取り戻すことの大切さを指摘している (天野 2000：84-94)。さらに言えば子どもが関係を取り結ぶ対象は,人間に止まるものではなく,より広く認識することも必要であると考えられる。例えば動物や昆虫,木や草,山や川,建物や風景,さらにそれらと取り結ばれた出来事など,子どもは様々な対象(他者) に自己を同一化させ,他者への想像力を培うことで成長する存在であることも忘れてはならない。

このように子どもはその持ち前の本能や習性からして,大人以上に多くの人や事物との関係の中に生きる存在である。すなわち子どもは持ち前のセンサー(感覚器) を用いて,主体的に世界を観察し,関わり合い,創り出す存在であり,こうした経験の中から喜びや育ちを取得していくことができる。しかしながら『子どもの生活圏』が開示して見せたことは,こうした子どもの特性は十分に顧みられ配慮されることなく,開発の論理に導かれた大人たちによって,子どもたちが関係を取り結ぶ場 (子どもの生活圏) は次々と破壊され,失われていく時代の現実であった。

(2) 養育力格差と児童虐待

子どもたちが豊かな子ども期を経験するうえで,身近にいる親との関係が重要であることは言うまでもない。「子どもの権利条約」や「児童福祉法」にも父母の (第一義的な) 養育責任が示されている。しかしながら,親でありさえすれば誰でも等しく養育力を有しているわけではない。それゆえ伝統社会に生きる子どもたちは,実親以外にも数多くのオヤとの関係が取り結ばれ,産みの親が個別に有する養育力によって,子どもの育ちが左右されてしまうことを一定程度緩和してきたのである。しかし近年産みの親を取り巻く社会関係が希薄化し,子どもたちが共に育ち合える場面が失われてきた結果,養育面における個別の親の影響や負担が高まることになった。そして子育て支援など社会資源

第6章 社会から排除される子どもとソーシャル・インクルージョンの構想

表6-1 子どもの貧困率の国際比較
(%)

主要国	2000年	2000-1990年代半ばの差
メキシコ	24.8	-1.2
アメリカ	21.7	-0.6
イギリス	16.2	-1.2
イタリア	15.7	-2.9
日本	14.3	2.3
カナダ	13.6	0.8
ドイツ	12.8	2.4
OECD 25カ国	12.1	0.7
オーストラリア	11.6	0.7
フランス	7.3	0.2
スウェーデン	3.6	1.1
ノルウェー	3.6	-0.8
フィンランド	3.4	1.4
デンマーク	2.4	0.6

出典:OECD (2005:65) より。

の上手な活用を含む,十分な養育力を持ち合わせない家庭では,「児童虐待」など子どもの人権侵害のリスクは高まると考えられる。

　養育力とは直接的には個別の養育主体(親や家庭)の有する子育ての「力量」のことであり,ここには子育ての技能や関心・自信,経済的な安定(経済力),さらに必要な社会資源(フォーマル／インフォーマル)を活用する能力などが含まれる。しかしこうした個別の養育力に差異が見られたとしても,それを取り巻く社会的な養育力がそれを補い,力量の差異を均していくことは可能である。すなわち子育て支援に関わる様々なサービスの拡充はもとより,子育て当事者や子どもたちを肯定的・良心的に見守る身近な人びとの存在は,親や家庭など個別の養育主体に力を与える契機となるだろう。しかしながらこれまでの考察から明らかなように,地域社会の養育力は弱体化の傾向にあると同時に,個別の養育環境についても現在次のように大きな格差が認められている。

　まずOECD(経済協力開発機構)の調査結果から,子どもの貧困率(当該国の中位可処分所得水準の半分未満の世帯で生活)を確認すると(表6-1),日本の子どもの貧困率は14.3%に及び,OECD 25カ国平均を上回ると同時に,1990年

表6-2 虐待のリスク要因

1. 保護者側のリスク要因	妊娠そのものを受容することが困難（望まぬ妊娠，10代の妊娠），子どもへの愛着形成が十分に行われていない（妊娠中に早産等何らかの問題が発生したことで胎児への受容に影響がある。長期入院），マタニティーブルーズや産後うつ病等精神的に不安定な状況，元来性格が攻撃的・衝動的，医療につながっていない精神障害・知的障害・慢性疾患・アルコール依存・薬物依存，被虐待経験，育児に対する不安やストレス（保護者が未熟等）等
2. 子ども側のリスク要因	乳児期に子ども，未熟児，障害児，何らかの育てにくさを持っている子ども等
3. 養育環境のリスク要因	未婚を含む単身家庭，内縁者や同居人がいる家庭，子連れの再婚家庭，夫婦関係を始め人間関係に問題を抱える家庭，転居を繰り返す家庭，親族や地域社会から孤立した家庭，生計者の失業や転職の繰り返し等で経済不安のある家庭，夫婦不和・配偶者からの暴力等不安定な状況にある家庭，定期的な健康診査を受診しない等

出典：日本子ども家庭研究所（2005：20）より。

代半ばから上昇傾向が認められる。こうした傾向は子どもが生活する家庭によって「一般的な生活水準を享受しうる子どもとそうでない子どもとの間での不平等が高まっている」（大石 2007：54）ことを示唆するものである。

また身体的虐待・性的虐待・ネグレクト・心理的虐待など「児童虐待」の深刻化は，子どもの養育環境の不平等（格差）を示す大きな出来事のひとつに数えられる。それは児童虐待が子どもから健康に発達する機会を奪い去り，その生命や人生を危機的状況に陥れるからである。それでは虐待発生の背景には一体どのような問題が潜んでいるのだろうか。児童相談所など専門機関が常備する『子ども虐待対応の手引き』には，保護者，子ども，及び養育環境の3つの視点から，児童虐待のリスク要因が示されている（表6-2）。

またこうしたリスク要因の根底に潜む虐待要因として，社会経済的な問題（経済格差・貧困問題）を再考する必要性も指摘されている。まず東京都福祉局は「児童虐待の実態調査」を2001年と2003年の2度にわたって実施している。そのうち児童虐待の行われた家庭の状況として「ひとり親家庭」「経済的困難」「親族・近隣等からの孤立」などが指摘され，各項目の割合とその変化(2001年／2003年）を見ると，「ひとり親家庭」が23.8％から31.8％に増加，「経済

的困難」が 27.5% から 30.8% に増加,そして「親族・近隣等からの孤立」も 16.7% から 23.6% に増加していることが確認できる。また児童虐待の行われた家庭における「生活保護の受給状況」は 15.3%（2003 年）であり,これは一般家庭と比較して極めて高率であり,経済的な問題の大きさを物語っている（東京都福祉保健局 2005：43-44）。

また児童福祉司の山野良一は虐待要因に関する各種調査の分析から,経済困難と児童虐待の因果関係を下記のように指摘している。そこでは実はバブル時代も含め戦後社会に連綿と存在し続けた「貧困問題」が,生活の「自助原則」や「自己責任」の社会風潮と相俟って今日人びとを社会的孤立の問題に招き寄せ,ひいては子育て家庭の一部が虐待問題へ連動していく傾向が示唆されるのである。

　子どものいる家庭全体の平均収入の 2 分の 1 以下しか収入を得ていない家庭が,児童虐待で保護された家庭の 3 分の 2 を占める。生活保護を受給している家族や子どもたちは,一般人口に対する保護率の 20 倍以上もの高さで,児童虐待ケースの調査では把握されることになる。子どものいる家庭全体の平均収入の 3 分の 1 以下の収入しか得ていない母子家庭が,児童虐待ケースでは 3 割以上を占める。母子家庭は,子どものいる家庭一般の約 4.4% でしかないのに,児童虐待問題においては約 7 倍もの高さで捉えられてしまう。これは,母子家庭そのものの問題ではなく,母子家庭がおかれた経済的な状況等を含めた社会環境の問題であると考えられる。借家率の高さから,狭い住居環境の問題が推察できるが,狭い住居環境は児童虐待と密接に関係している。学歴においても,中学卒業で社会に出ざるを得なかった保護者たちが,全体の 45% を占める。母親にいたっては 5 割以上になる。当然,職業的にも専門職や管理職は少なく,社会的に不利な職業に就いていることが多く,低賃金で長時間労働を強いられている可能性が高い（山野 2006：83-84）。

さて次に紹介する文章は児童養護施設に暮らす子どもが,家庭生活を中心と

する自らの生立ちを想起してまとめた作文の一部である。前半は中学2年生そして後半は小学3年生の，いずれも女児によるものである。

　私は，小学校4年生ごろから，家の手伝いをさせられました。学校から帰ると，夕食をつくるのに買物に行ってきます。それから，夕食を作ります。それは，とてもたいへんなものでした。学校の宿題もそっちのけにして，朝食と夕食を作りました。私の家庭は，父はいなく，母と私と，妹3人の家で，母は，お父さんがわり，私は，お母さんがわりと決めました。でも，私にとって，ごはんを作るのは，初めてで，たいへん手間がかかりました。母は，あまりにも，おいしくないと，「作り直ししろ」といって，せっかく作ったのを投げてしまいます。それにお酒は飲むし，乱暴するので，たいへんでした。それでも，なんとか無事6年生を卒業して中学校に入りました。中学校に入ってからは，小学校生活と同じことのくり返しで，宿題もろくにできませんでした。宿題をやろうと思った時には，眠ってしまうようなことがあり，翌朝，学校に行くと，毎日のように，居残り勉強をする始末でした（全国社会福祉協議会養護施設協議会 1990：67)。

　小さいときのことを思いだしてかくね。あのような生かつは，もうしたくありません。どうしてかというと，おなかがすいたり，学校に行けなかったりしたとおもうと，いやだからです。〈中略〉わたしのおうちは，小さいときからお金もないし，わたしといもうとのゆみと，おとうとのしんいちとこうじのようふくは，もらいものばかりでした。わたしは1年生になりました。学校の人たちから，ふけつとかいわれたので，かなしくなりました。そして学校に行かれなかったのです。よる，お父さんとお母さんがけんかをしたので，わたしはこわくなって外ににげました。けんかがおわって，お母さんと，わたしと，ゆみと，しんいちで，ちかくのこうえんにいきました。そして，いっときあそんでかえりました。〈中略〉かぞくでおしごとに行かないといけないようになりました。それは，家がなかったからです。車にのってとう

きょうまで行きました。ひるごはんになったけどお金がありませんでした。百円しかありませんでした。そして十円のパンをたべました。わたしはパンをはんぶんにわけてたべました（全国社会福祉協議会養護施設協議会 1990：51）。

このように児童虐待問題の背景には親や家庭の養育力格差が認められる。そしてこの「養育力」とは単に子どもを養育するための個別的な資質や技能だけでなく，それ以上に人間的な生活を営むために，各家庭の享受している経済的・対人的な支援，及び正当な保障の多寡・有無という観点を重視する必要がある。それは言ってみれば親や家庭や子どもを取り囲む，今日の社会的な養育力が問われているということである。なぜなら以上のように現在のわが国に暮らす子どもたちは，すでに人生のスタートラインから格差問題や排除問題の渦中に投げ込まれているからである。

(3) 表現の場を失う子どもたち

「表現」とは，自己の内面的・主体的な意思や感情や考えといったものを，言語・行為・動作・作品などの形象として表すことであり，またこうした形象を介して，他者を宛先に自己の内面を伝達しようと試みることである。そして子どもは年齢に応じた表現手段を身に着け，同時にその表現を自ら駆使して，他者や社会との関係を作り出していく存在である。このような子ども期における表現のもつ意味合いや重要性は，むしろ社会福祉と異なる分野において，いくつかの貴重な発言を認めることができる。

ここでは今は亡き劇作家の如月小春の発言に注目していく。如月は演劇活動で出会った数々の子どもたちの表現と接する中で，芸術表現が生み出される心の源流を次のように描いて見せた。

　人間は誰でも心の中に荒馬を飼っている。怒り，悲しみ，畏れ，喜び，憎しみ，憧れ，……それらの情は，時として過剰にふくらみ，暴れ出し，心のドアを蹴やぶって，他者（あるいは自分自身）に向けての粗暴な行為となって

あらわれ出たりする。馬が心の中で暴れるだけでも苦しいのに，それが身体を媒介とした行為となって他人や自分を具体的に傷つけるようなことになっては，苦しみはさらに大きくなるばかりだ。だから人は，自ら何とか荒馬を乗りこなそうとする。馬の持つ爆発的なエネルギーを殺さずに，馬の動きに一定のリズムと方向性を与え，アナーキーで破壊的だった衝動を制御して，創造の方に振り向けようとする（如月 2000：40）。

"心の中に飼っている荒馬"これは子どもたちが内に孕む原初的な生命力であり，他者を志向する力であると考えることができる。例えば乳児は懸命に泣いたり，唇や手で他者を希求して生命を維持していく。また幼児や学童は「遊び」という表現を駆使して，生命力を発散し友達との関係を築いていく。また先ほど紹介した児童養護施設に暮らす子どもの作文表現は，子どもが辛い過去と向き合い，揺れ動く心情に折り合いをつけながら導き出したものである。

そして如月小春が演劇活動で出会った子どもの多くは，思春期の子どもたちであった。ある年の夏如月は芥川龍之介の「杜子春」を書下ろした「と・し・しゅん」という演劇作品を，子どもたちと共に作り上げることになった。この過程で子どもたちが最も興味を示し，工夫を凝らした役柄が，この演劇ではむしろ端役に当たる，地獄の鬼の登場するシーンであったと言う。如月はこの過程を次のように記述し，子どもの心に関して分析を試みている。

「鬼がこわくないと，このシーン，やっぱ，駄目だよ。せっかく大事な山場なのに」じゃあ，どうしよう。どうすればこわい鬼になるかなあ。ねえ，あなたたちにとって，一番こわいのは何？　その一番こわいものの格好をして，鬼をやればいいんじゃない？　6人は考えた。考えた末に，ぎょっとするような案を出して来た。自分たちにとって一番こわいのは，ヤンキー。つまり学内にいる不良グループ。だから，鬼の衣装は，普段着ている学校の制服。その裾を長くしたり，太った男の子のズボンを借りてきてはいたりすれば，らしくなる。でも，制服だけじゃ鬼だとはわかりにくいから，鉢巻をし

第6章 社会から排除される子どもとソーシャル・インクルージョンの構想

よう。その鉢巻には,必ず「き」という音の入る言葉を漢字であてはめて書き込むことにする (如月 2000:54)。

　プランをきいて,一瞬絶句した。〈中略〉しかし,結局そのまま進めることにした。〈中略〉何が起きるか,どこまでいけるか,このさい,とことんやってやろう―子供たちの心の奥から出て来るものの正体を,誰よりも私自身が見てみたかったのかもしれない。6人の子供たちは,自分たちのプランに夢中になった。〈中略〉その様子を見て,自分も鬼をやりたいと直訴して来る子がいた。1人にOKを出すと,私も,私もと,どんどんその数は増えるばかり。〈中略〉すごかった。舞台上にひしめきあう,鬼,鬼,鬼,21人の鬼。それがみな制服や,黒っぽい自前の服を着て「鬼」の鉢巻をしめて,階段舞台にずらりと並び,チェーンや竹刀の音をビシバシさせながら,と・し・しゅんに,怒声をあびせかける (如月 2000:55-56)。

　たぶん彼等は皆,自分の中に,鬼が棲んでいることを知っているのだ。犯罪をひきおこさないまでも,声明文[5]の呪詛と同質の思いを抱いたことが幾度となくあったのだ。そして,かれらが本当におそれているのは,そういう自分自身の心の中の鬼なのではないか。俺だって,私だって,いつキレてもおかしくない。そしてそういう自分自身が何よりこわい。「いい子」や「普通の子」のふりをしているけれども,そんな私の中に鬼がいる。それがこわい。だからこそ,そのことを知らせたい。見せたい,わからせたい。そして彼らは,「鬼」になったのだ。「鬼」を演じることで,自分が鬼であることの恐怖を乗り越えようとしていたのである (如月 2000:56)。

　それでは今を生きる子どもたちの多くに,こうした表現の手段や場面は十分与えられているのだろうか。自分の中に棲む荒馬や鬼と向き合いそれらをうまく飼い馴らして,溢れるようなエネルギーを有意義に活用する術を教わっているのだろうか。そして子ども期というかけがえのない時期に,子どもたちは表現を駆使して他者との関係を取り結ぶ経験を味わい,育ちや幸福の糧を十分に蓄積できているのだろうか。

しかし現実はむしろ逆であり，学校生活から非行少年の処遇に至るまで，大人による管理を徹底することで，規律や矯正を図ろうとする動きが強まっている。そして子どもの内面を抑圧する方向にはたらく「管理」の力は，子どもの心を窒息させ，エネルギーの出口を失わせている。行方や出口を失ったエネルギーは，自分や他者を傷つける行為となって表れ出たり（心身を病む子どもの増加や深刻ないじめ問題)，他者によって傷つくことを恐れた子どもたちは，自宅や自室に退却することを余儀なくされているのである（不登校やひきこもりの増加）。

6 子どものソーシャル・インクルージョンの構想

子どもたちが直面する社会的排除や孤立の問題に，われわれは今後どのような視点から対応する必要があるのだろうか。子どもという存在はその誕生の瞬間から，身体の具える様々なセンサー（体性感覚）を用いて，外界にある他者との関係（つながり）を求め始める。そして取り結ばれた社会関係の中から，さらに表現する力や対話する力など，主体的に関係を築く手法を年齢に応じて身につけ，その育ちや幸福を実現していくことになる。こうした子ども期の孕む生物学的な特性を顧みると，子どもの福祉（well-being）実現に「社会関係」は不可欠な要件であると考えられる。

しかし近代という時代は先述したように，子どもたちを取り巻く豊かな社会関係を設営し，維持する努力を十分に行ってはこなかった。その結果，他者とのつながりから排除され，社会的孤立に追い遣られる子どもが数多く認められるようになったのである。そこで豊かさの源泉である「社会関係」が欠如している子どもたちの置かれた現状を，「人間が社会生活を営むために欠かすことのできない基本的要件を欠く状態」（仲村・岡村編 1988：329)，すなわち子どもの「福祉ニーズ」として認識する必要がある。

そしてソーシャル・インクルージョンという社会目標は，社会的孤立に見舞われる現代の子どもの姿を照らし出し，子ども期に必要とされる豊かな関係

第6章　社会から排除される子どもとソーシャル・インクルージョンの構想

子どもの福祉（well-being）実現（育ちと幸福の獲得）
⇧

〔環境的要件〕
社会関係を経験できる
場面の創造
　→
　←
〔主体的要件〕
社会関係を取り結ぶ力
（対話や表現）の取得
（相互作用）

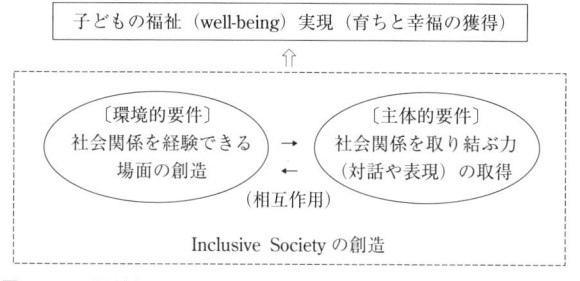

Inclusive Society の創造

図6-1　子どものソーシャル・インクルージョンを実現する視点
出典：筆者作成。

（つながり）を構想する際の有効な指針になると考えられる。なぜならソーシャル・インクルージョンの考え方は，金銭面や物質面の欠如のみならず人間関係の疎外や欠如など，人びとが被る社会関係全般からの排除（ソーシャル・エクスクルージョン）を視野に収め，「つながりの再構築や，共に生きる社会の実現」を志向するからである。すなわちこの社会目標が標的とする排除問題は一面的なものではなく，「人々が被る多面的な排除に対して多面的な包摂を提示しうるような複層的メカニズム」（樋口 2004：7）として理解することが求められている。そして子どもたちが被ってきた社会関係からの排除も，伝統社会から近代社会への変遷とその深まりを端緒として，子どもの生きる様々な場面で多面的に認められてきた[6]。そこでこれまでの考察から，子どものソーシャル・インクルージョンに必要とされる視点を導くと，図6-1のように表すことができる。

　子どものソーシャル・インクルージョンには主に2つの要件を必要とする。ひとつは子どもが社会関係（他者との邂逅）を経験する「場面」を創り出すこと（＝環境的要件）であり，今ひとつは子ども自身が社会関係を取り結ぶ「力」を高めていくこと（＝主体的要件）である。そして前者の環境的要件には，子ども期を配慮する社会的価値観の醸成に基づき，「子どもの生活圏」の恢復や保護者間の養育力格差の解消を図る必要が含まれる。

　さて，環境的要件と主体的要件は相互に関わり合い，言わば循環していく関

第Ⅱ部　ソーシャル・インクルージョンの射程

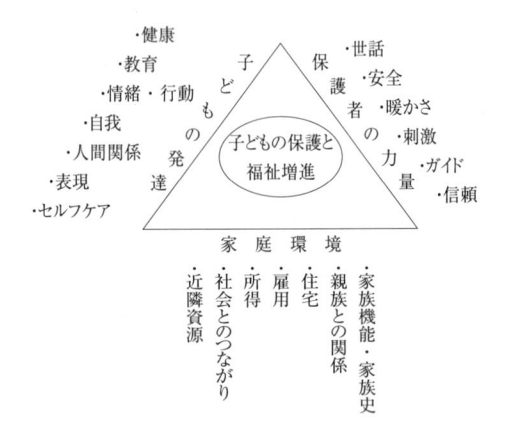

図6-2　子どもの保護と福祉増進の要件
出典：Pierson（2002：72）。

係にある。なぜなら子どもは良好な社会関係を経験できる場面を保障されることで，表現し対話する力など社会関係を取り結ぶ力を身につけ，その力を用いてさらに新しく他者や社会と出会い関係を築いていくからである。

（加藤悦雄）

注
(1) 「子どもの発見」という言説は次の2人の人物の業績とともに世に知られた。まず歴史家のAriesは『〈子供〉の誕生』において，子どもの描かれた肖像画などの分析から，「子ども期」という観念が近代化とともに現れるメカニズムを描き出した。また後世「子どもの発見者」と呼ばれたRousseauは，子どもという存在を大人社会の要求を介さず，自然の秩序に則って認識する必要を説き，著書『エミール』の中に新しい子ども観と教育論を提示した。われわれはこうした業績に倣って，今日においても常に子どもを発見していく必要がある。
(2) 『エミール』ではエミールと名付けられた孤児の誕生から結婚までを題材に，子どもの本性（＝自然の秩序）に適った養育および教育手法の描出が試みられている。
(3) 伝統社会では人びとの紐帯をあらわす共同体が，世話・看病・教育・炊事・道徳・娯楽など，生活に必要なはたらきを複合的に担い，社会に所属する人びとの暮らしが保たれてきた。しかし近代社会ではそうしたはたらき（機能）を外部の多様な専門機関が担い，人びとはそれらを必要に応じて利用（または消費）する生き方を常態とするようになる。これが機能分化社会である。
(4) その結果として現代社会では安全に暮らせることに大きな価値が置かれた。安全性（security）という言葉は，cura（気遣い・配慮・関心）のない（se）ことを意味するラテン語のsecurusに由来する（市野川　1996：97）。言わばわれわれは近代の幕開けから今日

第6章　社会から排除される子どもとソーシャル・インクルージョンの構想

に至るまで，自らで他者を配慮し気遣うといった人間らしい心の動きを，国家や機関に次々と明け渡してきたと考えることもできる。
(5) ここで言う「声明文」とは，神戸「酒鬼薔薇聖斗」事件（1997年）の犯行声明文のことである。
(6) 子どもたちはいったい何から排除されているのか。本稿では社会関係をキーワードに，様々な角度から考察を試みてきたが，次の「子どもの保護と福祉増進の要件」（図6-2）は，その多面性を評価する際に役立つものである。

引用・参考文献
天野正子（2000）「子どもの原風景と地域空間」藤竹暁編『現代人の居場所』至文堂
Aries, P.,(1960) *L'Enfant et la vie familiale sousl' Ancien Regime*, Plon（=1980，杉山光信・杉山恵美子訳『〈子供〉の誕生――アンシャン・レジーム期の子供と家庭生活』みすず書房）
網野武博（2002）『児童福祉学――〈子ども主体〉への学際的アプローチ』中央法規出版
Erikson, E. H.,(1959) Psychological Issues : Identity and The Life Cycle,Universities Press（=1973，小此木啓吾・小川捷之・岩田寿美子訳『自我同一性――アイデンティティとライフサイクル』誠信書房）
福祉小六法編集委員会編（2007）『福祉小六法』みらい
古川孝順（1982）『子どもの権利――イギリス・アメリカ・日本の福祉政策史から』有斐閣
樋口明彦（2004）「現代社会における社会的排除のメカニズム――積極的労働市場政策の内在的ジレンマをめぐって」『社会学評論』55（1）
一番ヶ瀬康子・泉順・小川信子・窪田暁子・宍戸健夫（1969）『子どもの生活圏』日本放送出版協会
市川容孝（1996）「安全性の政治――近代社会における権力と自由」大澤真幸編『社会学のすすめ』筑摩書房
加藤悦雄（2000）「子供の公共圏を創る――世田谷の「冒険遊び場」の実践から」『作新学院女子短期大学紀要』24
如月小春（2000）「〈からだ〉の情景――子供と身体表現をめぐって」栗原彬・小森陽一・佐藤学・吉見俊哉編『越境する知①身体：よみがえる』東京大学出版会
鯨岡峻・鯨岡和子（2004）『よくわかる保育心理学』ミネルヴァ書房
宮本常一（1967）『家郷の訓・愛情は子供と共に』未來社
森山茂樹・中山和恵（2002）『日本子ども史』平凡社
仲村優一・岡村重夫編（1988）『現代社会福祉事典』全国社会福祉協議会
日本子ども家庭総合研究所編（2005）『子ども虐待対応の手引き』有斐閣
OECD（2005）*Society at a Glance : OECD Social Indicators 2005*（=2006，高木郁郎監訳『図表でみる世界の社会問題　OECDの社会政策指標――貧困・不平等・社会的排除の国際比較』明石書店）
大石亜希子（2007）「子どもの貧困の動向とその帰結」『季刊社会保障研究』43（1）
Pierson, J.,(2002) *Tackling social exclusion*, Routledge
Rousseau, J. J.,(1762) *Emile*（=1962，今野一雄訳『エミール（上）』岩波書店）
東京都福祉保健局（2005）『児童虐待の実態Ⅱ――輝かせよう子どもの未来，育てよう地域のネットワーク』

第Ⅱ部 ソーシャル・インクルージョンの射程

山野良一（2006）「児童虐待は「こころ」の問題か」上野加代子編『児童虐待のポリティクス──「こころ」の問題から「社会」の問題へ』明石書店
全国社会福祉協議会養護施設協議会編（1990）『続泣くものか』亜紀書房

第7章

少子社会が学校と地域の「つながり」に及ぼした影響
——統合閉鎖に伴う小学校跡地の行方——

1 生活圏にある学校の再編

　近年，学校の廃校は全国に拡大している。とくに大都市圏では都心部の居住人口の郊外流出（ドーナツ化）と子どもの絶対数の減少により小規模化した「小さな」学校が目立つようになった。「小さな」学校は，通常2校以上の学校を合併して1校に統合し，その一方で，同時に双方の学校を廃止閉校することから「学校統廃合」と表現されている。学校統廃合の発生は古く，明治初期にわが国の近代学校が設置されはじめた当初に遡る。もっともその当時は就学率を高め，学校の体制を整えるために，学校再編成の一環として実施されたのであり，今日の「小さな」学校対策として学校統廃合が推進されたわけではなかった（葉養　2000：134-135）。

　明治以後，公立学校は「子どもの足で歩いて通える」生活圏に開校されてきた。地域住民は，通い慣れた学校で代々受け継いだ有形無形の学校文化を育んできた。「学校がなくなる」ということは，生活圏で地域住民が築いてきたこの学校文化と学校文化財[1]の行き場をも失うことになる。吉村は「そもそも学校はその地域の人材教育のシンボルとして存在していたはずであり，数十年，いや百年以上の歴史を持つ地域の大切な施設であったはずである。その建物が教育施設として不用になったからといって，そのまま放置あるいは取り壊されていいはずは無い。文化の伝承としての価値がそこに存在するからである。」「古いものは捨てるといった価値判断は，わが国の近代化が採ってきた，再考すべき考え方ではないだろうか」（吉村　2006：24）と述べ，廃校の行方を危惧

している。

わが国の廃校の実態を明らかにした調査報告には，文部科学省が実施した「廃校施設の実態及び有効活用状況等調査研究」と「廃校リニューアル50選」選定結果の2種類にまとめられた報告書（文部科学省 2003）がある。また廃校跡地の利活用に関する研究には，過疎地を対象にした学校教育施設の廃校利活用調査事例報告（蟹江・大村・斉藤他 2001；蟹江 2002；鬼頭 2004）や，廃校施設の有効利用に関する建築計画的研究（吉村・足名 2004），複合型の新しい小学校計画（吉村 2003；吉村・岩間・嘉瀬 2005），大都市の小学校施設の開放と複合化に関する研究（酒川 2004：184-205）など，廃校跡地の「新しい拠点の形成」に焦点が当てられている。吉村は，現地で調査した廃校活用施設を活用様態別に分類しているが，活用施設は，社会教育施設や地域交流施設，社会体育施設，美術館などの文化施設，老人福祉施設・デイサービス，児童福祉施設，民間貸与，地域振興（観光）拠点，他の学校など多様であり，また最も多い施設の利用は，公民館等の社会教育施設であることを報告している。そして社会教育施設として活用する珍しい事例として「京都市学校歴史博物館」が紹介されている（吉村・足名 2004；吉村 2006）。

少子化等の社会環境の変化は子ども教育環境の変容に反映する。学校統廃合の因果関係は「新しい拠点の形成」に集約されており，廃校となった学校の文化や学校文化財の行き場に向けられているとはいえないようである。

本章は，少子社会が学校と地域の「つながり」に及ぼした学校統廃合問題に焦点を当てている。そこで閉校跡地活用事例「京都市学校歴史博物館」に着目し，学校文化財の行き場として社会教育施設に甦った経緯を明らかにして，統合閉校に伴う小学校跡地の行方を探る。

2　学校統廃合の現状

(1)　全国に拡大する小学校の廃校

近年，学校の廃校が拡大している。文部科学省助成課は，2002年6月に

第7章 少子社会が学校と地域の「つながり」に及ぼした影響

表7-1 小中高別廃校数の推移（1992～2001年度） (単位：校)

	1992年度	1993年度	1994年度	1995年度	1996年度	1997年度	1998年度	1999年度	2000年度	2001年度	総数
小学校	136	100	160	122	163	122	153	123	199	221	1,499
中学校	42	43	47	46	43	50	47	43	51	64	476
高等学校等＊	11	12	8	11	19	13	17	18	15	26	150
年度別合計	189	155	215	179	225	185	217	184	265	311	2,125

注＊：高等学校及び特殊教育諸学校の合計
出典：文部科学省（2003：5）より筆者作表。

「廃校施設の実態及び有効活用状況等調査研究委員会」(委員長，岡島成行) を設置し，廃校となった学校施設の活用の実態調査および特色ある活用事例の類型化や活用の傾向等の分析を委嘱した。この調査研究は，わが国の廃校の実態を初めて明らかにしたものである。2003年6月，同委員会は「廃校施設の実態及び有効活用状況等調査研究」と「廃校リニューアル50選」選定結果の2種類の報告書（文部科学省 2003）をまとめて公表した。この実態調査の結果から，わが国の廃校総数は2000校を超えていることがわかった。小学校・中学校・高等学校等別にみる廃校数の推移は，1992年度からの10年間，増加傾向にあった（表7-1）。廃校総数の内訳を見ると，年度別廃校数の推移は年度によりばらつきがあるものの，学校廃校の発生は小学校が全体の7割（1,499校）を占め，わが国の学校廃校問題は小学校を中心に拡大していることがわかってきた。

小学校の廃校率の高い都道府県別廃校発生総数の上位10自治体と廃校理由をみると，100校以上の廃校を示した北海道，東京，新潟の3自治体に次いで，青森，広島，京都と続いた。児童・生徒数減少は，全国的な少子高齢化の動向とともに，様々な地域の状況によって廃校となることが考えられている。廃校総数の6割以上は，過疎化が原因となっている。過疎化は，地場産業の衰退により急速な人口減少を招く地域で児童・生徒数の減少に大きく影響を受けた（文部科学省 2003：8）。少子化や過疎化の進行は，学校再編から廃校になった公立の小・中・高校を増加させていた。総数（2,125校）の内訳からみる61.1％の1,298校は，跡地活用として公民館やスポーツセンター，文化施設等の有効

活用を実施していることがわかった。

　学校統廃合とは，2つ以上の学校を合併して1校にすることを意味しているが，学校の統合は同時に廃止をともなうことになるので，通常，このように表現される。学校の統廃合問題はこれまでも起こってきた。学校統廃合問題の発生は，明治初期にわが国の近代学校が設置され始めた当初に遡る。全国各地の郷土学校や近隣の小学校も，通常，複雑な前史を忍ばせている。明治初期には，現在とは異なり，就学率を高め，学校の体制を整えるための学校再編成の一環として学校統廃合が実施されることの方が多かった。また市町村の合併，再編成などの地域社会のくくりの変更を促進する手段として学校統廃合が進行された。1956年に結実した中教審答申「公立小・中学校の統合方策についての答申」は，1953年に制定した町村合併促進法が契機となり，市町村の合併を促進する手段として「地域の文化的中心であり精神的結合の基礎」である小中学校の統廃合を推進することが奨励された経緯があった（葉養2000：134-135）。学校統廃合の問題は，以上の契機に加えて，1990年の「1.57ショック」を受けて以降，児童生徒数の減少に伴い，校舎に空き教室が増える少人数小規模校が出現するなど，少子化社会の変化を色濃く投影する事態となった。

(2)　京都市の学校統廃合の現状

　明治維新の後，遷都に伴う変革期に強い危機感を抱いた京都では，近代化政策の一環として1869（明治2）年にわが国最初の学区制小学校となる64校の番組小学校を開校した。

　1872（明治5）年発布の学制は，中央集権体制のフランスを規範とした学区制度を敷いて国民皆学を期した。全国を8つの「大学区」に分け，さらに各大学区に32の「中学区」，各中学区に210の「小学区」に分割し，1大学区に「大学（校）」，1中学区に「中学校」，1小学区に「小学校」を設置することとし，全国に8大学校，256中学校（8大学区×32中学区），5万3,760小学校（8大学区×32中学区×210小学区）の設置を目標として掲げるという壮大な計画であった（小針2007：27）。

第7章　少子社会が学校と地域の「つながり」に及ぼした影響

　現在の通学区域は，明治初期に発足した学区制の区割を色濃く残している。わが国最初の小学校群として知られる京都の「番組小学校」は，1872（明治5）年に政府の出した学校令にさきがけ，1869年の5月から12月にかけて各番組に1校を原則として建設し，64の小学校を開校した（辻 1999）。京都市の町内会組織は半ば人格化された形で「オチョウナイ」と呼ばれている（島村・鈴鹿 1971）。「オチョウナイ」と呼ばれるおよそ幅7m，長さ90mの近隣空間は，1868（明治元）年，町組を翌年に再編し，番組小学校建設に備えた。京都の近代化に教育は重要な役割を果たしてきた。学校は「出勤場」や消防団など，裁判所以外の地域社会に必要なすべての機能が集約され，校区の機能と町内会等の地域組織の機能を担ってきた。1869年には「小学校会社」がつくられ，住民から「竈金（かまどきん）」を徴収し，これを貸付・運用して学校の資金を生み出した。それだけに現在に至るまで「学校は自分たちがつくった」という意識が明確に受け継がれている。（岡崎 2006：101）。

　明治以降130年余の学校の歴史は，代々の地域住民により番組小学校の学校文化を受け継いできた。京都の小学校では，1958年をピークに児童数の減少傾向が顕著となった。少子化の兆しは，子ども・教育環境の変容に反映されるようになった。とくに都心部の上京区，中京区，下京区では，いわゆる小規模校と少人数校が出現した。そこで京都市教育委員会は，教育学級数が6～11学級の学校となる「小規模校」と，どの学年も1学級で，20人未満の児童数をもつ学級が1学級以上ある学校となる「少人数校」の抱える諸問題を地域全体で考えていこうと提起することとなった。小規模学級数11以下，児童数150人以下の小規模校の地元には，1988年2月，京都市教育委員会より関係地元・保護者に小規模校問題検討用冊子『学校は，今…』（京都市教育委員会・京都市小学校委員会 1988）が配布された。1989年1月に京都市小学校長会小規模校問題特別委員会名でモデル校構想（試案）が出され，統廃合を意味する新しい学校の創設が打ち出された。学校規模の観点以外に通学時間を徒歩20分程度以内（約1,500m）とすることや，現行の通学区域を基礎単位として新たな通学区域を設定すること，その際に元学区を考慮すべきことなど，京都市の特

性が盛り込まれた（酒川 2004：181）。京都市中心部の小規模小学校の統合化は，1992年4月から1997年4月にかけて進展し，上京・中京・下京の3行政区の30校が9学校に統合した（表7-2）。京都市の小規模校の統廃合問題は，住民主体の検討の結果，学区の統合・新設の道が示された。統合・閉校の英断を下した元学区と新しい校区の関係は，新たな通学区域で学校と地域のきずなを結び直す契機となった。「地域の子どもは地域で育てる」「平成の番組小学校づくり」がスタートした（門川 2005）のである。

　統廃合問題のもう1つの課題となる統合閉鎖校の跡地活用についても1992年5月より5年間の審議検討を経て決定することとなった。こうして京都市中心部では，統合新設校と，統合に伴う廃止閉鎖校が住民主導で確定したのである。120年余も地元に密着して学校文化を育んできた小学校の統合には，「統合は必要だが，うちに来てもらうのはいいが行くのはいや」といった声が強く，実現までには時間がかかった。「住民が抵抗感をもつことも自然のこと」（岡崎 2006：101-102）であった。小規模校の統合で閉鎖となった小学校は20校である。いずれも明治2年創設の番組小学校であり，統合の論議の経過の中で，「これらの番組小学校が明治以来所蔵してきている学校文化財や学校創設・教育に関わる歴史資料の保存について，教育資料館などの施設を設けて，集中して保存して欲しい」（京都市学校歴史博物館 2000：22）との要望の声が強く出された。

　小規模校問題を住民主導で検討してきた京都では「廃校跡地」という表現は少なく，「統合校跡地」や「閉校跡地」と記述することが多い。統合に伴い京都市教育委員会が刊行した閉校時の記念誌の名称も『閉校記念誌』となっている。統合に伴う閉校跡地の活用の審議は，長い期間を経て確定に至っている。その経緯を資料（京都市学校歴史博物館 2000）から整理する。1992年5月には，「統合校跡地活用対策委員会」（委員長，鷹田助役，事務局，企画調整局）が設置され，跡地活用の目的や基本原則についての枠組み，計画策定の手順等を基本方針として定め，それに沿って個別の跡地について活用計画を策定するという2段階で進めることになった。また1993年12月には，「京都市都心部小学校

第7章 少子社会が学校と地域の「つながり」に及ぼした影響

表7-2 京都市中心部小規模小学校の統廃合状況

統合小学校名	統合小学校開校年月	統合による閉校小学校 元・番組小学校名	小学校名	廃止閉校跡地の活用
西陣中央小学校	1995年4月一次統合を経て、1997年4月統合開校	元・上京第2番組小学校	成逸小学校	北総合養護学校，他
		元・上京第5番組小学校	西陣小学校	
		元・上京第7番組小学校	桃薗小学校	統合校地（西陣中央小学校）
		元・上京第11番組小学校	聚楽小学校	
新町小学校	1997年4月統合開校	元・上京第12番組小学校	小川小学校	みつば幼稚園，他
		元・上京第16番組小学校	中立小学校	統合校の建設地（新町小学校）
二条城北小学校	1997年4月統合開校	元・上京第14番組小学校	出水小学校	統合校地（二条城北小学校）
		元・上京第17番組小学校	待賢小学校	
御所南小学校	1993年4月一次統合を経て、1995年4月統合開校	元・上京第30番組小学校	春日小学校	
		元・上京第20番組小学校	梅屋小学校	京都第二赤十字病院・救命救急センター他
		元・上京第21番組小学校	竹間小学校	こどもみらい館，他
		元・上京第22番組小学校	富有小学校	統合校地（御所南小学校）
		元・上京第25番組小学校	龍池小学校	
高倉小学校	1993年4月一次統合を経て、1995年4月統合開校	元・下京第2番組小学校	本能小学校	本能特別養護老人ホーム，他
		元・下京第3番組小学校	明倫小学校	京都芸術センター
		元・下京第4番組小学校	日彰小学校	統合校地（高倉小学校）
		元・下京第5番組小学校	生祥小学校	
		元・下京第6番組小学校	立誠小学校	
洛中小学校	1992年4月統合開校	元・上京第23番組小学校	教業小学校	
		元・下京第1番組小学校	乾　小学校	統合校地（洛中小学校）
洛央小学校	1992年4月一次統合を経て、1994年4月統合開校	元・下京第8番組小学校	格致小学校	
		元・下京第14番組小学校	修徳小学校	修徳特別養護老人ホーム，他
		元・下京第10番組小学校	豊園小学校	統合校地（洛央小学校）
		元・下京第12番組小学校	永松小学校*	総合教育センター
		元・下京第11番組小学校	開智小学校	京都市学校歴史博物館
		元・下京第15番組小学校	有隣小学校	
六条院小学校	1992年4月統合開校	元・下京第18番組小学校	菊浜小学校	ひと・まち交流館京都
		元・下京第17番組小学校	稚松小学校	統合校地（六条院小学校）
梅小路小学校	1996年4月統合開校	旧・葛野群第三区東寺廻村学校	大内小学校	統合校地（梅小路小学校）
		元・下京第21番組小学校	安寧小学校	

注＊：元・下京第12番組小学校の永松小学校は、1983年に開智小学校へ統合している。
出典：京都市学校歴史博物館（2000：22-23, 36）および京都市教育委員会・京都市学校歴史博物館編（2006：94-95）資料より筆者作表（2006年2月現在）。

跡地活用審議会」(会長,河野健二)が設置された。市長決定後,地元に説明し,「京都市都心部小学校跡地活用検討委員会」(行政組織)が発足し,18の跡地を「広域」「身近」「将来」の3用途に区分する「3用途区分案」を地元に説明後,協議を進め概ね了承が得られた。1996年11月,検討委員会で「広域」及び「身近」となった個別跡地の具体的な活用計画の庁内案が承認され,この庁内案において,教育委員会から要望していた「学校歴史博物館」の開設地として,元・京都市立開智小学校が認められた。活用計画庁内案は地元に提示され,1996年12月には大方の了承を得られた。こうして元・竹間小学校,元・明倫小学校,元・開智小学校の3つの小学校の跡地活用計画は1997年2月に確定した。

3　京都市学校歴史博物館の設立

(1)　統合に伴う閉校跡地活用の過程

　京都市下京区における「小さな」学校の統合閉校ならびに閉校跡地の活用について検討され,統合に伴い閉校となった元・開智小学校の校舎を利用し,社会教育施設として甦った京都市学校歴史博物館(以下,学校歴史博物館と記す)が1998年11月11日に開設した。学校歴史博物館開設にむけての意気込みは,市会等の動きを記す資料(学校歴史博物館 2000)等に詳細に記述されている。1992年2月,市会本議会代表質疑において,田邊市長(当時)は,「現在,全市的な調査(学校歴史資料実態調査)に取り組んでいるところであり,今後は調査結果をもとに,いずれ『学校歴史博物館』を開設し,先人の文化遺産を市民の学習に生かすとともに,後世に伝えていきたいと考えている」と答弁している。「学校歴史博物館の建設」は,1993年3月の「新京都市基本計画」の主要な具体的施策・事業である「箱書施策」に位置づけられた。同年11月の市会本会議一般質問で桝本教育長(当時)は「学校歴史博物館の建設は,我々に課せられた使命であると認識している。建設構想及び建設場所については,今後の課題であるが,統合校跡地が学校歴史博物館に最も相応しい候補地の一つで

あると考えている」と答弁している。翌年 11 月の市会本会議一般質問で市長は「貴重な学校文化財を常時観賞できる博物館の建設を望む声が多く寄せられていると聞いている。これらの文化財を大切に保存し，生涯学習に役立てるため，『学校歴史博物館』の早期建設に向け努力したい。保存状態の点検と修復の方策についても検討したい」と答弁している。またさらに 1 年経過した 1995 年 11 月市会本会議一般質問で市長はより具体的に「11 月 22 日には，専門家による基本構想策定委員会が発足する。地元の方々の英断に応えるため，統合校跡地の活用も含め，早期建設に向け，全力で取り組む決意である」と答弁している。(1996 年 2 月に第 25 代市長となった) 桝本は，9 月の市会本会議一般質問で「緊急対応として統合跡の空き校舎を改修し，早期に暫定開館したいと考えている。将来の本格的施設の建設については，他の文化的施設との複合化も含め，研究する」と答弁し，開設への意気込みを滲ませた。

　学校歴史博物館の開設地は，前述のように，1996 年 11 月に検討委員会で「広域」及び「身近」となった個別跡地として，元・京都市立開智小学校が認められた。1997 年 2 月，跡地活用審議会へ跡地活用形計画原案を諮問・承認を受け，元・竹間小学校，元・明倫小学校，元・開智小学校の 3 つの小学校の跡地活用計画が確定した。1995 年 11 月 22 日，小規模校の統合が一定に進み，閉鎖校の学校文化財や学校歴史資料の収集，展示を望む声もあり，学校歴史博物館の基本コンセプトを考えてもらう「京都市学校歴史博物館（仮称）基本構想策定委員会」が教育長の諮問機関として発足した。委員長は大阪女子大学学長の上田正昭を選出した。基本構想策定委員会は，専門委員会を設置し，審議を重ね，「学校歴史博物館は，新しい時代の「人づくり」「まちづくり」に貴重な示唆を与える施設として，暫定施設の早期開設への取組を切望するとともに，将来の本格施設の建設に向けた具体的な取組を強く期待している」とする最終答申を 1997 年 1 月 9 日に提出した。1997 年 4 月 1 日には学校歴史博物館開設準備室が設置された。跡地活用審議会からの活用計画の答申，市としての決定を受け，1997 年度予算において，学校歴史博物館開設の改修整備費が 3 億円計上され，市会で議決された。改修整備は，1997 年 4 月より地元調整に入り，

元・開智小学校の跡地施設の改修整備について地元と協議し，プール撤去や収納庫設置の準備工事にかかった。当初の開設準備室は，元・生祥小学校の跡地施設を使用し，1998年10月に元・開智小学校に移った。閉校した小学校跡地は，こうして社会教育施設に甦ったのである。

(2) 学校歴史博物館の開設と活動

　1998年11月11日，学校歴史博物館の開館式が挙行された。京都市の中心部の繁華街，四条川原町から徒歩で5分ほどにある元・開智小学校跡地（京都市下京区御幸町通仏光寺下る橘町437番地）に，京都市学校歴史博物館が開館した。鉄筋コンクリート3階一部2階の施設には，絵画・書蹟・陶磁器・染織等の「学校文化財」約500点（他に各学校で約800点を所蔵）と教科書，文献資料，教材・教具等「歴史資料」約7,500点が所蔵された。

　施設内容は，体育館棟（1階：展示室，2階：講堂），北校舎棟（1階：事務室，研究室，第1収蔵庫，倉庫，2階：第2収蔵庫，第3収蔵庫，情報・作業室，3階：第5収蔵庫，第6収蔵庫，教育ライブラリー，地階：第7収蔵庫），西校舎棟（1階：第2展示室，2階：第4展示室（開智資料室），3階：第3展示室等），の3棟である。開館時間は午前9時から午後5時まで（入館は4時30分まで），休館日は水曜日，年末年始である。観覧料は個人の大人200円（小人100円），20人以上の団体の大人160円（小人80円）となっている。

　主たる施設は，約300㎡の展示室（番組小学校を中心に，京都の学校創設，教育の歴史を展示する「常設展示コーナー」，学校文化財を順次展示する「企画展示コーナー」），教育ライブラリー，第1収蔵庫（明治期からの参考と書類はじめ，戦後の教科書，参考資料類を中心に収蔵する），第2～第7収蔵庫（統合により閉鎖された学校・園の学校文化財や，数多い教材・教具などを中心に収蔵），研究室，情報・作業室である。

　また歴史的施設として校門と石塀も貴重な史料（図7-1）である。校門は高麗門の様式を取り入れた1901年に建てられた京都市の学校施設として唯一残る明治期の建物である。校門の南北に連なる石塀は，間知石塀と呼ばれ，北白

第7章　少子社会が学校と地域の「つながり」に及ぼした影響

図7-1　学校歴史博物館の校門と石塀
出典：京都市学校歴史博物館所蔵。

川石を材料として，1918年に築造されたものである。

　学校歴史博物館は，基本的なコンセプトを3点掲げている。第1に，京都はわが国の学区制小学校の発祥地であること，第2に番組小学校はまちづくりを考える原点であること，そして第3に学校を支えた地域社会の情熱を未来に引き継いでいくことである。また学校歴史博物館の対象は，時代と地域と事物にある。すなわち，第1に「対象にする時代」として，明治の番組小学校を中心に，平安時代から現代までを対象にすること，第2に「対象にする地域」として，明治の上京，下京を中心に京都市全体を対象にすること，第3に「対象にする事物」としては，初等教育をはじめ，幼児教育，中等教育，高等教育，女子教育，障害児教育，実業教育，社会教育や，京都の特色である学校を中心とした地域自治，かつての家庭や地域の教育，祭り，遊び（子どもの成長に対し，家庭や地域が果たしていた役割）に関わる，教材，教具，玩具，美術工芸品，民俗資料，古文書などを対象にすることである。

　学校歴史博物館は4つの機能を有して，活動を展開している。第1に「収

集・保存」の機能として，学校文化財・歴史資料の保存，民間資料（文献資料，教科書等の歴史資料）の発掘・収集すること，第2に「展示・公開」の機能として，市民の生涯学習から子どもの学習活動まで幅広く活用できる場を形成するため，団体の観覧者には，講義室で学校創設の歴史などのオリエンテーションを実施し，また個人の観覧者には，ボランティアの市民学芸員が展示解説を行うこと，第3に「具体的内容」として，常設展示および年数回の企画展示の実施，シリーズ講座，講演会，展示資料等に関わりのある事業・イベントを行うこと，第4に「調査・研究」として，教育ライブラリー機能，映像ビデオの作成（展示室「映像ホール」や講義室で上映する映像ビデオ『自治の開始と小学校』『わたしは京都市学校歴史博物館』），子どもたちへの教育プログラムの開発，教育研修に活用するための調査・研究すること，そして第5に「情報発信」として，案内パンフレット及び展示品解説，『学校歴史博物館だより』の発行，インターネットを活用した情報発信（ホームページの開設），収蔵物のデジタル画像によるデータベース化，『京の学校・歴史探訪』『京都学校記』の発行，館グッズ等の開拓を行うことである。

　学校歴史博物館の管理運営は，市民に身近な施設として定着を図り，また，博物館運営の充実と幅広い事業展開を目指すことから，京都市生涯学習振興財団に委託している。学校歴史博物館は，1998年11月11日の開設をもって活動を開始した。開設日より2007年3月31日までの総観覧者数は延12万3,722人（累計），地元の地域住民はもとより，国内外から来館している。

　開設後の活動内容は，『博物館年報』（京都市学校歴史博物館 2000，以後毎号）に詳細に記録されている。初年度には，自治100周年事業・開館記念特別展「自治の原点──番組小学校発展の源をさぐる」や，開館記念・自治百周年記念シリーズ講座「京の自治と番組小学校」が行われた。また四季に合わせた企画展も開催された。開館1周年記念事業としてサマー・イブニング・コンサート「明治の風琴の音色と懐かしい唱歌を楽しむ」が催され，所蔵している明治時代に製作した燭台付風琴（オルガン）の音色を披露した。また下京区区制120周年記念・区在住高齢者招待として，博物館が下京第11番組小学校発足の場

所に位置し，その番組小学校の歴史を継ぐ元・京都市立開智小学校の跡地施設を活用して開館したものであることから，下京区の区制が敷かれて120周年の記念として，下京区役所とタイアップし，区内在住の高齢者（70歳以上）の方々の無料招待を実施した。また開館1周年・国際高齢者記念・市内在住高齢者招待として，国連の定めた国際高齢者年と開館1周年記念となる11月11日のプレ1カ月の期間，市内在住の高齢者の方々の無料招待を実施した。開館1周年記念事業として，「昔の教科書を使った授業を!!」や，教育シンポジューム「21世紀の人づくりを考える──学校教育の黎明期から，現在・未来」として，基調講演「日本の近代学校教育の意義」やシンポジューム「黎明期の学校教育から，21世紀の教育・人づくりを考える」を実施した。以後，毎年度，常設展示，企画展示，講演会，シリーズ講座などが実施されている。

最新の企画展は，2008月1月18日から4月14日まで開催する「『京都・盲唖院』発！ 障害のある子どもたちの教育の源流」である。この企画展では，番組小学校から発展した障害児教育に焦点を当て，明治期の障害児教育と番組小学校の教育を中心に，双方の学校文化と学校文化財を比較検討する。主たる展示品は，1879年頃作製の「凸形京町図」（触知図）など明治期に盲唖院で使用されたもので，京都府立盲学校資料室と京都府立聾学校所蔵の約150点の教材・教具である。わが国最初の盲聾学校となる京都盲唖院が1878年5月に開業してから130年が経過した。京都の障害児教育の実践は，1875年，上京第17番組小学校（待賢校）で古河太四郎による試行を経て盲唖院開業に至った経緯もあり，番組小学校の歴史に照らして京都の障害児教育に着目することも学校歴史博物館の重要な研究課題である。貴重な教具・教材を所蔵する資料室と地域住民が交流するこの機会は，京都の学校と地域のつながりに新たな導きを与えることであろう。

なお学校歴史博物館収蔵品の概況は，現在も整理・把握を行っている。閉校した学校所蔵の「学校文化財」と「歴史資料」，さらに各学校の所蔵品等を合わせて1万3,000点は超えるであろう。これらの諸資料と学校歴史博物館の行方は，第26代市長の意志に懸かっているのである。

第Ⅱ部　ソーシャル・インクルージョンの射程

4　統合閉校に伴う学校文化財の行方

(1)　学校文化財の調査と生涯学習の振興

　学校歴史博物館に展示する「学校文化財」は，1985年6月に京都市社会教育総合センター（現・生涯学習総合センター）1階展示ホールで開催した「京都市小学校所蔵の名品展」（第1回）への市民の関心の高さと好評に加えて，学校所蔵の美術品についての情報がさらに寄せられた実態に対応し，番組小学校開設以来の京都市立学校に寄せられ保存されている美術工芸品を「学校文化財」と総称したものである。その後，「京都市学校文化財調査委員会」が京都市社会教育総合センターに設置され，1985年10月1日〜1987年3月31日まで調査を実施した。京都市立学校に所蔵されている美術品などの現状を調査した結果，1987〜1988年の整理期間を経て，1,242点の学校文化財を明らかにした。さらにまた，平安建都1200年記念事業として学校歴史資料館の開設をめざして，学校歴史資料実態調査を実施している。1991年度は主として元番組小学校を，1992年度はそれ以外の学校・園の調査を実施した。1993〜1994年までの整理期間を経て，2,715点の歴史資料を明らかにした。学校歴史博物館を作る要望は，1985年の「京都市小学校所蔵の名品展」開催時に「京都市の各学校にはこのように素晴らしい美術工芸品が所蔵されているという驚きとともに，各学校では十分な保存体制ができないという不安」と，その一方で市内中心部小規模小学校の統合について検討する各地元の検討委員会でも「学校文化財をどうするのか，という議論から，地元からは教育資料館的なものをつくって保管してほしいとの要望も強く出された」という経緯があった（京都市学校歴史博物館 1998：25)。

　また，京都市教育研究所が中心となり，1969年に京都市内にある小中学校のうち64校が創立100周年を迎えたことを記念して，各学校および校下に所蔵されている教育史資料（教科書・古文書・物件）を収集調査した結果をまとめ，「京都市教育史資料目録」を刊行している（京都市教育研究所 1973)。学校歴史

第7章　少子社会が学校と地域の「つながり」に及ぼした影響

博物館は開館記念として,『我が国の近代教育の魁　京の学校・歴史探訪』(京都市学校歴史博物館 1998) と題し,京都新聞に 1993 年と 1996・1997 年に連載した『京都小学校の逸品』と『京都学校むかし博物館』をまとめた書籍を,京都市の自治 100 周年の節目であり,番組小学校が誕生して 130 年に当たる年に刊行した。また学校歴史博物館の美術工芸品を中心とする学校文化財の展示内容については『博物館年報』(京都市学校歴史博物館 2000～2006) に詳しく記録されている。京都の学校文化財は,代々の地域住民の学校に対する想いと,調査研究に携わる研究者の努力により,資料の所在を明らかにするとともに,その散逸を防いできたのである。この地道な努力は学校歴史博物館にも受け継がれている。

　ソーシャル・インクルージョンの実現には,地域住民の参画を得て「支え合う社会」の実現を図ることが求められている。ソーシャル・インクルージョンという課題設定について,文部省 (現・文部科学省) の立場からは「生涯学習」という言葉を提案してきた。1987 年の臨時教育審議会答申が出て以来,文教政策の基本理念であったこの考え方は,いつでも,どこでも,誰でも学べる社会,あるいは文化を楽しめる,スポーツを楽しめる社会ということである (寺脇 2007)。近年の急速な社会の変化に伴い,人々が生涯のいつでも自由に学習機会を選択して学ぶことができ,その成果が適切に評価されるような「生涯学習社会」を構築していくことの重要性が高まっている。

　文部科学省は,生涯学習推進体制の整備として,生涯学習政策局において生涯学習の推進施策の総合調整を行い,地域の活性化に役立つ取組みを様々な形で支援している。「学校運営協議会制度」(いわゆる「コミュニティ・スクール」) が施行され,この制度は教育委員会の判断により,保護者や地域住民が合議制の機関である「学校運営協議会」を通じて,一定の権限と責任を持って公立学校の運営に参画することを可能とするものであり,保護者や地域住民等が教育委員会,校長と責任を共有しながら,学校運営に携わっていくことで,地域に開かれ,地域に支えられる学校づくりの実現を目指すものである。このコミュニティ・スクールのねらいは,公立学校教育に対する国民の多様な要請に応え,

信頼される学校づくりをより一層進めるために，保護者や地域住民の要請を学校運営により的確に反映させることである。文部科学省は，各地域において本制度が円滑かつ効果的に実施され，新しいタイプの学校運営が着実に推進されるよう，2005年度から新たに「コミュニティ・スクール（学校運営協議会制度）推進プラン」を実施している。

(2) 学校と地域のつながりの再構築

わが国の「コミュニティ・スクール構想」が提言されたとき，京都市教育委員会委員長（当時）の門川は，「地域の子どもは地域で育てる」という「竈金の精神」が脈々と受け継がれており，この「竈金の精神」がこれからの教育改革を推進する上での大きな指針となると考えていた。明治時代に創設した「番組小学校」は，「コミュニティ・スクールであり，日本人・京都人の知恵の結晶であり，学校教育の原点である」と認識していた（門川 2006）。

京都市における学校運営協議会制度（コミュニティ・スクール）は，学校の応援団である。すなわち学校教育に関心を持ち，共に努力するボランティアグループであると位置づけた。地縁・血縁が薄れつつある現代社会にあってなお「子どもは地域のかすがい」であり，学校を核とした「地域ぐるみの教育」のさらなる推進を図るため，山積する困難な課題もあるが，子どもたちのために共に「支援」を，そして「子縁（しえん）」の関係を地域で深めようとしたのである。市中の統合校は，元学区を連合して校区を形成するコミュニティ・スクールである。独立した元学区の生活圏を温存した新しい校区は，元学区の横のつながりが拡大した「地域ぐるみの教育」を再構築するための試みといえよう。

学校の小規模化対策の選択肢は，これまで校区変更や学校統廃合に限定されてきたが，小規模化によって生じた余裕教室の活用や施設複合化も選択に加わるなど，対策の自由度は広がってきている」（酒川 2004：183）。大都市の学校施設の開放と複合化に関する法令の整備に照らして分析した酒川は，1993年から調査を開始し，小学校を対象に，学校小規模化と生涯学習の施設充実の観点から報告している（酒川 2004）。

第7章　少子社会が学校と地域の「つながり」に及ぼした影響

　本章の事例である学校歴史博物館は，下京第11番組小学校（元・京都市立開智小学校）の閉校跡地に開設した経緯があるが，1992年，この元開智小学校を含む7学区の5校（表7-2）を統合し，元・京都市立豊園小学校の跡地に統合校「洛央小学校」を開校している。この洛央小学校の生徒たちも総合学習の場として，新校区内にある学校歴史博物館を活用し，毎年度来館している。

　下京区の新しい校区となった「洛央小学校」の校門をくぐると，校舎への入り口は左手に，右手は「消防団器具庫・詰め所」となっている。

　「洛央小学校」は，元学区となる豊園小学校の跡地に建設されたため，元豊園小学校の校地にあった自治会館も「洛央小学校」の校舎に組み込まれた。新設された統合校の校舎は，地下1階，地上4階建て，屋上に開閉ドーム型プール，2階の職員室から出入りのできる人工芝グランドは1階部分の屋上に配した教育空間となっている。筆者は，校長（当時）の山脇より「住民主体で統合・新設した洛央小学校の校地に余裕があれば，校舎と離して建てられたが，余裕がないために新校舎と一体化している。元・豊園小学校の校地にあった消防団器具庫・詰め所施設と自治会館は，新校舎に組み込まれた形になった」と解説を受けた。田中は，明治7年に京都府学校事務の状況を調べて文部省へ提出した報告書に照らして，「16条は，明治初年の番組小学校の特色をうまく説明している」（田中 2007：45-46）と述べているように，当時の小学校はすでに教育的機能だけでなく，役場，消防署，警察，保健所の役割を果たしていた。

　小学校の部面の1階の町役留まり，2階の出勤場や講堂の会議室，講釈などの記述をみても伺い知ることができるのである。大内は，上京区春日学区の住民福祉協議会による福祉・防災活動を事例に，公同組合と学区の現代化について述べている（大内 2006：20-24）。明治期の番組小学校には火の見櫓（望火楼）があったことは象徴的である。大場の研究でも，番組小学校の10校に望楼や塔状の望火楼が目にとまり，望火楼は「太鼓場」とも名づけられ，楼内に太鼓や金を備えて時を知らせる役目も果たしてきた。望火楼は，町組の方から府に要請し，許可を得て設置されたものであることがわかっている。高い建物のない当時の市街地にあって，望火楼は，番組小学校の概観を特徴づけ，ランドマ

157

ークの役割を果たした。最も目立つ建物が消防施設であったという点にも，総合庁舎としての番組小学校校舎の特質が読み取れ，当時の小学校の役割が校舎の景観にも如実に反映していることが知られている（大場 2003：167-168）。京都の小学校と地域のつながりは，明治期から伝統的に総合庁舎としての役割を小学校が担ってきたという小学校の役割が源泉となって，現代でも自治活動，とくに学区の防災活動に反映されていることが推察されるのである。統合校が新設し，新しい校区ができても，元学区の生活圏における住民自治活動は続けられている。

「洛央小学校」も統合後10年以上が経過し，この新校区から卒業生を送り出している。統合した新しい校区では地域教育構想を図り，学校と地域のつながりを再構築しよう」（岡崎 2006：120-126）としている。統合校を母校とする平成世代が誕生している。学校と地域の関係は新たな局面で試行されているといえよう。

統合の一方，閉校跡地の活用として学校歴史博物館となった元学区の開智小学校の地元では，学校がなくなっても子どもたちに地元意識をもってもらうために「開智・同心太鼓」のサークルをつくり，和太鼓で「開智」の名前を残そうとしている（岡崎 2006：104-107）。

学校博物館には，元学区開智小学校に残された資料を中心に「番組小学校の変遷」について紹介する新たな展示室を開設し，2006年6月15日，第4展示室（図7-2, 7-3）を拡充した。

閉校した小学校の校舎を活用した展示室で，元学区の諸資料が展示されることは，歴史的施設としての教室で，学校文化と学校文化財の保存・展示ができるという観点からも意義深い試みといえよう。

学校統合・新設と閉校の決断に際しては，「小さな」学校の各対象校が市教育委員会との合意書を交わしている。学校を守りたい思いで一杯だが「子どもたちのための学校」という学校創立の原点に立ち戻り，断腸の思いで，地域のブロック統合案に同意するとの趣旨が合意書には書かれていた。合意書中の「要望事項」として，①新統合校については，施設はもちろんのことその他の

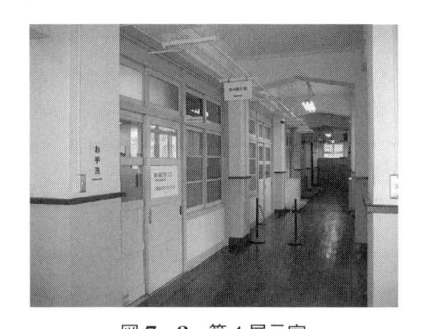

第7章　少子社会が学校と地域の「つながり」に及ぼした影響

図7-2　第4展示室
出典：京都市学校歴史博物館所蔵。

図7-3　第4展示室内部
出典：図7-2と同じ。

教育条件についても21世紀を担う子どもたちの教育の場に相応しいものとして，格段の配慮がなされること，②一次統合を経て，統合する場合には，一次統合の期間も十分な整備を行い，子どもたちがよい環境で教育が受けられるよう配慮すること，その上で統合することが明記された。生活圏となる学区に居住する小学生は「元学区」に住み，統合開校した統合校の新設小学校を校区とすることとなった。今般の少子化に伴う統合閉校の対象となった「元学区」に居住する小学生は，いずれの統合校に通学する場合も同様の体験をしているところである（岡崎 2006：103）。

　大槻は，中京区本能学区を対象にアンケート調査を実施し，地域を，①「近隣」（向こう十軒程度の地域範囲），②学区（「近隣」の外側に広がる小学校区程度の地域範囲），③「市内」（「学区」の外側に広がる30～40分程度の範囲），④「市外」（「市内」の外側に広がる地域範囲）の4つに分け，個人間関係を促進させる要因が異なることを明らかにした（大槻 2004）。「近隣」では，「近所づきあい」と「生活の用事や手伝い」などが，「学区」ではより選択性の高い「友人づきあい」と交遊・情緒的つながりが獲得されやすい。また「近隣」でのつきあいは高齢者層で，「学区」でのつきあいは，自営業者や専業主婦に多く見られた。住まい方の違いにより，一戸建て・長屋住民では，「近隣」と「学区」の間で分岐点があり，マンション住民は，「学区」と「市内」の間で分岐点がある。すなわち「近隣」では近所づきあいが優勢で，「学区」では近所づきあいと友

人づきあいが競合している結果となった。学校と地域の「つながり」にも特色がある様子が顕著となった。

5 閉校跡地から生まれる「つながり」

　明治以後，公立学校は「子どもの足で通える」生活圏に開校されてきた。学校と地域のつながりにとくに長い歴史をもつ京都の番組小学は，学校と地域のつながりを代々の地域住民が継承してきた。京都の小学校は，創設当初から「学区」という限定された地域社会の基盤の上で，「教育」と「施政」の場所として，その学区の庶民生活と強く結びついた「地域センター」としての働きをもってきた。さらにこうした施設的機能と同じ以上に重視強調されてきたのは，小学校が学区民の心のよりどころ，心の結集点になっているという地域の精神的センターとしての機能である。「私たちの学校」「私たちの巣立った小学校」という意識は，強い同窓生の母校愛として，また強い学区民の「学校愛」として学校の発展のうちに生きてきたのである。

　社会環境の変化は，子どもの教育環境の変容に著しい影響を与える。小学校創設から120年余，少子化の影響を受けた京都市都心部では，小規模校に対する「学区の統合・新設」とともに閉校跡地の行方を検討するに至った。

　その結果，市中の通学区域再編により統合校（コミュニティ・スクール）が誕生し，学校と地域の「つながり」を新しい「校区」で形成することとなった。またその一方で統合閉校に伴い，有形無形の学校文化と学校文化財の行き場を失うことが危惧されてきた。

　しかし，本章で着目した事例に照らしてみると，閉校跡地は，学校と地域のつながりに新たな活路を与えることもできるということが浮び上がってきた。すなわち閉校となる学校の学校文化や学校文化財を収集，保存，展示してくれる「京都市学校歴史博物館」の開設により，統合閉鎖跡地に地域住民が強く要望した社会教育施設を甦らせることができたのである。

　統合校の開校から10年以上が経過し，新校区に入学した卒業生を送る時代

となろう。都心部繁華街では、閉校跡地の行方を模索している元学区（岡見2004）もあり、統合校と閉校双方の課題はまだ残っている。統合閉校跡地の行方は、地域住民に学校と地域の「つながり」を認識する示唆を与え続けているのだ。

(西脇智子)

【謝辞】
　本章の執筆にあたりましては、京都市学校歴史博物館の事務局長の中川太久治様と学芸員の竹村佳子様、田中澄子様、また京都市立洛央小学校の校長（当時）の山脇安三先生はじめ関係者の皆様にご懇切なご指導ならびに調査資料収集と資料提供のご理解ご協力を賜りました。ここに記して心より感謝を申し上げます。

注
(1)　学校文化財：京都市学校歴史博物館では、1869（明治2）年、番組小学校開設以来、学校関係者・学区の人々の手により京都市立学校に寄せられ保存されている美術工芸品を「学校文化財」と総称している（京都市学校歴史博物館 2000：3）。

引用・参考文献
葉養正明編（2000）『学校と地域のきずな——地域教育をひらく』教育出版
―――編（2006）『よみがえれ公立学校——地域の核としての新しい学校づくり』紫峰図書
門川大作（2005）「平成の番組小学校づくり」『教育委員会月報』17（4）
―――（2006）「竈金の精神と京都市の教育改革コミュニティ・スクールの取組」京都市教育委員会・京都市学校歴史博物館編『京都学校物語』京都通信社
蟹江好弘（2002）「雪だるま財団による全町活性化計画——新潟県安塚町における廃校活用事例」『足利工業大学研究集録』35
蟹江好弘・大村栄一・斉藤美穂他（2001）「過疎地域における廃校の利活用に関する事例研究——東北・関東地方の過疎地域を対象として調査結果」『足利工業大学研究集録』33
鬼頭雪子（2004）「統廃合による炭校舎の歴史的変遷とその地域活用についての研究——住民参画型の活動拠点づくりをめざして」『日本福祉大学大学院社会福祉学研究科研究論集』17
小針誠（2007）『教育と子どもの社会史』，梓出版社
京都市学校歴史博物館編（1998）『我が国の近代教育の魁　京都の学校・歴史探訪』財団法人京都市社会教育振興財団
京都市学校歴史博物館（2000）『博物館年報（平成11年版）』1
―――（2001）『博物館年報（平成12年版）』
―――（2002）『博物館年報（平成13年度版）』
―――（2003）『博物館年報（平成14年度版）』
―――（2004）『博物館年報（平成15年度版）』
―――（2005）『博物館年報』（平成17年度事業計画・平成16年度事業報告）
―――（2006）『博物館年報』（平成18年度事業計画・平成17年度事業報告）
―――（2007）『博物館年報』（平成19年度事業計画・平成18年度事業報告）

第Ⅱ部　ソーシャル・インクルージョンの射程

京都市教育委員会地域教育専門主事室（2005）『学校がかわる地域がかわる　京都発　地域教育のすすめ』ミネルヴァ書房
京都市教育委員会・京都市学校歴史博物館編（2006）『京都学校物語』京都通信社
京都市教育委員会・京都市小学校長会（1988）「学校は，今……――小規模校の明日をみんなの課題にしていただくために」（小規模校問題検討用冊子）
京都市教育研究所（1973）『京都市教育史資料目録――教科書・古文書物件・解説』
松原治郎（1982）「生涯教育と地域社会――地域学習社会の形成」『現代のエスプリ　地域と教育』184
文部科学省（2003）「廃校施設の実態及び有効活用状況等調査研究報告書」
日本ソーシャルインクルージョン推進会議編（2007）「ソーシャル・インクルージョン――格差社会の処方箋」中央法規出版
岡見弘道（2004）「地域活動の新たなるかたち「まなびや2003」――都心の繁華街における廃校利用のありかたへの提言」『大阪成蹊短期大学紀要』1
岡崎友典（2006）「改訂版　家庭・学校と地域社会――地域教育社会学」放送大学教育振興会
Olsen, E. G., (1950) School and Community (＝1982，宗像誠也・渡辺誠・片山清一訳「学校と生活への関連」『現代のエスプリ　地域と教育』184)
大場修（2003）「京都の小学校校舎，成立と発展のあゆみ」『京・まちづくり史』昭和堂
大槻知史（2004）「都市住民のパーソナルネットワークの機能・構造分析――地域互助による生活課題の解決を考える基礎として」『立命館人間科学研究』7
大内田鶴子（2006）『コミュニティ・ガバナンス――伝統からパブリック参加へ』ぎょうせい
酒川茂（1994）「広島市における年少人口減少と小学校施設の利用状況」『広島女子大学文学部紀要』29
―――（2004）「地域社会における学校の拠点性」古今書院
佐藤春雄（1999）「地域社会・家庭と結ぶ学校経営――新しいコミュニティ・スクールの構図をどう描くか」東洋館出版社
島村昇・鈴鹿幸雄（1971）『京の町家』鹿島出版会
田中圭治郎（2007）「京都市における近代公教育成立過程」『教育学部論集』（仏教大学教育学部）18
寺尾宏二（1943）「明治初期京都経済史」大雅堂
寺脇研（2007）「ソーシャル・インクルージョンと教育施策」日本ソーシャルインクルージョン推進会議編　『ソーシャルインクルージョン――格差社会の処方箋』中央法規出版
辻ミチ子（1999）『転生の都市（まち）・京都――民衆の社会と生活』阿吽社
梅棹忠夫（2005）『京都の精神』（角川ソフィア文庫323）角川書店
吉村彰（2003）「21世紀型の新しい小学校計画の試み」『School amenity』18（10）
―――（2006）「地域の底力を探る――「廃校」の活用を通して」『地方議会人』37（5）
吉村彰・足名伸介（2004）「廃校（小・中・高等学校）施設の有効利用に関する建築計画的研究」『総合研究所年報』24
吉村彰・岩間梢・嘉瀬靖之（2005）「公立小学校施設における複合化効果の検証に関する建築計画的研究（志木市立いろは遊学館計画）」『総合研究所年報』25

第8章

個の時代における男性退職者の「つながり」の形成
―― アソシエーション型地域スポーツクラブを通して地域の生活者へ ――

1 地域の生活者となる可能性

　近年，団塊世代の一斉退職をはじめとして会社退職者，特に男性のサラリーマンシニアが急増しているが，これからのまちづくりやコミュニティ形成には，彼らが現役時代に培ってきた技術や知識，ネットワークなども期待されている。しかし，彼らは，現役時代は家と会社の往復で家や地域のことは妻に任せたままでいたため，退職後はまちづくりどころか自分の居場所すらない人が多い。
　さらに，現代社会は再帰的近代化されたリスク社会[1]であり（Beck et al. 1994, ＝1997），自らの力でアイデンティティを確立しなければならず，価値観や行動規範が多様化している「個」の時代となっているため，これからの社会福祉の実現に重要な「すべての人々が健康で文化的な生活を送ることができるように，現代社会における多様なニーズに応え，人々の『つながり』の再構築と共に生きる社会（inclusive society）の実現を目指す」ソーシャル・インクルージョンの視点から考えると，上野谷（2006）も指摘しているように，まずは地域から離れていた会社人間であった彼らが，退職後どのように「再社会化」し，地域での「生活者」となるかが重要な課題である。生活者になるとは，地域において「主体的，自立的に自己の生活を組織し，展開しようとする，生活システムの主人公として行動する」ことである（古川 2005）。彼らがそのような地域の生活者となってはじめて，まちづくりやコミュニティ形成の一翼を担うことができると考えられる。しかし，「社会的な援護を要する人々に対する社会福祉のあり方に関する検討会」報告書にもあるように（厚生省社会・援護局

2000），彼らが会社人間から生活者となるきっかけや仕組みがあまり整備されていないように思われる。

　内閣府の調査[2][3]によると，60歳以上の中高年者は，まちづくりや地域貢献に半数以上興味があり，またボランティア活動にも7割強が関心を示している。このことは，中高年者自身が地域に関心があり，ボランティア活動等によって地域に貢献したいと考えていると思われる。しかし，実際の参加状況をみると，女性に比べて男性の方が少ない。これは，男性中高年者が地域活動に興味はあるものの参加するきっかけや仕組みが少ないことを示している。

　男性高齢者の地域社会への参加活動を見てみると，「健康・スポーツ」の割合が最も多くなっており，多くの男性高齢者は，社会参加活動として非日常的な活動である健康・スポーツに興味があると思われる。地域のスポーツ活動の中で，ただ単にスポーツを楽しむ（自己完結型，自己充実型スポーツ）だけではなく，住民の豊かなスポーツライフの実現化へ向けた地域スポーツ振興上の諸課題と，地域社会の多様な生活課題等を住民自身の自主的・自発的な参加と協働によって解決しながら，地域コミュニティの創造を図っていく活動である総合型地域スポーツクラブ（アソシエーション型地域スポーツクラブ）[4]がある（中西 2005）。彼らがこのようなクラブに参加し「つながり」を形成していくことによって，地域へ再社会化し生活者となる可能性があるのではないだろうか。そして，クラブ活動において彼らが地域の生活者となるプロセス，取り組みが，まちづくりやコミュニティ形成にもつながり，ソーシャル・インクルージョンの実現へ向かう可能性が高まるのではないだろうか。

　そこで本章では，アソシエーション型地域スポーツクラブにおいて，男性高齢者（退職者）が再社会化を通してどのような「つながり」を形成し，その「つながり」によってどのように地域の生活者となっていくのかについて検討する。そして，そのプロセスを明らかにし，男性高齢者（退職者）が生活者となるメカニズムを解明することにより，ソーシャル・インクルージョンの実現につながる可能性を探りたい。

2 「つながり」形成のプロセス(1)——研究方法

1) 研究対象の選定

国内外の地域スポーツクラブの先行研究をレビューし，既存の調査データ（「第2回総合型地域スポーツクラブ育成状況に関する調査報告書（平成15年）」，「第3回総合型地域スポーツクラブ育成状況に関する調査報告書（平成16年）」）による全国の総合型地域スポーツクラブ（2004年1月現在1,358クラブ），事例の資料，報告書等を，①地域住民が主体となって運営していること，②運動・スポーツを通して地域，福祉の問題に取り組んでいること，③3年以上は活動を続けている（文部科学省のモデル事業が終了しても活動を行っている）ことを条件として分析し，アソシエーション型地域スポーツクラブを選定した。

アソシエーション型地域スポーツクラブは3つに類型化されると考えられ，その中で代表的なクラブを取り上げ，先行研究，報告書，資料等を中心に事例研究を行った。1つは，1975年から活動を行っており30年以上という長い間活動を続けており，文部省（現文部科学省）が平成7（1995）年から「総合型地域スポーツクラブモデル事業」として始める前から活動を行っているKクラブ（T都N区），2つ目は，文部省（現文部科学省）のモデル事業として理想的な活動を行っているNクラブ（A県H市），3つ目は，文部省（現文部科学省）のモデル事業とは一線を画して活動を進めているクラブS（S県S市）である。

類型化した3つの事例の中で，特に男性の中高年者・高齢者が活動に参加し，運営にも携わっているアソシエーション型地域スポーツクラブとして，クラブSを取り上げ，質的調査を行った。

2) 研究方法の選択

アソシエーション型地域スポーツクラブの活動を通した男性退職者の地域の生活者への過程の記述を目的とする本調査は，参加者の内面的変容への注目であり，主観的意味世界を射程にしている。したがって，特定の現象だけでなく

社会の文脈の中での人々の感情や認識,行為に焦点を当てる手法である質的研究法を選択した。その中でも,以下の理由で修正版グラウンデッド・セオリー・アプローチを採用した。①実証的データに関して未だ十分な記述がなされていない,②限定された範囲内に関して,人間の行動の何らかの変化と多様性が説明できる,③研究対象となる現象を反映した質的データの解釈を積み上げることによって諸カテゴリーと諸カテゴリーの関係性を見出す調査方法であり,とりわけ修正版では,データを文脈のまとまりで理解するという方法を採用しており,本調査の目的である過程の分析というような現象の大きな流れを捉えるのに適している。

3) 調査期間

2006年8月3日～28日

4) 調査協力者

調査協力者は,S市で活動しているアソシエーション型地域スポーツクラブのプログラムであるモーニング健康クラブ(以下健康クラブ)に参加している高齢者,特にクラブ活動の運営に携わっている10名(男性7名,女性3名)である。彼らは,現役時代は会社で働いていた58～77歳の会社退職者,つまりサラリーマンシニアであり,退職後健康クラブに参加するようになった。調査の倫理的配慮のため,調査の趣旨を説明し,クラブの運営委員会の承諾を得て,調査対象者に同意書に署名してもらい調査への協力を依頼した(表8-1)。

5) データ収集の方法

理論的サンプリング[5]によって調査協力者を選定し,それぞれ都合の良い日時場所を指定してもらい,60分から120分の半構造化面接を行い,語りのデータを収集した。面接の内容は,調査協力者に同意書による承諾を得た上でオーディオ・テープに録音し,逐語録をフィールドノートに蓄積した。また面接調査と並行して,調査協力者の語りの意味へのイーミック(内部的)な解釈を

第8章 個の時代における男性退職者の「つながり」の形成

表8-1 調査協力者の属性

	氏名	性別	年齢	同居家族	出身地	在住年数	住居形態	最終学歴	職業経歴	退職年齢	クラブ活動歴	他の社会活動	配偶者の状況
1	A氏	男性	75歳	妻と2人	F県	20年	集合住宅	高校	車ディーラー、保険会社	車ディーラー56歳、保険会社70歳	6年	老人クラブ会長、太極拳教室	配偶者も別の社会活動に参加
2	B氏	男性	68歳	妻と2人	G県	20年	集合住宅	大学	自衛隊、会社	自衛隊44歳、会社62歳	6年	ハーモニカサークル、水墨画教室	配偶者も別の社会活動に参加
3	C氏	男性	67歳	母、妻、娘と4人	S県	66年	戸建	大学	旅行会社、校長	教育長65歳	2年	安全パトロール	
4	D氏	男性	72歳	妻と子供と3人	A県	40年	戸建	高校	カメラ部品、写真現像業、写真屋（独立）	写真現像業60歳、写真屋70歳	5年	写真サークル	
5	E氏	男性	73歳	妻と2人	S県	41年	戸建	高校	お茶栽培、製造業（営業）、シルバー人材センター	製造業65歳、シルバー人材センター（継続中）	5年	行政パートナー、自治会長、防犯パトロール、手話の会	配偶者と一緒に健康クラブに参加
6	F氏	女性	75歳	1人暮らし	T都	40年	集合住宅	女学校保母養成校	障害児施設（保母）保育園、食品店経営	食品店経営30歳	6年	デイサービスでの太極拳指導、福祉施設でのボランティア	40年以上前に配偶者とは離別
7	G氏	女性	58歳	娘、息子と3人	N県	21年	集合住宅	短大	銀行（パート）	銀行50歳	6年	太極拳教室、ダンス教室	配偶者は親の介護のため実家
8	H氏	男性	70歳	妻と娘と3人	T都	41年	戸建	大学	新聞記者・編集、航空会社、校正・編集長	新聞記者40歳、航空会社60歳、校正・編集長69歳	6年	太極拳教室イサービスでの太極拳指導	配偶者と一緒に健康クラブに参加
9	I氏	女性	61歳	夫と娘と3人	T都	36年	戸建	高校	大蔵省（総務）秘書	大蔵省25歳	6年	太極拳教室、デイサービスでの太極拳指導	配偶者と一緒に健康クラブに参加
10	J氏	男性	77歳	妻と2人	N県	40年	戸建	高校	建築業、テレビ製作（大道具）	建築業29歳、テレビ製作71歳	5年	水墨画教室、太極拳教室、デイサービスでの太極拳指導	配偶者も別の社会活動に参加

出典：筆者作成。

表8-2 インタビュー項目

①クラブ活動に参加してどれくらいになるか。
②モーニング健康クラブに参加した理由
③他にも参加している社会活動
④活動を継続して参加している理由
⑤なぜプログラムの運営に携わるようになったのか
⑥活動に参加して変わってきたこと
⑦現状と今後の展望

深めることを目的に，プログラム活動，定例会（プログラム会議，運営委員会等），イベント等に参加してクラブの様子に関する参与観察を行った。インタビュー項目は表8-2のとおりに設定し，できるだけ自由に答えてもらった。

6）データの分析方法

蓄積されたデータを修正版グラウンデッド・セオリー・アプローチにより分析し，男性退職者の地域への生活者となる過程を抽出した。データ収集と並行してグラウンデッド・セオリー・アプローチに沿って分析を行い，データ収集と分析が相互に影響しあう形で，①身体を介した健康づくりによって参加者にどのような変化があるのか，②活動を通してどのように生活者へとなっていくのか，の2つのリサーチクエスチョンに注目して進めた。

分析の方法は次のとおりである。まずインタビューデータ全体の逐語録を意味のある文節単位で区切り，リサーチクエスチョンに関連する文節に注目し，調査協力者にとってのその文節の意味を解釈した。同時にその内容を説明する概念名を付けた。さらに解釈の恣意性を防ぐために，抽出した概念で説明できることは他にないか，あるいは同様の例が他のデータにないかの類似比較，概念と全く反対のデータはないかの対極比較を行った。このような比較分析を継続し，分析ノートにまとめながら解釈，定義，概念名がデータに密着しているかを検討した。これらの検討作業を繰り返し，概念間の関係を分析し，概念をカテゴリーにまとめる収束化を行った。最初の概念生成まではスーパーバイザーの指導を受け，あとは研究者の解釈が重要なので著者1人で分析した。

3 「つながり」形成のプロセス(2)——研究結果

男性高齢者（退職者）がアソシエーション型地域スポーツクラブに参加して「つながり」を形成し，地域の生活者となっていくプロセスとは，【他者と一緒にスポーツによる健康づくりを通した再帰的社会化プロセス】であった。これは，男性高齢者が自己目的的に健康づくりを始めたが，スポーツによって他者と「一緒に」という意識が醸成され，組織づくり，地域づくりへと reflexive な活動を通して主体的に地域の生活者へとなっていくプロセスである（図8-1）。

＊以下，抽出されたコアカテゴリーは【　】，カテゴリーは《　》，サブカテゴリーは〈　〉，概念は『　』，データは「　」で示す（表8-3）。

(1) 自己の reflexivity

現役時代仕事に没頭してきた男性高齢者は，「仕事やっている時は自分の体のことなんか気にしなかったけどね」というように退職に伴い今まであまり省みなかった心身の健康を気にするようになり，「胃潰瘍，十二指腸潰瘍と患いましてね。参加しなきゃと思っても，忙しくて参加する時間がなかったんですよねー」，「血圧がね，運動不足で。仕事から帰って，また行っての繰り返しだったから，血圧が高くなっちゃって」と自らの病気や「だって家内を一人残せないじゃない」と自分だけではなく他者の存在を意識した心身の健康の危機感から自らの心身に向き合うようになった〈自己の心身の相対化（心身の健康の危機感）〉。そして彼らは，「自分の健康づくりですよね。身体を維持して，美しくね。そのために続けていくっていう感じかなー」という言葉が象徴しているように『自己のための健康づくり』，「行けばさー，話しができて楽しんだよね。じゃあまたねーってね」，「色んな人との交流，立場を抜きにした交流ができるようになりましたね」と『人との出会い・交流』を求めて，スポーツによる健康づくりを行うために健康クラブに参加するようになった。そして，「精神面でも影響は大きいですね。呼吸も大事で，自然治癒力を高めますからねー。

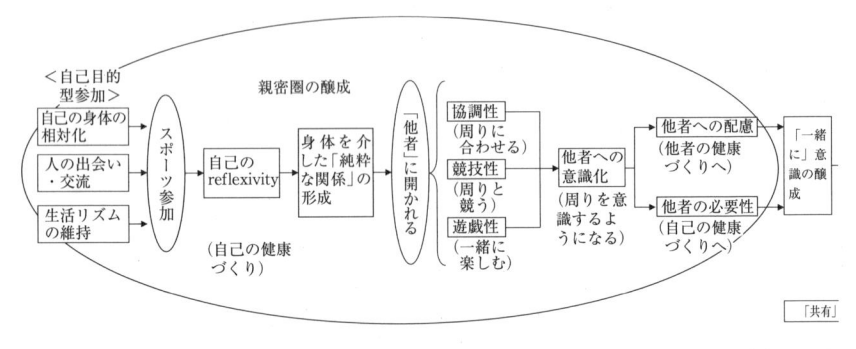

第Ⅱ部　ソーシャル・インクルージョンの射程

図8-1　再帰的社会化の展開

出典：筆者作成。

気を高めるんですよ。今薬も飲んでないです」,「自分で練習してるんですよ。もう5年なんでね，ここまでできたら徹底的に覚えてやろうと思って。そこまでやらないと面白くない」というように，技術も含めて謙虚に『自己の身体（心身）の評価・改善』を繰り返しながら〈心身の健康づくり〉を行うようになった。また，健康クラブに参加し〈心身の健康づくり〉を行うことは，「他の活動と一緒で一つの生活のパターンなんですよ。毎日の生活のパターンで，ご飯食べたりするのと一緒」,「定年後の生活の一つだよ。それ以外何もやることないもの。自分のリズムに合うんだよね。朝はあんまり強くないんだけど，起きれるようになったもんね。朝これがあるからって思える，目的があるのが良いんだよね。会社の時だって，仕事っていう目的があったからね，朝起きて行けたんだよね」と退職後の〈生活リズムの維持〉にもなっている。このように，彼らは自らの身体を通して《自己のreflexivity》を行い，自己の健康づくりを行うようになった。

(2) 親密圏の醸成

　この非日常的で私的行為（自己完結型）の活動であるスポーツのプログラム（健康クラブ）に参加することによって，「競技スポーツではなく」,「今までスポーツに縁がなかったような人たちでも参加でき」,「幾つになってもできる」

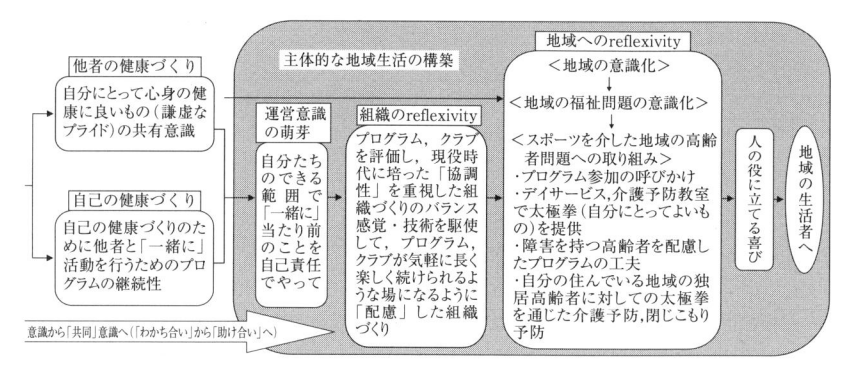

第8章　個の時代における男性退職者の「つながり」の形成

```
┌─────────────┐                 ┌─────────主体的な地域生活の構築─────────┐
│ 他者の健康づくり│                 │              ┌─地域へのreflexivity─┐ │
│ ┌─────────┐ │                 │              │ <地域の意識化>       │ │
│ │自分にとって心身の│ │                 │              │ <地域の福祉問題の意識化> │ │
│ │健康に良いもの(謙│ │  ┌─────┐ ┌─────────┐│ <スポーツを介した地域の高齢│ │ ┌──┐ ┌────┐
│ │虚なプライド)の共│ │  │運営意識│ │組織のreflexivity││ 者問題への取り組み>  │ │ │人の│ │地域の│
│ │有意識       │ │  │の萌芽 │ │プログラム,クラブ││・プログラム参加の呼びかけ│ │ │役に│ │生活者│
│ └─────────┘ │  │自分たち│ │を評価し,現役時 ││・デイサービス,介護予防教室│ │ │立つ│ │へ  │
│ ┌─────────┐ │  │のできる│ │代に培った「協調 ││ で太極拳(自分にとってよいも│ │ │喜び│ │    │
│ │自己の健康づくり │ │  │範囲で │ │性」を重視した組 ││ の)を提供         │ │ │    │ │    │
│ │ ┌─────────┐ │ │  │「一緒に│ │織づくりのバランス││・障害を持つ高齢者を配慮し │ │ │    │ │    │
│ │ │自己の健康づくりの│ │ │  │」当たり│ │感覚・技術を駆使 ││ たプログラムの工夫    │ │ │    │ │    │
│ │ │ために他者と「一緒│ │ │  │前のこと│ │して,プログラム, ││・自分の住んでいる地域の独 │ │ │    │ │    │
│ │ │に」活動を行うため│ │ │  │を自己 │ │クラブが気軽に長く││ 居高齢者に対しての太極拳 │ │ │    │ │    │
│ │ │のプログラムの継続│ │ │  │責任でや│ │楽しく続けられるよ││ を通じた介護予防,閉じこもり│ │ │    │ │    │
│ │ │性         │ │ │  │って   │ │うな場になるように││ 予防           │ │ │    │ │    │
│ └─────────┘ │  └─────┘ │「配慮」した組織 │└─────────────┘ │ │    │ │    │
└─────────────┘                 │づくり       ││                   │ └──┘ └────┘
 意識から「共同」意識へ(「わかち合い」から「助け合い」へ)   └─────────┘└───────────────────┘
──地域の生活者へ
```

　誰でも気軽に参加者と一緒に楽しみながら継続的に健康づくりができ（『スポーツの開放性』），「モーニング（健康クラブ）だけの付き合いですよ。そこで知り合った人と一緒にどうのというのは，まだありません。朝モーニングであった時に話しする程度ですよ」，「あんまり私的なことはねー，気軽に長く続けることが結果的に健康づくりにはいい。お互いに深入りしない程度にオープンにしているのがいいけど，みんな個性があるからねー」と，あまり互いに深入りをしない健康づくりという共通の目的・目標を持った『緩やかな「つながり」の形成』により，気軽な知り合いとの関わりが持てるようになる（〈「純粋な関係」の形成〉）。

　そして，自分自身の健康づくりのために始めた（健康体操や太極拳などの）スポーツであるが，身体を介して「他者」に開かれ，「一緒にやる喜びみたいなもんなんですよねー。周りの人に合わせるっていうところがねー」，「共有できる楽しさってありますよね。ゆっくりだからこそ，相手を理解できるっていうか。自然と周りの人に合わせようという意識になりますね」という『スポーツによる協調性』，「やっぱりね，周りの目を意識しちゃうよ。だからついつい頑張っちゃうんだよね。それが逆に良いかもねー」という『スポーツによる競技性』，「気軽に楽しくね。それがいいんだよ」，「面白いですよね，難しいから。毎日やってて少しずつできるようになってくるから」という『スポーツによる

第Ⅱ部　ソーシャル・インクルージョンの射程

表8-3　コアカテゴリー（他者と一緒にスポーツによる健康づくりを通した再帰的社会化プロセス）

カテゴリー	サブカテゴリー	概　念
1　自己のreflexivity	自己の心身の相対化（心身の健康の危機感）	自己の身体と向き合うこと（概念1）
	心身の健康づくり	人との出会い・交流（概念3） 居場所の不安（概念30） 自己のための健康づくり（概念4） 自己の身体（心身）の評価・改善（概念7） 美しさ，かっこよさへの憧れ（概念36）
	生活リズムの維持	生活のリズムづくり（概念6） 日常からの開放（概念35）
2　親密圏の醸成	「純粋な関係」の形成	緩やかな「つながり」の形成（概念8） スポーツの開放性（概念11）
	他者への意識化	スポーツによる協調性（概念9） スポーツによる競技性（概念10） スポーツによる遊戯性（概念25）
	他者への配慮	周りの人への気遣い（概念26） 見えない「他者」への気遣い（概念33）
	他者の必要性	他者からの誘い（概念5） 周りの人の必要性（概念27）
3　運営意識の萌芽	共有意識の醸成	自分がやっているものに対してのプライド（概念19） 「一緒に」という意識 in vivo概念（概念18）
	自己責任の健康づくり	当たり前のプログラム運営（概念12） 自分たちの手による健康づくり（概念14） 自立・自律型人間の必要性（概念32）
	キーパーソンの存在	キーパーソンの存在（概念28）
	プログラム存続の危機	プログラム存続の危機（概念21） 参加者とクラブ側の誤解（概念22） クラブの維持・存続の必要性（概念38） クラブ運営への参加（概念39）
4　組織のreflexivity	無理のない組織づくり	プログラム，クラブの評価（概念15） プログラム運営の工夫（概念16） 培ったものの不還元（概念20） バランスのいい組織づくり（概念23）
5　地域のreflexivity	他者のための取り組み	人のためにという意識（概念17） 地域の意識化（概念37） 地域の福祉問題の意識化（概念31） 地域の福祉問題の主体的な取り組み（概念24） 人の役に立つ喜び（概念34）

出典：筆者作成。

遊戯性』を備えた身体的コミュニケーションであるスポーツを通して,〈他者への意識化〉がなされるようになる。

このように,スポーツによる〈他者への意識化〉は,「毎回のように来ていたのに,○○さん最近来てないけどどうしたんだろうということでね,人に聞いてみたわけ。そしたら,脳溢血で倒れちゃったというんだもの。心配しちゃったよ」,「一緒にやっていると,○○さん今日は体調が悪そうだと気づく時もありますよね」という『周りの人への気遣い』と「クラブSにいらっしゃらない方もね,一緒に健康になってほしいなと思うんですよ。やっぱりいつまでも健康って最高じゃないですか」という『見えない「他者」への気遣い』による〈他者への配慮〉がなされるようになる。また,「甘えが出るでしょ,1人だと。仲間がいると,行かなきゃ,やらなきゃってなるからねー。引きずられちゃう」,「自分ひとりじゃね,朝これがあるからできるんだし,楽しいし,生きがいみたいになってるんじゃないかな。皆頑張ってるから自分もなって」と自己の健康づくりには〈他者の必要性〉を感じるようになり,他者と「一緒に」健康づくりを行うという意識(『「一緒に」という意識』in vivo 概念)が醸成される。このように,他者に開かれたスポーツを通した健康づくりによって,『周りの人への気遣い』の意識が生まれ,また健康は自分ひとりでは守ることができず,みんなで支え合いながら「一緒に」健康づくりを行うことが必要であるという『周りの人の必要性』に気付かされ,互いに生/生命を配慮し合う存在論的関係性が形成されるのである。

(3) 運営意識の萌芽

このような自分自身にとって心身の健康に良いプログラムに参加し,他者と「一緒に」継続的に健康づくりをするために健康クラブを続けたいという思い,また「あまり僕はねー,世のため人のためという大それたことは思っていないんですよ」,「Fさんそれなーにと聞かれたら,答えるんです。体に良いからあなたもいらっしゃいよってね」,「共有できる楽しさってありますよね」,「もっと新しい人が入ってくれば良いなって思っています。同じような気持ちの人が

第Ⅱ部　ソーシャル・インクルージョンの射程

1人でも2人でも入って盛り上がればねー。とにかく絶やしたくないんですよ」というように，人のために役立ちたいというより，自分たちの心身の健康に良いこの健康クラブの太極拳や健康体操を他の人たちと「一緒に」共有したい，もっと広めたいという〈共有意識の醸成〉がなされる。そして，「何でもかんでも人がやってくれるというのは，もうだめだと思うよー。……市とかに頼ってばっかじゃいけないよ」，「自分の健康は自分でやるべきだよ」，「人（指導者）に面倒見てもらってるんだから，そういうこと（プログラム運営）くらいはやって当たり前だよ。自分たちの年代はそんなもんだよ」，「しがらみがない中で，適当な感じの方がいいよねー。あまりかしこまって考えないで，自己責任で自分のできる範囲でやるのがいいんだよな」と自分たちの健康は行政に頼るのではなく，自分たちにできる範囲で当たり前のことをやっていこうと〈自己責任の健康づくり〉のもと，また「〇〇さんがいなかったらやれないよ」という〈キーパーソンの存在〉によって，プログラム運営に関わるようになった。

　さらには，健康クラブを続けていくためにクラブの後ろ盾の必要性から，クラブの運営委員から「健康クラブは自立しているし，考え方や意識も違うからクラブSから独立してもいいんじゃないですか」，「高齢者は頑固で意見もなかなか聞いてくれないし，（一緒にやっていくのが）難しいよね」，「健康クラブの人たちは自分達だけが健康になれればいいと考えていて，私たちが持っているまちづくりという熱い気持ちとズレがあるような気がします」，「我々と同じようにボランティアとして楽しんで参加しているのではなく，指導者として関わっているんじゃないですか」という意見が出てきて〈プログラム存続の危機〉に直面し，彼らは「自分達の健康づくりだけではなく，私達も太極拳や健康体操などの健康づくりを通して人のため地域のために活動をしているんです。またそれを生きがいに感じ，ボランティアとして楽しんでいるんです」，「あなたたちと私たちは同じ気持ちでクラブSの活動を行っている。それでいいんじゃないですか，それ以上のことがありますか」とクラブ運営側に意見をはっきり述べ誤解を解き，またもっと多くの人と共有したい，広めたいという「共有」意識で，プログラム運営だけではなくクラブ運営にまで関わるようなった

第8章　個の時代における男性退職者の「つながり」の形成

(「クラブ運営の参加」)人もいる。

(4) 組織の reflexivity

　彼らは,「太極拳による人の輪というものができてきたんじゃないかなー。でもね,お金を取る前は本当にたくさんいたんだけど,お金を取るということになって人が全然減っちゃった。気軽に誘えなくなっちゃったよ」,「許されるんであればね参加費を無料にして,どうぞ誰でも参加してくださいと昔に戻した方がね,私はいいんじゃないかなという気がしますね」,「今の運営のやり方にはいいと思います。お金のかかることですからね。会費制でもいいと思います」,「行政がやろうたってできないことやってるよ」,「クラブSみたいなところがやってくれないとできないですよ」,「行政というのはやってはいるんですが,その後が続かないというか継続性がないんですね。モーニング(健康クラブ)も初めは少なかったので続くかなーと思ったんですけど,徐々に増えてきて定着してきたように感じます」,「クラブSというのはしがらみがなくて,さっぱりしてて活動しやすいですね。……これからの市民活動の新しい形かもしれませんね」などと『プログラム,クラブの評価』を行い,「○○中モーニングの○○先生が辞められてどうしようかということで,はじめラジオ体操をやってたんだけど,JさんとEさんが太極拳やればということでね。それをやるようになったのよ。それで,Aさんも一緒にやろうと声をかけた訳」,「○○○(デイサービス)で座っている人に,太極拳を初めはどういう風にやればいいかわからなくて,○○先生に相談してみたり,本を読んでみたりして。型にはまってたんですよね。でも,声を出してみたり,弓矢を引くまねを取り入れて,とても楽しそうなんです。最近は,○○○にあったやり方で良いんだと思って,少し気が楽になりました」とプログラムがうまくいくように常に考えながら,『プログラム運営の工夫』を行っている。

　これらは,「何かしら生かされるかもしれないけど,敢えてどうのこうのとは考えてないね」,「いずれそのように考えるかもしれないけど,今まで仕事でやっていたこととは別のことをやりたいね」というように,現役時代に培った

175

専門的な技術や知識を還元してプログラムやクラブ運営に役立てたいというものではなく（『培ったものの不還元』），「自分の周りを見ながら調和しなければならないんじゃないかなー」，「率先してやるのを生きがいに感じる人もいるし，自分はと遠慮する人もいるし。その按配が難しいですよね」，「強制にっていうのもねー。和やかに行うのがいいよ」，「僕はそういう役が嫌いでね。そういうのが好きな人が旗振ってくれればいいよ。そういうのに慣れている人がやればいい。付いていく。ほどほどにね」，「人のために何かできるかなんておこがましくてできないよ。付いてることぐらいならできるけど。ちょっと気付いたところで支えるぐらいだよ」と現役時代に培った「協調性」を重視した『バランスのいい組織づくり』の知識や技術を駆使しながら〈無理のない組織づくり〉によってプログラムやクラブ運営に携わっている。

(5) 地域の reflexivity

　健康クラブの活動を続けているうちに，「人を求めたいというのはありますよね。同じ地域で同じ空気を吸っているというだけで，親しみが持てるというか。もともと人を求める方ではないんですけど，太極拳とかクラブＳの活動に環境を整えてもらってるから，この企画に参加しようってなれるんですよ。だからこそ，支えていこうという気持ちになるんじゃないかなと思います」，「今まで会社と家の往復で会社の人だけだったのが，全然違う人たち，今まで知らなかった人たちと交流できるのが，とっても良かった。そういう輪というのが，地域社会のマイナスにはなっていないと思います。今ね，隣の人は何する人ぞという感じで，隣近所で口を開く機会を増やさなきゃいけないと思ってます」，「○○さんからＩさんここで年取っていくんでしょと言われて，そうだと思って。それでやることにしました。今後どうなるかわからないけど，丁度母も亡くなって２年経って，今度は自分たちの番だと。この土地を改めて意識する一言でした」と『地域の意識化』がされる。

　そして，自分たちの心身の健康に良いこの健康クラブの太極拳や健康体操を地域の他の人たちと「一緒に」共有したい，もっと広めたいという〈共有意識

第8章　個の時代における男性退職者の「つながり」の形成

の醸成）から，またそのようなクラブ活動を通して，「子どもも老人も同じ場所にいることが大事。クラブSだったらそういう関係づくりや結びつきができるんじゃないんですかね。そのためには，競技スポーツではなく，みんなでできるようなものが必要ですよ。子どもは子ども，老人は老人と特化しちゃいけない。同じ場所にいることによって，地域に色んな人がいるんだよと気づくようになるじゃないかなー。地域づくりには，色んな人とのつながりや広がりが必要だと思いますよ」，「ここのマンション群でも独居高齢者の問題が深刻で，ここでやっている太極拳に，そういう人たちが今後参加できるように考えているんです。そのために今ここの地域の考える会に参加してます。今はごみの問題が出てきていますね。いろいろ地域に問題がありますよねー。この活動（モーニング）が何かそういうものに役に立たないかなと考えているんです」と『地域の福祉問題の意識化』がなされるのである。

さらに，自分たちの心身の健康に良いこの健康クラブの太極拳や健康体操を地域の人たちと「一緒に」共有することによって地域の福祉問題のために何かできないかということで，「ここのマンションの老人クラブがあるんだけど，そこでも太極拳をやるようになりましてね。そこの椅子のあるちょっとした広場があるでしょ。そこでね，毎朝やってるんですよ。僕がねモーニングに行っている時は，他の人がやってくれるんだけどね。結構来てるんですよ。子どもも参加するようになりましたね。いやね，このマンションでも1人暮らしの高齢者が増えましてね。最近孤独死とかあるでしょ。そこで，老人クラブでも何かできないかということになりましてね。閉じこもったり，寝たきりにならないために，まず太極拳でもやってみるかということになりましてね。僕が（老人クラブの）会長だから，僕とBさんとがとりあえずやることになったんですよ」，「毎回のように来ていたのに，○○さん最近来ないけどどうしたんだろうということでね，（他の）人に聞いてみたわけ。そしたら，脳溢血で倒れちゃったというんだもの。心配しちゃったよ。車椅子生活になって引きこもり気味になったというんで，モーニングに来ることをあんだけ楽しみにして人だから，車椅子でも来れるようにどうにかしようと考えたわけ。朝早すぎると付

き添いの人も大変だろうから，○○○モーニングを隔週で10時からにしたんだよね。それでね，車椅子でもできる太極拳の研修も○○さんたちと受けに行ったんだよ。何回か来たけど，今はあまり見ないなー，○○さん。元気にしてるかなー」，「月一回，別のところで仲間を集めてやるようになって。太極拳を通じて広がりができてきています。大きくなったと思います。自然と無理しないで友達を誘い合ってというのが増えてきた気はするんですけどね」，「みんなが健康であったらと思うんですよ。みんなそれぞれの生活あって，何かできることがあったらと思いまして，○○○（デイサービス）でお手伝いに行ってます」，「皆さんでもできるように，色々工夫してます。はじめは，うまくいかなかったんですけど，昔を思い出してもらうように，流鏑馬みたいな感じで。そしたら皆さんのほうからヤーって大きな声を出して下さって。それからですよ，どんどんもりあがって。独りだと声を出すこともないんですって。発散する場所がないんですよ。皆さんのその日の体調に合わせて，○○○（デイサービス）オリジナルの太極拳をやってますよ。それもまた楽しくて。こういう場をもっと増やしたいですねー」，さらにそれらの経験を活かして，地域のシニア層を対象として，クラブS主催の介護予防，健康づくりの定期イベントを彼らが主体的に行うようになった。このように，スポーツを介した『地域の福祉問題の主体的な取り組み』が行われるようになったのである。

　それによって，彼らは「参加した人が笑顔で帰っていく姿を見ると，こっちも嬉しくなりますね。ましてや，また来るねとか，今度はいつあるのなんて言われると，嬉しいですね」，「通勤途中のサラリーマンが退職したら是非参加したいから，それまで絶対に続けていて下さいと声を掛けられることもあって。それまで続けられるように頑張らなきゃって思います」，「○○○（デイサービス）に行けば，あそこの人たちが待っててくれるというのがあるんでね，こっちもインセンティブを与えられるというかそういう面があるからね，それはそれでね続けていけたら良いなと段々思えてきたというかね。……デイサービスに来ている人もほとんど同じ顔ぶれで，こっちも5，6人同じでお互い顔がわかってくるじゃないですか。仲良くなるまではいかないけど，来てくれてあり

がとうみたいな雰囲気が初めに比べて回を重ねるとわっと出てきて。ある意味当てにされているというかそういうのがあると嬉しいじゃないですか。やりがいがあるっていうか、そういうのは新しい体験だなって」、「○○さんに誘われて来たんだけど、はじめはあまり気が乗らなかったんだけどねー。みんな嬉しそうにやってくれるもんだから、ついついこっちも嬉しくなっちゃって。終わってからありがとうと言われたり、入浴サービスの順番まで変えて楽しみにしてくれるんだもんなー。やめられなくなっちゃったよ」と地域の『人の役に立つ喜び』を感じながら活動を行っている。

4 アソシエーション型地域スポーツクラブを通した「再帰的社会化」

(1) 自己目的型スポーツから他者配慮型スポーツへ（親密圏の醸成）

今回の調査結果や幾つかの既存の調査結果を見ても、Peck (1975) が老年期の心理課題と危機として「身体を超越するか、身体に没頭するか」という「健康の危機」があると述べているように、仕事を退職した調査協力者は、退職後の心身の健康の危機感を持つようになり、現役時代は省みることもなかった〈自己の心身の相対化〉をするようになった。つまり、仕事人間・会社人間として仕事に没頭し、家族や地域のこともさることながら自分自身の心身すら気遣うこともなかった彼らが、ようやく自分自身の心身と向き合うことになるのである。そして、彼らは『自己のための健康づくり』、『人との出会い・交流』を求めて、自分自身の〈心身の健康づくり〉、〈生活リズムの維持〉、自分自身が楽しむためなどの自己目的的な動機から健康クラブに参加し、『自己の身体（心身）の評価・改善』を繰り返しながら《自己のreflexivity》を行うようになったのである。このように、健康づくりやスポーツという活動は、本来は自己目的的に行うものであるが、なぜ他者を意識し、配慮したものとなるのであろうか。その鍵はスポーツそのものにあると思われる。

スポーツ（sports）の語源は、ラテン語のデポラターレ（deportare）で、それは、日常生活から離れた、「レジャー」「余暇」「余技」といった「楽しむこ

と」を意味する言葉であった。Guttmann (1979) は，スポーツを「遊びの要素の濃い身体的な競技」であり，「知的及び肉体的技術が重要な位置を占める非実用的な競技」と定義し，スポーツの基本は遊びであるとしている。現在，スポーツの定義は多様であるが，一般的に「遊戯性」，「身体性」，「競技性」等を内包するものと理解されている。語源から照らして言えば，「非日常性」，「遊戯性」がスポーツの本義であると考えられる。このように，スポーツとは本来非日常的な活動であり，「楽しむこと」すなわち遊戯性が重要な要素であるが，今回の調査結果を見ると，誰でも気軽に参加でき（『スポーツの開放性』），スポーツ活動（健康クラブ）のみの付き合いであることが多く，あまり互いに深入りをしない健康づくりという共通の目的・目標を持った『緩やかな「つながり」の形成』により，日常と離れた気軽な知り合いとの関わりが持て〈「純粋な関係」の形成〉がなされている。したがって，健康クラブの活動は，『スポーツの開放性』のもと〈「純粋な関係」の形成〉により，スポーツの本質である非日常性を有した活動であるといえよう。また，「気軽に楽しくね。それがいいんだよ」というように，健康クラブには遊戯性があるからこそ楽しく続けているのである。したがって，健康クラブでは，非日常性と遊戯性を有したスポーツ，つまり本来のスポーツ活動を行っている。

　しかし，この日常から離れ楽しくスポーツを行うだけでは，自己目的型である私的行為から他者を意識し，配慮するものへと移行させるとは考えられない。確かに非日常性と遊戯性という特質は重要な要素であると思われるが，それだけでは自己目的的な活動としてとどまってしまうと思われる。それでは，スポーツが自己目的型である私的行為から他者を意識し，配慮するものへと移行していく要素は何であろうか。それには，「身体性」というスポーツが持っている特質が重要な要素であると思われる。Bataille (1988) によると，「スポーツする身体」とは，「『非－知』の体験」と「内的体験」による「エクスターズ」（脱存）する身体であり，他者に対して「開きっぱなし」の状態，「閉じざる身体」である。それは，主体（自己）と客体（他者）の垣根が取り払われ，お互いに交流・交信し合い自由に出入りし合う，すべてが融合してしまうような

身体であるという。このように，非日常性と遊戯性を内包したスポーツという身体的コミュニケーションによって，自己が他者に開かれるのである。それによって「他者肯定」がなされ，協調性と競技性が生じるのである。このように，周りに合わせる，周りと競うという協調性と競技性によって，周りを意識するようになる，つまり〈他者の意識化〉がなされるのである。

そして，スポーツによる〈他者の意識化〉は，『周りの人への気遣い』と『見えない「他者」への気遣い』による〈他者への配慮〉がなされるようになる。Heidegger (1927) によると，現存在は自己ひとりだけでは存在しない，他者があって初めて自己も存在する「共存在（共同存在）」であり，自己を「気遣い」つつ，同時に，他の現存在（他者）を「気遣い」ながら，共同して「世界」に参与する存在であるという。したがって，自己というものは，スポーツによる身体を介すことによって，他者と出会い，「共存在」の関係から，自己の健康づくりに取り組みながらも，他者の健康へも配慮するようになり，他者と「一緒に」という意識が醸成されるのである。

また，自己の健康づくりには〈他者の必要性〉を感じるようになり，他者と「一緒に」健康づくりを行うという意識（『「一緒に」という意識』）が醸成される。Nancy (1991) が，他者との「接触」により，つまり身体を介することによって，自己は他者との共同性の中にしか生きられない存在であることに気付かされると述べているように，自己は他者を必要とするものであり，他者と共に何かを「分割＝分有」したい，「パルタージュ」したいということになるのだという。つまり，Heidegger がいう自己の現存在のため，自己の健康づくりのためには，他者が必要であり，他者と健康をパルタージュしたい，「一緒に」健康づくりを行いたいのである。したがって，スポーツを介した健康づくりというものは，自分自身の健康だけでなく，「他者」の健康づくりも考え，行動する仕組みといえよう。つまり，自己はスポーツによって（「他者」は関係なく，自分だけの世界で自己と向き合い，自らの身体を評価，改善ができることも大きな特徴のひとつであるが），「他者」を意識しながら，自らの身体を相対化し，評価，改善を繰り返し，自分ひとりで行うよりも継続的に健康づくりを続けるこ

とができる。このように，スポーツを通した健康づくりによって，健康は自分ひとりでは守ることができず，みんなで「一緒に」支え合いながら健康づくりを行うことが必要であることを気付かされ，互いの生／生命を配慮した存在論的関係性が形成されるのである（《親密圏の醸成》）。これは，健康づくりという自己目的型活動が，スポーツによって「他者」に開かれ，他者配慮型活動へと転換したことを示している（図8-1）。

このように，「スポーツする身体」を介することによって，他者に開かれ，〈他者への意識化〉がなされ，〈他者への配慮〉と〈他者の必要性〉が生まれる。そして『「一緒に」という意識』が醸成され，さらには共同性に繋がると考えられる。このスポーツによる身体性こそが，自己目的的な私的行為であるスポーツが他者配慮型へと転換される重要な要素であるといえよう。しかし，このような親密圏が醸成されただけでは，彼らが地域の一員として実感し，「主体的，自立的に自己の生活を組織し，展開しようとする，生活システムの主人公として行動する」地域の生活者となることができるとは言い難い。それでは，どのようなプロセスを経て，この親密圏において彼らが地域の生活者となるのだろうか。

(2) 親密圏から「再帰的社会化」への展開

彼らは健康クラブに継続的に参加し〈他者の必要性〉と〈他者への配慮〉が生まれ，『「一緒に」という意識』が醸成されること（《親密圏の醸成》）によって，自分自身にとって心身の健康に良いプログラムに参加し継続的に健康づくりをするために，他者と「一緒に」健康クラブを続けたいという思い（自己の健康づくり）や，人のために役立ちたいというより，自分たちの心身の健康に良いこの健康クラブの太極拳や健康体操を他の人たちと「一緒に」共有したい，もっと広めたい（他者の健康づくり）という〈共有意識の醸成〉がなされるようになった。前節でも述べたように，スポーツによる身体を介するからこそ，他者と『「一緒に」という意識』が醸成されやすく，さらには〈共有意識の醸成〉がなされるのである。

そして，自分たちの健康づくりは行政に頼るのではなく，謙虚に自分たちにできる範囲で当たり前のことをやっていこうと『「一緒に」という意識』で〈自己責任の健康づくり〉のもと，また〈キーパーソンの存在〉によって，プログラム運営に関わるようになった。さらには，健康クラブを続けていくためにクラブの後ろ盾の必要性と〈プログラム存続の危機〉に直面し，またもっと多くの人と共有したい，広めたいという「共有」意識で，プログラム運営だけではなくクラブ運営にまで関わるようなった人もいる（《運営意識の萌芽》）。このように，彼らは自己の健康づくり，他者の健康づくりのためには，〈自己責任の健康づくり〉が当然だという意識で，健康クラブに取り組むようになったのである。彼らのこの意識は，「そういうことくらいはやって当たり前だよ。自分たちの年代はそんなもんだよ」というように世代論として捉えることができるのだろうか。調査協力者は戦後の食糧難の時代に育ち，労働運動や平和運動が盛んであった時代の担い手世代である。俗に「一匹狼」とか「焼け跡派」世代といわれる人々であり，真面目人間の多い世代といわれている。また，先述したように会社人間であった彼らは，仕事に専念し企業組織の中の歯車となり，会社のため家族のためという会社や家族への「義務感」，「責任感」を強固に持っている男性が多い。このように見ていくと，彼らは，世代的にはもともと真面目な気質で，現役時代に義務感，責任感が培われてきたために，自己の健康づくりは自己責任で行うのが当たり前だという意識で活動に取り組んでいると思われる。つまり，彼らのこの意識は，世代論と会社人間という特質が強く影響しているといえよう。

　彼らは，自己責任の健康づくりのために他者と一緒に行うことができるプログラムやクラブの必要性を感じ，気軽に長く楽しく続けられるように『プログラム，クラブの評価』を行い，プログラムがうまくいくように常に考えながら，『プログラム運営の工夫』を行っている。これらは，国や行政が期待している，また幾つかの調査や研究結果で言われているような現役時代に培った専門的な技術や知識を還元してプログラムやクラブ運営に役立てたいというものではなく（『培ったものの不還元』），現役時代に培った日本企業特有の「協調性」を重

視した組織づくりのバランス感覚[6]，つまり共通の目的・目標を持った深入りしない緩やかな「つながり」を形成しながら，自分は前に出過ぎずに中心となる人を立てサポートしていく心配りや配慮という『バランスのいい組織づくり』の感覚を駆使しながら〈無理のない組織づくり〉によってプログラムやクラブ運営に携わり，組織の評価・改善，つまり《組織のreflexivity》を行っている。

　この協調性を考えた組織づくりは，浜口（1982）が言う日本人の人間関係観である「間人主義」[7]という特質を有する彼らが，「協調性」を重んじた会社組織においてその特性が磨かれ，退職した後もこのような『バランスのいい組織づくり』ができるのであろう[8]。また，そのような彼らが健康クラブを続けることによって『スポーツによる協調性』が生まれ，周りに合わせようという意識が醸成され，〈他者への意識化〉がなされ，〈他者への配慮〉と〈他者の必要性〉が生じることも，協調性を考えた組織づくりに繋がっていると考える。船津（1981）によると，非日常的な活動であるスポーツにおける社会的相互作用は，現実的，日常的生活の社会的相互作用から離れているからこそ，現実的，日常生活の利害関係から解放され，一種の理想的な社会的相互作用モデルとなり得るという。つまり，スポーツは身体を介した『純粋な関係の形成』がなされるからこそ，日常生活に埋没せずバランスのいい理想的な組織づくりができるのである。このように，元来日本人特有の「間人主義」という特質を持つ彼らが，現役時代に組織づくりにおいて協調性が磨かれ，それを発揮して退職するまで取り組んできた。その彼らが，『スポーツによる協調性』を育みながら，自己の健康づくりのために，他者の必要性，プログラム，クラブの必要性から，協調性を発揮したバランスのいい組織づくりを行っているのである。

　このように，《自己のreflexivity》，《組織のreflexivity》を繰り返し健康クラブの活動を続けているうちに『地域の意識化』により地域が相対化され，そして自分たちの心身の健康に良いこの健康クラブの太極拳や健康体操を地域の他の人たちと「一緒に」共有したい，もっと広めたいという〈共有意識の醸成〉から，またそのようなクラブ活動を通した『地域の福祉問題の意識化』による

地域の評価がなされる。そして，自分たちの心身の健康に良いこの健康クラブの太極拳や健康体操を地域の人たちと「一緒に」共有することによって地域の福祉問題のために何かできないかということで，スポーツを介した『地域の福祉問題の主体的な取り組み』が行われ，地域の改善へと取り組まれているのである《地域の reflexivity》。それによって，彼らは地域の『人の役に立つ喜び』を感じながら活動を行い，自分たちの住んでいる地域の一員であることを実感しているのである。こうして彼らは，自己の健康づくりという目的のもと，健康クラブ（プログラム），アソシエーション型地域スポーツクラブ（クラブ）において他者と一緒に reflexive な活動を通して，主体的に，自立的に自己の生活を組織するようになった。それが結果的に地域のためにもなり，地域の『人の役に立つ喜び』を感じることではじめて地域の一員，つまり地域の生活システムの主人公として行動していることを実感し，彼らは地域の生活者となったのである（図8-1）。そしてこれは，会社人間であった彼らがアソシエーション型地域スポーツクラブに参加することによって，単に再社会化するのではなく，再帰的な活動，取り組みを通して社会化する，つまり「再帰的社会化」[9]していくともいえる。

5 地域の生活者につながる仕組み

　以上見てきたように，男性高齢者（退職者）がアソシエーション型地域スポーツクラブに参加して「つながり」を形成し，地域の生活者となっていくプロセスとは，男性高齢者が自己目的的に健康づくりを始めたが，スポーツによって他者と「一緒に」という意識が醸成され，組織づくり，地域づくりへと reflexive な活動を通して主体的に地域の生活者へとなっていくプロセス，つまり【他者と一緒にスポーツによる健康づくりを通した再帰的社会化プロセス】であった。

　Giddens（1991）によると，自己再帰性（自己の reflexivity）は「身体」にも及んでいるという。つまり，現代では再帰的近代化における reflexive な生き方

として，自らの身体を介して，すなわち健康づくり等のために，自らの身体を相対化し，評価，改善することで，自己確認，アイデンティティを確立するようになってきているのである。彼らは，クラブにおいて自らの身体から始まるreflexiveな活動を進めていくうちに，つまり再帰的社会化を通して「主体的，自立的に自己の生活を組織し，展開しようとする，生活システムの主人公として行動する」地域の生活者へとなっていくのである。今回の調査協力者をはじめとする男性高齢者は，いわば戦後日本の一期生であり，模範となるもしくは反面教師にできる世代がいなかったため，常に独自の試行錯誤を繰り返して日本の高度経済成長を支えてきた。さらにはバブル経済にも直面し，それを乗り切るために現在まで，常に試行錯誤，評価・改善を繰り返して生きてきている。再帰的近代化された現代社会において最前線で生きてきた彼らは，常にreflexiveな生き方（＝相対化・評価，改善を行い「自己確認」する生き方）をしてきたといえよう。自己の相対化・評価・改善を行い「自己確認」するこの生き方こそが，定年退職後のアイデンティティの確立へとつながるのではないかと考える。これは，Mead（1934）の「自己論」からも窺い知ることができよう。このような生き方をしてきた会社退職者，サラリーマンシニアのreflexiveな活動，取り組みを可能とするアソシエーション型地域スポーツクラブでの活動は，彼らが地域の生活者へとなっていく，さらにはソーシャル・インクルージョンへと繋がる1つの仕組みといえるのではないだろうか。　　　　（和　秀俊）

注
(1) 現代社会は，U. Beckらによると，近代の地域，伝統，風習などに囚われるcollectiveな社会から，それらに囚われないリスク社会へと移行した社会であると位置づけている。逆にいうと，今までcollectiveな社会では，地域，伝統，風習などによってある意味身分が保証されていたのだが，現在のリスク社会においては，それらから離れた「脱埋め込み」という状態なので，自らの力でアイデンティティを確立していかなければならない。このような社会をA.Giddensは「再帰的近代化」と呼んでいる。つまり，リスク社会である現代において，社会の現象や新しい情報や知識の中で，常に相対化・評価・改善を繰り返して，その行為作用がその行為作用の社会的条件に反映され影響を及ぼす「制度的再帰性」と行為作用が自らに影響を及ぼしていく「自己再帰性」から成るハイモダニティな社会である。
(2) 内閣府「高齢者の地域社会への参加に関する意識調査（平成15年）」（60歳以上男女

第8章　個の時代における男性退職者の「つながり」の形成

対象）においてまちづくりへの参加・貢献意識についてみると，半数以上がまちづくりに興味がある。内閣府「国民生活選好度調査（平成12年）」によると，50歳代後半から60歳代前半の層がまちづくりやボランティア活動への参加意欲が高い。ボランティア活動参加者の状況は，全国社会福祉協議会「全国ボランティア活動者実態調査（平成13年）」から，ボランティア活動従事者の年代別割合を概観すると，60歳以上が51.7％と過半数を占めており，すべての年齢階層において，男性の割合が少ない。

(3)　内閣府「高齢者の地域社会への参加に関する意識調査（平成15年）」（60歳以上男女対象）によると，高齢者の社会参加活動として，男性は「健康・スポーツ」の割合（28.5％）が最も高くなっており，今後参加したい活動でも「健康・スポーツ」が48.2％と最も多い。内閣府「高齢者の日常生活に関する意識調査結果（平成16年）」（60歳以上男女対象）でも，「普段の楽しみ」として性別で見ると，男性は「散歩・ジョギング」（25.1％），「スポーツ活動」（18.4％）の割合が高くなっている。今後取り組んでみたい活動でも，同様に「散歩・ジョギング」（21.9％），「スポーツ活動」（14.7％）が上位にあり，どちらも前回調査（平成11年）に比べて大幅に増えている。

(4)　総合型地域スポーツクラブ（以下，総合型クラブ）とは，主にヨーロッパ諸国などに見られる地域スポーツクラブの形態で，地域において，子どもから高齢者，障害者を含む，様々なスポーツを愛好する人々が参加でき，また，地域住民自らが運営する複数種目からなる総合的なスポーツクラブのことである。日本においては，文部省（現文部科学省）が，いつでも，だれでも，どこでも，生涯を通してスポーツに親しむことができるように，平成7（1995）年から「総合型地域スポーツクラブモデル事業」として始めたが，「向陽スポーツ文化クラブ」（東京都杉並区）や「垂水区団地スポーツ協会」（兵庫県神戸市）のように，モデル事業が始まる20年以上前から地域の問題や社会的な問題を解決するために発足された現在でいう総合型のクラブ活動を行っているクラブもある。中西（2005）は，総合型地域スポーツクラブの中でも「地域生活の危機的位相や課題に関するメッセージを発信し影響を与えたり，楽しみながら人間関係を広げるまちづくりのあり方に対して種々多様な提案をしていくという社会運動を展開していく」クラブをアソシエーション型（地域）スポーツクラブと位置付け，市民社会を拓くために必要な，地域住民のボランタリズムや向社会的行動を誘発する仕掛けとなる可能性を示している。

(5)　理論的サンプリング（Theoretical sampling）とは，理論や解釈を作り出すという目的に沿って標本抽出やデータ収集を行う，一種の非確率的サンプリングである。分析者はまず，最初の情報提供者を選択し，データを集めてコード化し分析，試行的な理論を作って解釈を加えてから，次のデータを誰から収集するかを決める。新たなデータを分析した上でまた理論を見直すが，それによってその後の標本抽出やデータの収集方法が変わっていくこともある。このようにして，標本抽出と解釈が互いに理論的につながりながら繰り返し行われるものである。

(6)　嶋田（1997）は，企業内での個人の特徴を「バランス人モデル」として捉え，「バランス人」は全体の中に位置づけられるが全体には包摂されず，常に対象との関係やその他の集団や組織とのバランスを考えながら，自己の位置を確認できる自律した個人と規定している。

(7)　間人主義とは，他者との相互作用を良好に維持し，自他共に福祉を享受するうちに他者関与的行為を心がけようとする価値観である（浜口1982）。身近な他者といわば自己融合した形の生活空間に住むことを原則とする日本人は，他者との共存的生活形態を確

第Ⅱ部　ソーシャル・インクルージョンの射程

　信することではじめて自己の生存意義を見出すと論じている。
(8)　Field と Millsap（1991）は，高齢者になってからの人格特性は，心が広く，率直で明るく受容的という特徴をもつ適合・協調性の人格特性が発達することを証明しており，彼らが高齢者になったから協調性が出てきたという見方もある。
(9)　小倉（2001）は，再帰的な社会化を「すでに合意され完成された社会（制度）の存在を所与とせず，エイジング・プロセスにおける自己再帰的な状況と社会（制度）の再編プロセスを同時に含みこんだ社会化のありようを模索していくこと」と述べているが，ここでは，身体を介した自己の再帰性からはじまり，再帰的な取り組みを繰り返しながら地域の再帰性へと展開され，地域の「生活者」となっていく新たな社会化の概念として用いる。

引用・参考文献

天野正子（1996）『「生活者」とはだれか』中公新書
Bataille, G.,(1988) *Le non-savoir,* Gallimard（＝1999，西谷修訳『「非—知」閉じざる思考〔新訂増補〕』平凡社ライブラリー）
Beck, U.,(1986) *Risikogesellschaft,* Suhrkamp（＝1999，東廉，伊藤美登里訳『危険社会——新しい近代への道』法政大学出版局）
Beck, U., Giddens, A., Lash, S.,（1994）*Reflexive Modernization : Politics,Tradition and Aesthetics in the Modern Social Order,* Polity Press（＝1997，松尾精文・小幡正敏・叶堂隆三訳『再帰的近代化——近現代における政治，伝統，美的原理』而立書房）
Field, D., Millsap, R. E.,(1991) Personality in advanced old age ; Continuity or change?, *Journal of Gerontology* 46
船津衛（1981）「スポーツと社会的相互作用——スポーツ社会学への一視角」『一流競技者の社会学』体育社会学研究10，道和書院
古川孝順（2005）『社会福祉原論（第2版）』誠信書房
Giddens, A.,(1990) *The Consequences of Modernity,* Polity Press（＝1993，松尾精文・小幡正敏訳『近代とはいかなる時代か』而立書房）
―――（1991）*Modernity and Self-Identity,* Polity Press（＝2005，秋吉美都・安藤太郎・筒井淳也訳『モダニティと自己アイデンティティ——後期近代における自己と社会』ハーベスト社）
Guttmann, A.,(1979) *From Ritual to Record : The Nature of Modern Sports,* Columbia Univ Pr（＝1981，清水哲男訳『スポーツと現代アメリカ』TBSブリタニカ）
Heidegger, M.,(1927) *Sein und Zeit, 1. Halfte,* Max Niemeyer（＝1994，細谷貞雄訳『存在と時間』筑摩書房）
浜口恵俊（1982）『間人主義の社会』東洋経済新報社
稲垣正浩（2005）『〈スポーツする身体〉を考える』叢文社
今田高俊（2005）『自己組織性と社会』東京大学出版会
黒須充（2003）「My Town Club」『平成15年度第3回総合型地域スポーツクラブ育成状況に関する調査報告書』NPO法人クラブネッツ
―――（2004）「My Town Club 2004」『平成16年度第2回総合型地域スポーツクラブ育成状況に関する調査報告書』NPO法人クラブネッツ
厚生省社会・援護局（2000）「社会的な援護を要する人々に対する社会福祉のあり方に関す

る検討会報告書」
小林江里香・深谷太郎（2005）「都市部の中高年者におけるボランティア活動のニーズの分析」『老年社会科学』27（3）
前田信彦（2006）『アクティブ・エイジングの社会学――高齢者・仕事・ネットワーク』ミネルヴァ書房
Mead, G. H.,(1934) *Mind, self and society,* University of Chicago Press（＝1973，稲葉三千男他訳『精神・自我・社会』青木書店）
内閣府（2000）「国民生活選好度調査」
―――（2003）「高齢者の地域社会への参加に関する意識調査」
―――（2004）「高齢者の日常生活に関する意識調査結果」
Nancy, J. L.,(1991) *The Inoperative Community,* Univ of Minnesota Pr(Theory and History of Literature)（＝2001，西谷修・安原伸一朗訳『無為の共同体――哲学を問い直す分有の思考』以文社）
中西純司（2005）「総合型地域スポーツクラブ構想の将来展望：市民参加型『まちづくり』の可能性を求めて」『福岡教育大学紀要』5
日本ソーシャルインクルージョン推進会議編（2007）『ソーシャル・インクルージョン――格差社会の処方箋』中央法規出版
小倉康嗣（2001）「後期近代としての高齢化社会と〈ラディカル・エイジング〉――人間形成の新たな位相へ」『社会学評論』52
Peck, R. F.,(1975) *Psychological developments in the second half of life,* Human life cycle
全国社会福祉協議会（2001）「全国ボランティア活動者実態調査」
嶋田恵美子（1997）「『会社人間』にみる個人と組織――その変化と課題」白鷺論叢 29
杉原陽子（2007）「社会参加」柴田博・長田久雄・杉澤秀博編『老年学要論』建帛社
杉澤秀博・柴田博（2006）「職業からの引退への適応――定年退職に着目して」『生きがい研究』12
田尾雅夫（1998）『会社人間はどこへいく』中公新書
上野谷加代子（2006）「福祉コミュニティの創造にむけて」上野谷加代子・杉崎千洋・松端克文編『松江市の地域福祉計画』ミネルヴァ書房
山口泰雄（1998）「スポーツの社会化」池田勝・守能信次編『スポーツの社会学』杏林書房

第9章

高齢者にとってのこころの「居場所」
――「つながり」の諸相からみた高齢者支援のあり方――

1 社会福祉による支援と「居場所」

　「居場所」という言葉がある特定の意味を含みながら用いられるようになって久しい。住田・南によれば「『居場所』というのは，本来は文字通り人が居る所，いどころという物理的空間を意味するが，最近はそれに安らぎとかくつろぎ，あるいは自分を取り戻すことができるところ，自分が必要とされているというような意味に用いられるようになってきた」という（住田・南 2003：ⅱ）。本章では，近年様々な場面で用いられるようになった「居場所」という言葉の現代的意味を改めて整理し，高齢者が，安らぎやくつろぎの気持ちを感じるという，いわばこころの「居場所」といったものに必要な条件を明らかにすることを第一の目的とする。

　また昨今，社会参加活動などにおいて，直接的な他者との関係によって「居場所」を実感する高齢者は少なくない。しかし，これまで永きにわたって様々な経験や体験をし，また，思い入れのある空間で生活する高齢者にとっては，直接的な他者との「つながり」によらずとも，安らぎやくつろぎの気持ち，つまりこころの「居場所」を実感するものも，また少なくないものと思われる。このようなこころの「居場所」を選好する高齢者の存在を明らかにし，かつ彼／彼女らに社会福祉はどのような支援ができるのか。このことについて考察を深めることが，本章の第二の目的である。

2 「居場所」の現代的意味——こころの「居場所」

　本節では，これまでの「居場所」に関する先行研究から，「居場所」の用いられたその意味を時代背景の変遷とともに確認し，その時代時代に用いられた「居場所」の意味の，それぞれに相対的に特徴的な要素，さらにその底流で共通する要素から「居場所」の現代的意味を探索する。さらにそれらの「居場所」のあり方について，人々の「つながり」の諸相から類型化を試みる。

(1) 「居場所」が意味を持ちえた社会背景

　「居場所」の辞書的な意味に，何らかの意味が加えられたのは久田 (2000) の指摘するように，1970年代といえる。高度経済成長期から低成長期を迎え，家庭をかえりみず，仕事中心の生活を送っていた男性会社員などが，たまの休日を家で過ごす様子を「居場所がない」と揶揄された。
　しかし，これらの「居場所」の意味合いがドラスティックに変化したのは，1980年代に増加した児童生徒の不登校問題がきっかけであろう。これを受けて文部省 (1992) は報告書「登校拒否（不登校）問題について——児童生徒の『心の居場所』づくりを目指して」をまとめるが，田中はこの報告書について，「『心の居場所』という表現が公文書におそらく初めて現れた」こと，そして「居場所という通俗的な用語が，時代背景をもった特殊な響きをもって語られるようになる契機」となったことを指摘している（田中 2001：26）。
　以降，「居場所」は主に児童生徒の不登校問題との関連から論じられるようになるが，その一方で佐藤 (1998) は，「居場所」という用語が「市民権」を得た背景には，1980年代半ば頃から，例えば子ども同士が地域において遊んでいる姿を見かけなくなるなど，子どもたちの存在が希薄になったことがあるとしている。
　子どもや若者の集団離れについては，文部省 (1974)「在学青少年に対する社会教育の在り方について」で，社会教育の対象に「在学青少年」を含める必

要性を政策として示した頃から指摘されていたが，それが学校や地域という単位だけではなく，1990年代になると，家庭においても子どもたちの様相は急激に変化する。中里・松井（1999）が1989年から継続している国際比較調査の結果から，日本の親子関係は悪化しており，その傾向が顕著になったのは1990年代に入ってからと指摘している。

　1990年代まで「居場所」とは，主に子どもや若者のそれを中心に語られたせいもあってか，「居場所」に関する議論は主に教育学を中心に展開されていた。しかし，2001年以降の「居場所」に関する文献や論文を概観すると，文部科学省（2004）が「子どもの居場所づくり新プラン」を実施した時期の前後以外は，子どもや若者の「居場所」に関するものはそれほど増加していない。むしろ増加傾向にあったのは勤労世代，あるいは退職後世代の男性の多様なライフスタイルの中での「居場所」についてのものであった。また，社会福祉領域と密接に関係している高齢者の入居施設のあり方に関するもの，さらに障害者，特に精神障害者の地域生活支援に関する「居場所」研究も同様に増加傾向にある。

　この時期に，社会福祉領域においても，幅広く「居場所」研究が展開された背景には，以下のことが考えられる。

　戦後のわが国においては，1960年代の高度経済成長期以降，社会構造が大きく変化し，都市化，核家族化が進行するに伴い，人々の社会関係も大きく変容していった。上述したように1970年代頃から，他者との関係性の希薄化が指摘され始め，「居場所」という言葉が含む意味も広がりを見せるが，1980年代のノーマライゼーション思想の流入は，徐々にその様相を変えていった地域社会において，障害者がごくあたり前の生活を送るための支援，ひいては地域における「つながり」を基本とした支援という新たな課題を福祉関係者に呈した。さらに1990年の「老人福祉法等社会福祉法八法改正」に始まる社会福祉基礎構造改革，1994年の新ゴールドプランの策定，1997年の介護保険法の成立などの流れの中で，要介護高齢者の在宅ケアが推進されたことも受け，これまで，子どもや若者を中心に語られていた「居場所」の問題が，社会福祉領域

においては障害者，高齢者なども含んだ幅広い対象について，地域社会における「つながり」という文脈から論じられるようになった。旧厚生省社会・援護局が，「社会的援護を要する人々に対する社会福祉のあり方に関する検討会報告書」において，今日の多様化する諸問題の解決を図るには「つながり」の構築こそが重要であり，人間の関係性を重視することに社会福祉の役割があるという点を強調したのもまさにこの時期である（厚生省社会・援護局 2000）。

　この時期の，社会福祉領域における「居場所」研究の例をいくつか挙げると，浜崎・延藤は，建築学からのアプローチではあるが，「地域社会に暮らすお年寄りに着目し，その人にとって居心地のいい場所をつくりだすという視点」から，地域における高齢者施設建築計画への住民参画のあり方について検討している（浜崎・延藤 2001：111）。また，社会学の立場から三本松（2004）は，社会的承認の「場」として「居場所」を捉え，コミュニティの変質と，その新たな特質について論じている。さらに関谷（2007）は，社会福祉学の立場から，中原（2003）の「居場所」を心理的要因としての「居場所感」と物理的空間としての「居場所」との整理を基本にしたうえで，後者の「居場所」に着目し，この「居場所」が精神障害者の地域生活支援には重要であろうと論じている。しかし，関谷は「居場所」を，単なる物理的空間というよりも，むしろ，その「場」における他者との「つながり」を通して，自己の存在を否定しない気持ちや将来展望・希望などを見出す「場」として捉えていることからも，「居場所」は心理的要因であるところの「居場所感」に密接に関係しているものと考えることができる。

(2) こころの「居場所」に必要な条件

　ここまで，「居場所」に関する先行研究を見てきた中から，特に各時代において共通する要素に着目して「居場所」の持ちうる意味を確認すると以下のことがいえる。

　まず，「居場所」にインパクトを与えた不登校問題においても，「居場所」とは，その「なさ」が実感され，かつその回復過程の中で明らかになる，いわば

逆説的な概念であったと見ることができよう。2001年以降増加する勤労世代，あるいは退職後世代の男性に関するもの，高齢者の入居施設のあり方に関するもの，精神障害者の地域生活支援に関するもの，これらの「居場所」研究においても，問題の出発点はいずれも「居場所のなさ」にあったといえる。

また「居場所」とは，先に挙げた住田・南の例に見るように「自分を取り戻すことができる」「自分が必要とされている」というような気持ち（住田・南 2003：ⅱ），あるいは，関谷（2007）が自己の存在を否定しない気持ちや将来展望・希望などを見出す「場」として捉えたように，多分に心理的要因を含んだ自己の存在を確認する場であるともいえる。

さらに，田中が「居場所は他者との関わりのなかで自分の位置と将来の方向性を確認できる場」と定義しているように，そのような自己の問題は，他者との関係のなか，つまり「つながり」によって確認されるものであると見ることもできる（田中 2001：8）。

以上のことから「居場所」とは，その「なさ」が実感された時に明らかになる逆説的な概念であること，単なる物理的空間ではなく，心理的要因を多分に含んだ，いわば自己の存在を確認できる場であること，そして，自己の存在を確認する「居場所」には他者との関係性，つまり「つながり」が重要であることが確かめられた。このことから，以降本章ではこのような条件を備えた「居場所」を，本来の辞書的な意味である「いるところ。いどころ」（新村編 1998：183）と区別するために，こころの「居場所」と呼ぶこととする。

(3) こころの「居場所」を生み出す「つながり」の諸相

前項ではこころの「居場所」の条件を，①その「そのなさ」が実感された時に，明らかになるものであること，②単なる物理的空間ではなく，多分に心理的要因を含んだ自己の存在を確認する場であること，③こころの「居場所」は他者との関係性，つまり「つながり」のなかで確認されるものであること，の3点に整理した。

本項では，本書の主題であるソーシャル・インクルージョン，「つながり」

表9-1 自由記述から得られた若者の「居場所」のイメージ

(A)「居場所」の要因のうち他者(友人,恋人,家族など)と関係するもの

  (A-1) 他者から意見や態度を認められること
  (A-2) 他者と喜びや悲しみの気持ちを共感すること
  (A-3) 他者と話題があうなど,共通の情報を有していること
  (A-4) 集団の中での役割が明確であること
  (A-5) 他者との信頼関係が結べていること

(B)「居場所」の要因のうち他者と関係しないもの

  (B-1) 自分の趣味や関心のあることに集中して取り組むこと
  (B-2) 将来への目標や道筋がはっきりしていること
  (B-3) 自室など自分が固執する空間にいること
  (B-4) 金銭的に満たされた状態にあること

出典:中村(2007)92頁より。

という視点から,こころの「居場所」のあり方を類型化しその諸相を明らかにする。

　中村は2001年に大学生322人を対象に「居場所」のイメージに関する自由記述調査を行った。調査票は,「あなたが『居場所がない』と感じるのはどのような時ですか」「あなたにとって「居場所」とはどのようなイメージですか」といった内容のものであった。自由記述の内容を複数の大学院生によってKJ法などを用いて整理したところ,表9-1のような結果が得られた(中村2007)。

　記述された内容からその特徴を見ると(A-1)〜(B-4)に関する記述は,多くの場合,「居場所のイメージ」よりも「『居場所がない』と感じる時」への回答になされたものであった。このことからも「居場所」は,上述①の「そのなさ」が実感された時に,明らかになるものである,ということが確認できる。また,(B-3)を除いては,大学生は「居場所」を物理的空間としてのそれよりも,上述②の多分に心理的要因を含んだ自己の存在を確認する場としてイメージしていることがうかがえる。さらに,物理的空間とも解釈できる(B-3)のような空間において,若者はあえて他者との直接的な関係を持たずに自己の存在を確認する場合も考えられる。つまり若者は,「居場所」を単なる物

第9章　高齢者にとってのこころの「居場所」

理的空間ではなく，こころの「居場所」としてイメージする場合が大勢を占めているといえる。そして，上述③の「つながり」という視点から整理すると，こころの「居場所」は以下の2種類に類型化することができよう。

（A）　他者との直接的な「つながり」のなかで実感するこころの「居場所」
（B）　他者と直接関係を持たないところで実感するこころの「居場所」

特に（B）のこころの「居場所」に見られるような，直接的な他者との「つながり」を持たないところで自己の存在を確認する若者のあり方こそに，現代におけるこころの「居場所」の大きな特徴があるのではないか。そしてこのような特徴は，なにも大学生世代に限ったことではないことが，以下の例よって明らかになる。

2004年6月1日長崎県佐世保市において，小学校6年生の女児が同級生をカッターナイフで切りつけ死亡させるという事件が発生した。いわゆる「佐世保小6事件」である。事件についての最終審判は同年9月15日，長崎家庭裁判所佐世保支部により決定されたが，その要旨文では，加害女児にとって「交換ノートやインターネットが唯一安心して自己を表現し，存在感を確認できる『居場所』になっていた」とされている。そして女児は，被害者に交換ノートに反論を記載され，ホームページに否定的な感情を表現されたことを「『居場所』への侵入」ととらえ，怒りの感情から殺害行為に及んだという[1]。

少年審判の判決要旨が公開されるようになったのは，1997年の「神戸連続児童殺傷事件」からではあるが，そのなかで「居場所」という言葉が，このような意味を含みながら用いられたのは，おそらくこれが初めてであろう。

まず女児の「居場所」とされた交換ノートやインターネットは，当然のことながら物理的空間ではないが，自らを表現し，その存在を確認できる「場」であったといえよう。しかし女児がそれを，かけがえのない自らのこころの「居場所」であるとはっきり認識したのは，残念ながら交換ノートに反論を記載され，ホームページに否定的な感情を表現されるという「『居場所』への侵入」，つまり「居場所の喪失」によってではなかっただろうか。そして，女児にとっての交換ノートやインターネットには，とりもなおさず彼女の人間関係や社会

関係が集約されていたが，それは，同じ学校のクラスメートとの直接的な「つながり」によるものではなかった。

このように，他者との直接的な関係によらずとも，また直接的「つながり」によるものであっても，自己の存在を確認する場の喪失，あるいは希薄さが，「居場所」という言葉がこころの「居場所」としての意味を持ちえてきた背景の本質にあるのではないか。さらに「居場所」という言葉への注目度が高まり，また「居場所」研究の対象の広がりからしても，このような現象は上述した若者世代や，子どもにとってだけのものではない。佐々木は，「自分らしさ」と「つながり」の関係を模索する過程を，「自分探し」という言葉でなぞらえ，「現代日本社会は『一億総自分探し時代』へと突入している」と指摘している（佐々木 2001：87）。

3 高齢者にとってのこころの「居場所」

本節では，高齢者にとってのこころの「居場所」を，前節の類型化に基づいて整理し，それぞれの類型にあてはまる高齢者像の特徴を捉える。具体的には，他者との直接的な「つながり」のなかで実感するこころの「居場所」を持つ高齢者，いわば直接的な対人関係や社会関係といった「つながり」のなかで「居場所」を実感する高齢者への支援と，その問題点について検討する。さらに，他者と直接関係を持たないところで実感するこころの「居場所」を持つ高齢者，つまり直接的な「つながり」によらないこころの「居場所」を選好する高齢者の存在を，これまでの，主に老年学における適応理論から明らかにし，高齢者に特有のこころの「居場所」のあり方を確認する。

(1) 直接的な「つながり」の中で——就労，社会参加活動を通して実感するこころの「居場所」

高齢者にとって，直接的な他者との「つながり」を実感するこころの「居場所」の代表的なものとしては，就労，あるいは地域における社会参加活動が考

第9章　高齢者にとってのこころの「居場所」

えられる。

　滋賀県社会福祉協議会は，都市に住む退職者の家庭や地域における「居場所」の喪失への危惧から，2003年8月から10月にかけて，県内に勤務する50歳以上の60歳未満の勤労者，及び60歳以上，70歳未満の退職者3,000人を対象に，高齢期の「居場所」に関する調査を行っている。そこでは「居場所」の具体的な例として「家庭・会社，地域・近隣，趣味・学習の場」などがあげられ，さらに「居場所」の条件としては「本人の主体性」が強調されている（滋賀県社会福祉協議会 2004：201）。

　この調査では「居場所」を「はりあいや活力をもたらす場」「生活のリズムやメリハリをつける場」「心の安らぎや気晴らしを感じる場」「自分が役に立っていると感じたり，評価を得ていると感じる場」など，9つの場面を設定し，それぞれについて「家庭」「仕事・会社」「地域・近隣」「個人的な友人」「その他」「どこにもない」のいずれかで回答させている。サンプルの性別に偏りがあるものの（勤労者：男性90.3％，女性9.6％，退職者：男性82.4％，女性16.4％），総じていえることは，いずれの場面の「居場所」においても「家庭」「仕事・会社」に回答が集中する傾向があることである。また，退職者のうち，60〜64歳のうち58.9％が何らかの収入を伴う仕事をしていることもあってか，退職者の回答だけを見てもこの傾向は，極端に大きく変わるものではない。

　ここで，本章でいうところの，他者との直接的な関係のなかで安らぎやくつろぎの気持ちを感じるこころの「居場所」を，「心の安らぎや気晴らしを感じる場」と置き換えた場合，調査対象者は以下のような「場」を想定している。勤労者の場合，「家庭」が78.8％，「個人的な友人」が22.8％，「仕事・会社」は，最低の「どこにもない」の2.0％をわずかに上回る3.3％，退職者の場合は「家庭」が74.4％，「個人的な友人」が31.2％，「仕事・会社」は，やはり最低の「どこにもない」の1.2％の，1ランク上位に位置する5.1％である。ちなみに，「地域・近隣」は勤労者の場合5.3％，退職者の場合7.6％である。

　また，他者との「つながり」のなかで自己の存在を確認するこころの「居場所」を，「自分が役に立っていると感じたり，評価を得ていると感じる場」と

置き換えた場合はどうか。勤労者の場合,「仕事・会社」が 62.8%,「家庭」が 43.1%,「地域・近隣」が 16.6% で続く。退職者の場合は「仕事・会社」が 40.4%,「家庭」が 33.2%,「地域・近隣」がやはり 31.0% で続く。ちなみに,「個人的な友人」は,勤労者の場合 4.3% で最低ポイント,退職者の場合は 7.2% で,最低の「どこにもない」(6.0%) の 1 ランク上位に過ぎない。

　この調査の結果からは,多くの場合男性は,在職中であっても退職後でも「心の安らぎ」としての「居場所」を「家庭」や「個人的な友人」との直接的な関係において実感する。そして,自らの存在を確認するこころの「居場所」を,在職中は主に,「仕事・会社」で,退職後はそれに「地域・近隣」との関係の中においても実感するということが示唆される。このことから,就労や社会参加活動の中で実感するこころの「居場所」とは,「安らぎ」や「くつろぎの気持ち」を生み出す場というよりも,自己の存在を役割や自己効力感などによって確認することのできるこころの「居場所」といえるだろう。

(2) 就労,社会参加活動におけるこころの「居場所」の限界

　厚生労働省雇用政策研究会 (2007) の推計によると,日本の労働力人口は 2006 年の 6,657 万人が,2017 年には 6,217 万人,そして 2030 年には 5,584 万人に減少する可能性もあるという。そのような中で,2004 年には高齢者雇用安定法が改正されるなど,高齢者の雇用促進は進んでいる一方,果たして高齢者自身は,今後も就労の場にこころの「居場所」を求めているのであろうか。

　内閣府 (2006a) が 2005～2006 年に日本,アメリカ,韓国,ドイツ,フランスの 5 カ国の 60 歳以上の男女を対象にした「第 6 回高齢者の生活と意識に関する国際比較調査」によると,現在,収入を伴う仕事をしている高齢者が「今後も収入の伴う仕事をしたいと思うか」について,続けたいと思っている者の割合は,日本が 87.5%,アメリカ 87.8%,韓国 90.6% と,ドイツの 63.1%,フランスの 42.9% と比較して,高いポイントを示している。しかし,「今後も仕事を続けたい理由」についてみると,「収入が欲しいから」はアメリカ 60.0%,韓国 63.4% と高いポイントを示しているのに対し,日本は 42.7% とドイ

ツの 43.7% と拮抗している（フランスは 35.2%）。また，「仕事そのものが面白いから，自分の活力になるから」はドイツが 42.3%，フランスが 48.1% と高いポイントを示しているのに対し，日本は 24.6% とそれほど高くない（アメリカ 27.7%，韓国 20.1%）。他方，他国に比べて比較的割合の高い理由は「働くのは体によいから，老化を防ぐから」の 25.9% であった（他国はいずれも 10% 台）。これらの結果は，一般に日本の高齢者の就労意識の高さが指摘されているが，収入や面白さといった仕事固有の目的によって就労の場に引き寄せられているわけではないことを示唆している。

また，これまでに収入を伴う仕事をしたことがない，あるいは，したことがあるが現在は仕事をしていない高齢者が「今後収入の伴う仕事をしたいと思うか」について，「就労意欲あり」と答えたのは，日本が 13.9%，アメリカ 14.8%，韓国 30.1%，ドイツ 10.4%，フランス 6.2% と，各国ともにそれほど高いポイントを示している訳ではない。

さらに，就労を含めた幅広い社会参加活動に目を転じると，わが国の場合，この「社会参加活動」という言葉が，極めて限定的に用いられているという問題が生ずる。確かに，これらのような「社会参加活動」を促進することが，高齢者自身にとって，社会的な関係のみならず，心理的，身体的にも望ましい影響を与えることは数多く報告されており（早坂ら 2002；佐藤ら 2002；岡本ら 2006），これらの活動への参加が，直接的な「つながり」の中で幸福な老いを実感できるこころの「居場所」となることは十分考えられる。しかし，これらの先行研究における「社会参加」の定義は限定的であるのみならず，一致した見解がみられない。

例えば，わが国の施策における「社会参加活動」の定義を確認してみると，2006 年 1 月に内閣府（2006 b）が，全国の 65 歳以上の高齢者 4,500 人を対象に行った「世帯類型に応じた高齢者の生活実態等に関する意識調査」では，「人とのつきあいに関する項目」として「近所づきあい」「親族との接触頻度」「親しい友人の有無」，そして「グループ活動への参加状況」として「老人会」「町内会」「NPO 法人やボランティア団体」における所属の割合や，活動内容につ

いて調査している。この調査において「グループ活動」の内容として示された選択肢の多くは，内閣府(2004)が2003年12月に，全国の60歳以上の男女4,000人を対象に行った「高齢者の地域社会への参加に関する意識調査」において「社会参加活動」に関する項目として設定されたものと少なからず重複している。つまり，これらの調査において選択肢として設けられた「社会参加活動」の内容を例にみると，近年進められてきた社会参加促進事業[2]とは，健康づくり・趣味・就労・社会奉仕といった，極めて限定された内容のものであるといわざるを得ない。

　小田は高齢期の適応過程を説明する理論である活動理論（activity theory）から示唆される点として，「それらを"仕事"と感じるような何らかの活動を続けることができれば，自分の存在意義や居場所を確認でき，自尊心を維持することができて生活満足度も高くなるだろう」としている（小田 2004：89）。すなわち，高齢者にとっての，いわゆる「社会参加活動」はその内容よりも，むしろ社会的役割と責任の有無がこころの「居場所」のあり方に大きな影響を与えているということが推察される。さらに，高齢者の就業支援を政策的に拡充したり，社会参加活動促進事業に予算を費やしても，その内容がより深められなければ，直接的な関係によってこころの「居場所」を生み出す「つながり」とは成り得ないといえるであろう。今後は，個々人が「自分が役に立っている」と感じたり，他者からの「評価を得ている」と感じるような，かつ多様なライフスタイルに合わせた「社会参加活動」が検討されなければならない。

(3)　直接的な「つながり」によらないこころの「居場所」

　高齢者のこころの「居場所」という視点から，ソーシャル・インクルージョンを考えるのであれば，むしろ問題になるのは，他者と直接関係を持たないところでこころの「居場所」を実感する高齢者であろう。このような高齢者は，他者との直接的な関係に「居場所」を実感する，前項で述べたような高齢者と比較して，「つながり」から排除された高齢者とみなされることすらある。しかし，「つながり」とは必ずしも，直接的な他者との関係によってのみ結ばれ

るものではないのではないか,というのが筆者の立場である。

例えば,「つながり」がアイデンティティと密接に関係した概念と仮定してみよう。Erikson と Erikson は老年期のアイデンティティについて「老人は,隠遁と孤独の中で初めて自分のあり方についてゆっくりと考える場所を見出すのであろう」とし,さらには老年期には「急ぐことや張りつめていることから自分を解き放つこと」が義務になるとさえ述べている (Erikson & Erikson 1997, =2001：186)。

1970年代後半以降,活動理論と対比された離脱理論 (disengagement theory) が注目を集めるようになるが,この点について小田は,高齢者がそれまで担っていた社会的地位や役割を次の世代に譲り,離脱することにより,自己の価値を維持するだけでなく社会システムの維持均衡をもはかるという点にあった (小田 2004)。すなわち,離脱理論においては,離脱は本来人間に備わっているものであり,自らすすんで受け入れる過程と捉えられているといえる。

小田は disengagement の一般的な訳語は「束縛からの解放」「行動の自由」「暇」であるとし (小田 2004：70),さらにこの理論が社会システムの維持均衡と密接に関係したものであることから,少なからぬ変動を伴う現代においては,離脱という生活を選択する高齢者が存在することは否めない。それはあたかも,これまでの社会的役割と責任からの解放にこころの「居場所」を実感する高齢者像に他ならず,かつての伝統的なライフスタイルのひとつとされた「楽隠居」を想起することができるかもしれない。いずれにせよ,このようなライフスタイルを選択する高齢者が少なからず存在することは,まったく不思議ではないだろう。

では,このようなこころの「居場所」を実感する高齢者にとっての「つながり」とは,一体,どのようなものとの「つながり」であるのか。

田中が「居場所は他者との関わりの中で自分の位置と将来の方向性を確認できる場」と定義していることは先述したが (田中 2001：8),ここでいう「他者との関わり」とは,子どもや若者にとっての直接的な他者との「つながり」を指している。しかし,子どもや若者の「居場所」と高齢者のこころの「居場

所」を比較した場合，大きく異なるのは，若者にとっての「居場所」には教育的なまなざしや発達的価値観が多分に含まれている，つまり，他者との直接的な関係のなかで感じる「居場所」に価値づけられて論じられる場合が多いという点である。例えば，高橋（1992）は，子どもたちの「かかわり」の重要性を指摘し，その教育的価値を強調している。高橋は，他者のみならず自然や事物との「かかわり」を得る場を「自己形成空間」と命名し，のちにこの「自己形成空間」が子どもや若者の「居場所」と極めて近接した領域で論じられるようになる[3]。

　しかし，高齢者にとってのこころの「居場所」には，当然，子どもや若者に対する教育的なまなざしや発達的価値観のような価値付けがなされる必要は無く，むしろ残りわずかな人生の中での自己の存在の確認に重きが置かれるべきと考えられる。

　高齢者が他者との直接的な「つながり」によらず自己の存在を確認する場とは，過去にともに過ごした他者や，その人たちとともにした様々な経験や体験などの思い入れのある空間であろう。Tuan（1977，=1988）は，単なる空間（space）を意味のある場所（place）と区別するものは，その空間に対する「経験」や「思い入れ」であり，このような空間をTuanは「生きられた空間（experiencial space）」と呼んだ。さらにBollnow（1963，=1978）は「体験されている空間（der erlebte Raum）」を物理的な距離や広さで計測できる「数学的空間」と対照させることによってその特質を検討し，「『体験されている空間』には「なんらかの仕方で（中略）その空間のなかで体験している人間の居場所をとおしてあたえられている，他に優越する原点」があり，「この空間における色々な方位とかいろいろな場所は質的に区別されている」とした（Bollnow 1963,=1978：16）。

　つまり高齢者にとっては，社会的役割や責任や他者との直接的な関係から離脱し，過去における経験や体験などの思い入れ，さらには，田中のいう「将来の方向性」（それは多くの場合「死」の問題と向き合うことを含むが）という，「過去」と「未来」との「つながり」を通して自己の存在を確認する，そのような

こころの「居場所」を実感する場合もあると考えられる。

4 こころの「居場所」と社会福祉の役割

こころの「居場所」という視点から見れば，必ずしも，いわゆる「社会参加活動」への参加や，他者との直接的な関係を結ぶことのみが高齢者にとって，安らぎやくつろぎ，ひいては，自己の存在を確認するこころの「居場所」となっているわけではないことを明らかにした。さりとて，他者との関係の希薄さや，いわゆる「閉じこもり」が高齢者のQOLに悪しき影響を及ぼしていることも，また多くの先行研究が証明している。本節では，直接的な「つながり」によらないこころの「居場所」を実感する高齢者に対して，社会福祉はどのような役割を担うことが出来るのかを検討し，結びとする。

(1) 直接的な「つながり」を持たないことと「閉じこもり」の狭間

昨今の社会福祉の課題として，「閉じこもり高齢者」の支援が挙げられよう。平井・近藤 (2007) によれば，英国などでも社会的排除の表出としての「閉じこもり」への対策がソーシャル・インクルージョン政策の重要項目としてあげられている。

藤田ら (2004) は，「閉じこもり」を外出頻度[4]から定義し，その高低が在宅で生活する高齢者の身体・心理・社会的側面と関係していることを示唆している。また，渡辺ら (2005) も同じく，「閉じこもり」を「外出頻度」から定義し，さらに「閉じこもり」高齢者を「外出困難－可能」「社会交流なし－あり」という二軸から4群に弁別した。その結果，「閉じこもり」高齢者は外出が困難でも可能でも，社会交流が少ない高齢者のほうが要介護状態への移行率が高いことを示した。また，新開ら (2005) は，2年間の追跡調査の結果から，総合的移動能力が高く「閉じこもり」でなかった高齢者が，総合的移動能力を維持したまま「閉じこもり」へと移行する予測因子が「抑うつ傾向」「親しい友人の有無」などであることを確かめた。このように，「閉じこもり」が身

体・心理・社会的健康の良否に関わっていることを示す先行研究は少なくない。

しかし，横山ら（2005）は，「すべての『閉じこもり』を『避けるべきもの』と位置づけることは性急であろう」という問題意識から，75歳以上の在宅高齢者を対象に，「障害老人の日常生活自立度判定基準」ごとの「閉じこもり」の出現頻度とその特徴について検討している。その結果，特に自立度J0の高齢者の「閉じこもり」には，「外出の好き・嫌い」が最も影響しており，その結果から「自らの選択による『閉じこもり』の存在」を示唆した。

萩原（2005）はソーシャル・インクルージョンの実践を「選択の幅を広げるための援助のプロセス」としたが，これらのことからすると，自らの選択によって直接的な「つながり」によらないこころの「居場所」において生活する高齢者に対しては，高齢者自身によるこころの「居場所」のあり方を尊重する，つまり多様な「居場所」のあり方を選択する幅と，身体・心理・社会的健康のどちらを優先させるかという，新たな問題が提起される。しかしながら近年，高齢者が望まない形での孤独死や自殺の増加などの問題を考えると，二項対立的な思考に陥ることなく，他者との多様な「つながり」の選択の幅を尊重できるような身体・心理・社会的健康への支援策を検討すべきであろう。「閉じこもり」高齢者などが必要なサービスにアクセスしやすい仕組みづくりをいかに進めていくかが今後の課題となる。厚生省社会・援護局（2000）が述べている「地域や対象とする人々の中に『積極的』に出向くアウトリーチなどの取り組み」などを可能とする支援システムの構築が，より一層重要となるだろう。

(2)　「過去」「未来」との「つながり」のなかでのこころの「居場所」——人生の終焉を視野に入れた援助実践の必要性

大川（2003）はある新聞記事にあった，83歳で亡くなった女性に関する事例を紹介し，老年期における「居場所」の心理的意味について，いくつかの考察を行っている。

その女性は，数年前に亡くなった配偶者と，永らく暮らした，住みなれた家で，長男夫婦と孫と同居していた。子どもたちは，配偶者を亡くしたばかりの

その女性を心配し,旅行に連れ出したりするなどして慰め,女性も一時期は幸せな気持ちを味わっていた。しかし,亡くなる一年半ほど前から,さびしさや悲しみの気持ちを訴えるようになり,「おとうちゃん(配偶者)のところに行きたい。ごめんね」と日記につづるようになったという。女性はその後,食事を次第にとらなくなり,家族が食べるように懇願してもそれを拒絶するという,いわばセルフ・ネグレクトともいえるような形で亡くなった。

大川は,「居場所」を「もっとも安心できる場所」「落ち着ける場所」と定義したうえで,住み慣れた家や自分を必要としてくれる家族が「居場所」となり得なかったとしている。自分のいる空間には家族としての役割を卒業した自分だけが残され,いろいろな思いを共有してきた配偶者はすでに亡くなっている。女性は「居場所や役割の喪失」を感じ,「おとうちゃん」のところに「居場所」を求めたと考察している。

この女性の,配偶者を亡くしてからの時間は,まさに,過去における経験や体験などの思い入れ,そして遠くない将来にやってくるであろう「死」という問題と向き合う,つまり「過去」と「未来」との「つながり」のなかでのこころの「居場所」であった。しかし,女性はそのなかで自己の存在を確認することが次第に困難となり,そのような形で死を選んでしまったと見ることができよう。

1960年代,物質的には豊かな生活水準に到達したアメリカにおいて,生命の量から質へ,つまり Quality of Life[5]への価値転換がすすみ,柳田(1997)によれば,日本でも高度経済成長期を迎えた1970年代前半以降,それまでの物質的繁栄を目指すなかでは,日常生活から隠蔽されてきた「死」という問題が,徐々にではあるが,積極的に捉えられるようになってきたという。

では,子育てを終え,配偶者を見送るという役割を終えた,事例にあげられたような女性は,残りの余生を「役割なき役割」のみを果たして過ごせばよいのであろうか。それでは生命の「量」は高まっても,「質」が高まったことにはならないだろう。浜口ら(2001)は穂積(1915)の『隠居論』を参考に,「隠居」の習俗は文明化された社会によって獲得されたものとしている。逆にいえ

ば，この「隠居」という人生の晩期を，それが他者との直接的な関係によるものであっても，そうでなくても，豊かな時間として過ごすことができるよういかに支援するか。このことが，「つながり」の再構築を目指す社会のあり方ともいえよう。

そして，他者との直接的な「つながり」を持つ高齢者と比較して，その射程に収まりにくいともいえる，直接的な「つながり」によらないこころの「居場所」，特に事例にあげられた女性のこころの「居場所」であった「過去」と「未来」との「つながり」を豊かにするような支援，ひいては援助実践が，今後の社会福祉における大きな役割であると考える。

高齢者の「過去」，すなわち様々な経験や体験などによる「思い入れ」を取り込んだ援助実践としては「回想法」などが，主に認知症高齢者を対象として，その効果が確かめられている（野村 1998）。また，高齢者自身の「語り」を通して人生の再構築を促すナラティブ・モデルによるソーシャルワークなども注目を集めている（木原 2000）。しかし，「未来」つまり，「死」を，より良い形で人生に取り込んでいくような試みは，医療におけるホスピスケアやリビング・ウィルの啓発，また社会教育におけるデス・エデュケーションなどの取り組みが見られるものの，わが国のソーシャルワーク実践においては，十分な位置づけがなされていない。

Erikson（1986，=1990）は老年期における発達課題をアイデンティティの「統合」，そして「英知」としているが，それはまさに「死」に直面した「場」によって達成されるものに他ならない。在宅における，いわゆる「看取り死」が政策的課題にもなっている昨今，ソーシャルワーカーをはじめとする社会福祉従事者には，人生の終末をも視野に入れた支援のあり方を検討することが必要であることを提案し結びとしたい。　　　　　　　　　　（中村一茂）

注
(1)　朝日新聞，2004 年 9 月 16 日，朝刊より筆者が概略した。
(2)　ただし，平成 8 年度以降，高齢社会対策関係予算（一般会計）の「学習・生涯学習」に関する項目は減額の一途をたどっている。内閣府（2007）「高齢社会白書（平成 19 年

度版)」。
(3) 「自己形成空間」と「居場所」は必ずしも同一の概念ではないが，日本社会教育学会年報第46集『子ども・若者と社会教育——自己形成の場と関係性の変容』では，執筆者の多くが同書，または他書のなかで「居場所」に関する研究論文を発表している。このことからも「自己形成空間」と「居場所」は極めて近接した領域において議論がなされていることがうかがえる。日本社会教育学会年報編集委員会編（2002）『子ども・若者と社会教育——自己形成の場と関係性の変容』東洋館出版社。
(4) 平井・近藤（2007）が近年のわが国における「閉じこもり」研究の動向を概観したところ，「閉じこもり」定義の構成要素は外出頻度に加え，生活行動範囲，交流状況，移動能力の4つに大別できるという。平井寛・近藤克則（2007）「高齢者の『閉じこもり』に関する文献学的研究——研究動向と定義・コホート研究の検討」『日本公衆衛生雑誌』54(5)。
(5) 本章では Quality of Life を，生と死の問題を考えるという文脈から「生命の質」と訳したが，他にも「生活の質」「人生の質」と訳される。その語意の差については古谷野亘（1993）「高齢者の健康とクォリティ・オブ・ライフ」園田恭一・山崎喜比古・杉田聡編『保健社会学Ⅰ　生活・労働・環境問題』有信堂高文社などに詳しい。

引用・参考文献

Bollnow, O. F., (1963) *Mensch und Raum*, W. Kohulhammer（＝1978，大塚恵一・池川健司・中村浩平訳『人間と空間』せりか書房）

Erikson, E. H., Erikson, J. M., Kivnick, H. Q., (1986) *Vital Involvement in Old Age*, W. W. Norton（＝1990，朝長正徳・朝長梨枝子訳『老年期——生き生きとしたかかわりあい』みすず書房）

Erikson, E. H., Erikson, J. M., (1997) *The Life Cycle Completed*, W. W. Norton（＝2001，村瀬孝雄・近藤邦夫訳『ライフサイクル，その完結』みすず書房）

萩原康生（2005）「ソーシャル・インクルージョンの意義と課題」『ソーシャルワーク研究』相川書房，30（4）

浜口晴彦・嵯峨座晴夫編著（2001）『定年後のライフスタイル』コロナ社

浜崎裕子・延藤安弘（2001）「高齢者施設の脱施設化計画への住民参画プロセスの研究」『日本建築学会計画系論文集』547

早坂信哉・多治見守泰・大木いずみ・尾島俊之・中村好一（2002）「在宅要援護高齢者の主観的健康感に影響を及ぼす因子」『厚生の指標』49（15）

久田邦明編著（2000）『子どもと若者の居場所』萌文社

穂積陳重（1915）『隠居論』有斐閣

藤田幸司・藤原佳典・熊谷修・渡辺修一郎・吉田祐子・本橋豊・新開省二（2004）「地域在宅高齢者の外出頻度別にみた身体・心理・社会的特徴」『日本公衆衛生雑誌』51(3)

厚生労働省雇用政策研究会（2007）「すべての人々が能力を発揮し，安心して働き，安定した生活ができる社会の実現——本格的な人口減少への対応」

厚生省社会・援護局（2000）「社会的な援護を要する人々に対する社会福祉のあり方に関する検討会報告書」

木原活信（2000）「ナラティブ・モデルとソーシャルワーク」加茂陽編『ソーシャルワーク理論を学ぶ人のために』世界思想社

第Ⅱ部　ソーシャル・インクルージョンの射程

文部省学校不適応対策調査研究協力会議（1992）「登校拒否（不登校）問題について――児童生徒の『心の居場所』づくりを目指して」
文部科学省（2004）「子どもの居場所づくり新プラン」
文部省社会教育審議会建議（1974）「在学青少年に対する社会教育の在り方について」
内閣府（2004）「高齢者の地域社会への参加に関する意識調査結果」
――（2006 a）「第 6 回高齢者の生活と意識に関する国際比較調査結果」
――（2006 b）「世帯類型に応じた高齢者の生活実態等に関する意識調査結果」
中原睦美（2003）『病態と居場所感』創元社
中村一茂（2007）「高校生の『居場所』を構成する心理的要因に関する調査研究――愛他性，親子関係との比較から」『東洋大学大学院紀要』43
中里至正・松井洋（1999）『日本の若者の弱点』毎日新聞社
野村豊子（1998）『回想法とライフレヴュー――その理論と技法』中央法規出版
岡本秀明・岡田進一・白澤政和（2006）「大都市居住高齢者の社会活動に関連する要因――身体，心理，社会・環境的要因から」『日本公衆衛生雑誌』53（7）
大川一郎（2003）「老年期の居場所――その心理的な意味」『高齢者のケアと行動科学』9（1）
小田利勝（2004）『サクセスフル・エイジングの研究』学文社
三本松政之（2004）「コミュニティ臨床社会学」岡田徹・高橋紘士編著『コミュニティ福祉学入門――地球的見地に立った人間福祉』有斐閣
佐々木秀和（2001）「ケータイ・インターネット時代の自己実現観――『自分探し』と『居場所探し』とが陥るジレンマ」田中治彦編著『子ども・若者の居場所の構想――「教育」から「関わりの場」へ』学陽書房
佐藤秀紀・佐藤秀一・山下弘二（2002）「地域在宅高齢者における活動能力と社会活動の関連性」『日本保健福祉学会誌』8（2）
佐藤一子（1998）「地域社会における子どもの居場所づくり――青少年の参加と自立への支援」佐伯胖ほか編『ゆらぐ家族と地域』岩波書店
関谷真澄（2007）「『障害との共存』の過程とその転換点――精神障害を抱える人のライフストーリーからみえてくるもの」『社会福祉学』47（4）
滋賀県社会福祉協議会（2004）『高齢期の「居場所」に関する調査研究報告書』
新開省二・藤田幸司・藤原佳典・熊谷修・天野秀紀・吉田裕人・寶貴旺（2005）「地域高齢者におけるタイプ別閉じこもり発生の予測因子――2 年間の追跡研究から」『日本公衆衛生雑誌』52（10）
新村出編（1998）『広辞苑（第 5 版）』岩波書店
住田正樹・南博文編著（2003）『子どもたちの「居場所」と対人世界の現在』九州大学出版会
高橋勝（1992）『子どもの自己形成空間』川島書店
田中治彦編著（2001）『子ども・若者の居場所の構想――「教育」から「関わりの場」へ』学陽書房
Tuan, Y.,(1977) *Space and place : The perspective of Experience,* University of Minnesota press（＝1988，山本浩訳『空間の経験――身体から都市へ』筑摩書房）
渡辺美鈴・渡辺丈眞・松浦尊麿・河村圭子・河野公一（2005）「自立生活の在宅高齢者の閉じこもりによる要介護の発生状況について」『日本老年医学会雑誌』42（1）

柳田邦男（1997）「自分の死を創る時代へ」河合隼雄・柳田邦男編著『現代日本文化論 6 死の変容』岩波書店
横山博子・芳賀博・安村誠司・藺牟田洋美・植木章三・島貫秀樹・伊藤常久（2005）「外出頻度の低い『閉じこもり』高齢者の特徴に関する研究——自立度の差に着目して」『老年社会科学』26（4）

第10章

知的障害者の地域生活支援によるソーシャル・インクルージョンの過程

―― ソーシャル・サポート・ネットワーク形成における支援者の役割 ――

1 地域生活支援における課題

「ソーシャル・インクルージョン」とは,『社会的包摂』と訳され,社会的弱者といわれる人たちを地域社会から排除するのではなく,コミュニティの中で支え合い・助け合いながら生活していこうとする考え方である(谷口 2005:16)。地域社会においてソーシャル・インクルージョンされた状態とは,単に地域に住むということだけではなく,そこで地域住民の一員として役割をもち,生活の全体が地域で営まれ,他の地域住民と生活範囲を共有し拡大している状態であり,言い換えると地域住民と支え合い・助け合う「つながり」を持ちながらその人らしく生活が営まれている状態といえる。その地域社会においてその人のその状態が実現されるためには,その人の個人的な「つながり」である地域性,親密性および血縁等に根ざしたインフォーマルな人々との関係がよりサポーティブな関係に変容し,フォーマルな制度・サービスとつながることが必要であり,それらの社会資源が有機的につながりあって知的障害者の地域生活を支えるソーシャル・サポート・ネットワークが形成されることによって実現する。つまり地域生活支援の過程の中でその人が日常取り結んでいる社会関係網であるソーシャル・ネットワークを意味のあるサポーティブな関係に強化していくこと,すなわちその関係によって自己肯定観やアイデンティティを感じられる関係に変容させていくことが求められる。インフォーマルな社会資源がより自覚的な認識を持ったものになるには,地域住民への支援が必要となってくる。このように知的障害者の地域生活を実現するには個人レベルのネットワ

ークの形成とともに，さらに地域の中に地域生活支援システムという地域レベルの支援システムが必要となる。

本章では，知的障害者の地域生活について言及した後，知的障害者の地域社会においてインクルージョンされる過程を事例を通して考察し，その過程での支援者の役割について考察することを目的とする。具体的には，知的障害者の地域生活とは，どのような在りようなのか，それを実現する支援の考え方について述べ，実践場面では個人の持つソーシャル・サポート・ネットワークを支援者が関わること，すなわちフォーマルなサポートが関わることで，インフォーマルなサポートは，より意味のあるサポーティブなネットワークに変容するという認識のもと，支援者の動きを明らかにしていく。

2　地域生活支援の考え方

(1) 知的障害者の地域生活

知的障害者の地域生活とは，単に地域に住むというだけではなく地域社会の人々と多様な関わりを持った「つながり」をもちながら，「暮らす」「働く」「楽しむ」のすべての生活領域を地域住民と共有している状態である（植戸 2007：22-28）。

どこで暮らすかといった生活の場に焦点を当てた場合，①大集団で地域に存在する（施設），②小集団で地域に暮らす（グループホーム），③一人ひとりが地域で暮らす（アパート）の3つに分類できる。大集団レベルから小集団レベル，そして個人レベルへと近づいていくにつれ（植戸 2007：22-28），生活の場のインクルージョンは進むことになるが，「つながり」に焦点を当てた場合，たとえ地域で一人暮らしをしていたとしても周囲の地域住民と「つながり」の希薄な状態で生活していたのでは，真の地域生活の実現とはいえない。

(2) 「個人モデル」と「社会モデル」

従来，障害者の地域生活支援では，障害者自身の地域生活が可能となるため

には障害者自身に努力を求めるという「障害」を個人の属性として捉える「個人モデル」の考え方が主流だったのではないだろうか。それに対して「社会モデル」では，地域で生活することは当然の権利として捉え，障害者の地域生活を阻害するものを「社会的障壁」としてこの「除去」を重視する（杉野 2007：5-11）。つまり障害者が生活する地域社会が変わることを求めるのである。社会福祉の文脈でいえば地域住民の福祉力の向上が目指されるともいうことができる。

また社会モデルにおいては「ケアをうけての自立」とは，生活者としての障害者当事者自身の主体性を確立し，自分自身の生活に対するイニシアティブを確立するための「ケアの自律」を含む「自律／自立」として構成されている（岡部 2006：28-29）。この考え方は，ケアの管理という部分は，知的障害者と支援者との関係では直接化しないが，基本的視座として据えることはできる。

障害者が地域社会でインクルージョンされるということは，障害者が障害をもちながら必要な支援をうけて地域住民として「つながり」をもった生活を実現するということであり，そういう意味でソーシャル・インクルージョンを実現する「障害モデル」として有効であると思われる。また障害者へのソーシャルワークにおいて，伝統的な障害モデルからの脱却とそれに変わる新しいモデルを採用し，ソーシャワーク理論と結合させることが「障害者ソーシャルワーク」構築に当たって求められ，「障害とは何か」および障害者を取り巻く「問題」をどう捉えるかにおいて，社会モデルは「障害者ソーシャルワーク」の共通基盤としてなり得る（松岡 2007：4-17）といえよう。

(3) 自立／自律支援の考え方

北野は，「自立生活モデル」とは「①個人の次元においては，障害者等が自分でやりにくい時や分かりにくい時に，仲間や支援者等の支援を活用して，自分で選んだ当たり前の市民生活を生きること，②障害者等に関する支援施策や施設サービスの次元においては，その計画から実行に至る全てのプロセスに中心的に参画し，コンシューマーコントロール（当事者主導）を行うこと」であ

るとし，また「自立生活支援モデル」とは「サービス提供者等の支援者がサービス利用者のエンパワーメントを支援することが原理的かつ構造的に想定されたシステムのもとで，自分で選んだ当たり前の市民生活を求める障害者等に，それぞれの自立生活に必要な支援を行うこと」であると定義している。さらに自立生活と支援はすべての障害者の目標理念であるとし，問題はこの支援のどこまでが「自立生活支援」で，どこからが「後見支援」かであるとしている（北野ら 2002：51-54）。この北野の「自立生活モデル」「自立生活支援モデル」の考え方は，障害者への支援の考え方として基礎に位置づけられるものであり，「後見支援」については知的障害の分野でいわれている「支える」「見守る」に相当する考えであると思われる。

また障害者の自立支援の考え方を国連「障害者の権利条約」に見ることができる。国連障害者の権利条約第19条（自立した生活および地域社会で受け入れられること）において，すべての障害者が他の者と平等の選択の機会を持って地域社会で生活する平等の権利を認めるものとし，障害者が，この権利を完全に享受し，並びに地域社会に完全に受け入れられ，および参加することを容易にするための効果的かつ適当な措置をとる，とし次の3点をその措置には含むとしている。

(a)　障害者が，他の者と平等に，居住地を選択し，およびどこで誰と生活するかを選択する機会を有すること並びに特定の居住施設で生活する義務を負わないこと。

(b)　地域社会における生活および地域社会への受け入れを支援し，並びに地域社会から孤立および隔離を防止するために必要な在宅サービス，居住サービスその他の地域社会支援サービス（人的支援を含む）を障害者が利用できること。

(c)　一般向けの地域社会サービスおよび施設が，障害者にとって他の者と平等に利用可能であり，かつ，障害者のニーズに対応していること。

（日本政府仮訳文）

「障害者の権利条約」では，「自立した生活」とは，「居住および生活様式の

在り方」において，機会均等を求める平等，そして，強制を受けない自由が確保されている状態であり，ケア（care）等の支援を受けることは，一般的な社会資源の利用保障や情報保障と並び，地域で自立して生活するために必要な権利として位置づけられている（岡部 2006：28-29）。さらに「地域生活の在り方」については，地域社会への受け入れを支援し，孤立・隔離を防止するサービスを利用することができるとし，地域社会でインクルージョンされることを権利としている。

(4) 地域生活支援における「支援モデル」

知的障害者の地域生活支援では，知的障害者を「通常の人間的ニーズを満たすのに特別な困難を持つ普通市民」（国際障害者年行動計画）であり，生活の主体者として理解することから支援は始まり，生活支援が中心となる。知的障害の分野では，身体障害の分野でいわれている身体障害者自身が介助者を雇ってケアを管理するという「自立生活モデル」（北野ら 1993：42-54）の考え方は直接的にはとられていないが，知的障害者と支援者との関係において知的障害者をサービスを活用する主体者として捉えた場合，基本的な支援の考え方として知的障害の分野においても採用することができる。知的障害者の分野では，これまで知的障害者は，自分自身で自分の考えや思いを表現できない，行動が決められない，自分で自分を守れない，権利を主張できない「援助者」が変わって行う・守るという援助者主導の「処遇」に代表される「管理モデル」が中心であっが，現在は知的障害者を生活主体者として支援の中心に起き据え，彼らの生活を側面的に支える，見守るといった「支援モデル」の関わり方が求められる。知的障害者は，障害特性あるいはそれまでの生活の中での生活経験の積み重ねが乏しい（特に長期間の入所施設利用者）ことに起因して地域生活をしていく上で多くの困難を抱えることになる。このようなとき身近な支援者による支援が必要であり，地域に支えを担うインフォーマルおよびフォーマルな人々の存在が求められるのである。そして知的障害者の地域生活は支援者と知的障害者の協働作業として実現されることからその関係はパートナーシップを基盤

とした対等関係である。

3 地域生活支援における相談支援と支援者の役割

(1) 知的障害者の地域生活支援における相談支援

　知的障害者のソーシャル・インクルージョンを実現するには，必要な社会資源につなげる機能を持つ相談支援のあり方が問われる。つまり知的障害者の地域生活を成り立たせ，継続させていくには，本人に必要な社会制度やサービス，さらに必要な人々を適切に知的障害者につなげていく相談支援が重要となってくる。また相談支援での支援者の活動は，本人支援，家族支援，さらに地域住民への支援，知的障害者本人を中心としたソーシャル・サポート・ネットワークの形成から地域の地域生活支援システムの構築まで多岐にわたっている。

　相談支援の過程は，支援者の動きに焦点を当て分けると，①相談受付から問題把握の段階，②必要な情報を収集しアセスメントによりニーズ把握を行い，支援方針を検討し必要な社会制度・サービスそして必要な人々につなげていく段階，③チームが形成され，チームによりアセスメント，支援方針・計画の立案の検討がなされ，チームによる支援が動きだし支援が実施される段階，さらに，④クライエントの変容・成長および安定した生活の継続が確認され，モニタリングを経て支援者による支援が終結する段階の4つの局面に分けて考えることができる（図10-1）（山崎 2006：2-5）。

　①相談受付から問題の把握　本人・家族や市町村等から相談を受け，問題理解に必要な情報を収集し問題を把握すると共にクライエントの問題状況についての認識や感情を理解していく過程である。この過程においてクライエントとパートナーシップを形成し，クライエントと共に協働しながら目標達成に向けての動きをしていくことになる。支援者に寄せられる相談は，相談経路が多岐にわたり，その理由も多様であり，その内容によってその後の支援者の動き方が変わってくることに特徴の一つがある。

　②支援方針が検討され，必要な社会資源がつながれだす段階　支援者は，生

第10章　知的障害者の地域生活支援によるソーシャル・インクルージョンの過程

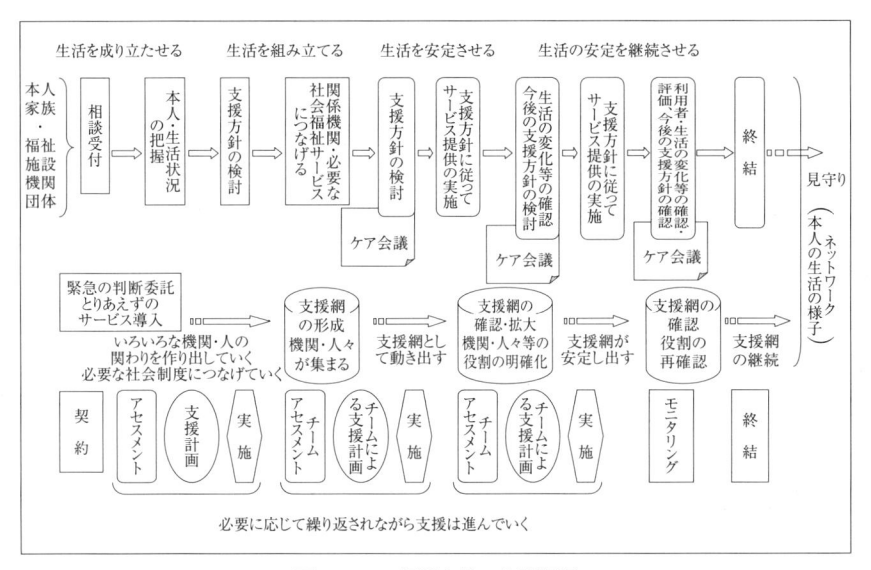

図10-1　相談支援の実践過程
出典：山崎順子・六波羅詩朗編（2006）3頁より。

活状況を把握しアセスメントを行い，ニーズを明確化させ支援方針を検討する。支援者自身によって検討された支援方針に基づいて，必要な社会制度，社会サービスにつなげながら関係機関やそこに属する様々な専門職等，いろいろな機関・人々と利用者とのかかわりを創り出していく。

　③**チームによる支援の実施**　関わりだした人々が集まり，ケア会議において，そこで情報の共有化をし，支援方針の検討・計画の作成を通じて，共通認識を形成し，役割・責任分担の明確化をはかり，具体的なサービスの導入を決定し，サービスの導入を図る。関わりだした人々がそれまでの利用者および支援者との関係であったのが，ケア会議によって関係する人々同士が結び付き，利用者を中心としたネットワークが形成され動きだす。サポート・ネットワークとして必要な制度やサービス等の社会資源が利用者に適用され，利用者に活用されることによって利用者の生活は安定しだすことになる。このケア会議へは本人・家族の参加が前提となる。この実施の過程では，クライエントの生活状況の変化・新たな問題の発生・支援の状況等の必要性に応じて，支援者の判断に

よりケア会議が開催され，チームにより，それまでの支援の確認・評価が行われ，アセスメント・支援方針の検討・計画などが繰り返し行われる。その中で，新たな支援機関・人々が加わりサポート・ネットワークが拡大されるなどの経過を通してサポート・ネットワークは安定していくことになる。

　④支援者による支援の終結とその後のかかわり　本人や家族の生活の安定が確認されサポート・ネットワークが安定してきた段階で，本人・家族共に関係する人々が集まりチームによるモニタリングを実施する。ケア会議において利用者の変容・成長を，生活の変化を確認しこれまでの支援の評価を行い，今後の支援方針の確認，役割の再確認，さらにこの局面での必要な調整等を行い，新たに調整を行った支援網が再び動き出すことになる。この過程を通してサポート・ネットワークは，利用者の地域生活を支える支援システムとなっていくのである。支援者はそれを確認し，支援者による支援は終結する。だが支援者が本人や家族に対しての直接的な援助，サポート・ネットワークに位置づけられることはなくなるが，本人・家族の生活やサポート・ネットワークを見守る役割に変化する。利用者・家族や生活状況に変化があった場合，再度支援者による支援が再開されることになる。すなわち支援過程を促進してきた役割から，構築された支援システムを見守り，この見守りを通して本人や家族の生活を見守る役割へと変化することになる。

(2) 支援者の役割

　相談支援の過程における支援者の役割として，以下9点があげられる。

　①**支援者の役割**　知的障害者自身が持つ不安や心配，あるいは自信を喪失している場合それらを受け止めるだけではなく，問題状況に対する対処や改善に向けた意欲を引き出すことを通して，その感情の緩和と安定を図っていく活動を指す。

　②**自己決定を支える役割**　知的障害者本人の自己決定を尊重することは，ソーシャルワーク実践の基本原理であり，個人の尊厳を尊重することである。自己決定を尊重するということは，個人が自ら選択し，決定する自由を権利とし

て認めることであり，個人を主体的に生きる存在として捉え支援することでもある。相談支援では，自己決定に至るまでの過程を支えることが支援者の役割となる。その過程では，クライエントに自分らしく生きることを自分で決める力があり，成長・変化の可能性があることを信じ，その力を伸ばす機会として過程を捉え，自己決定を支援していくのである。つまり相談支援の過程は，本人の主体化のプロセスを支援することであり，そこでは決める主体であるクライエント自身と援助関係を形成し，その過程で生じてくるクライエントの迷いなどの揺らぎを受け止めながら一緒に歩んでいくことになる。

　③**代弁（弁護）者としての役割**　一般的に自らの権利や要求を表現できないクライエントのために，これらの人に代わって「代弁・弁護」することとされている。久田は，「社会的・法制的に自己の人生の主体者としての位置づけが奪われ権利侵害行為の対象となったり，低レベルな生活環境におかれたりしている人たちの復権を目的として生まれた実践概念」（久田 2006：313）としている。

　④**仲介者としての役割**　ソーシャルワーク実践において支援者として重要なことは，支援を必要とする人々に適切に支援やサービスの提供を行うことである。ソーシャルワークにおける仲介者の役割は「クライエントシステムのニーズと各種社会資源システムをより効果的に連携させようとする役割とそれを遂行する機能」（齋藤 1999：182）とされている。相談支援においてこのような仲介者としての役割を果たすには，本人や家族のおかれている問題状況を十分に把握し，問題を抱えるに至ったメカニズムに注目する必要がある。そのような点から仲介者の機能が有効・適切に発揮されるには，適切かつ十分なアセスメントが必要となる。

　⑤**ネットワークを構築する役割**　相談支援は，障害を持つ人々の生活を支える様々な社会関係を調和させていくことであり，地域社会において，周囲の人々や事象等の環境と折り合いをつけながらうまく生きていける場を作り出すことである。そのためには生活の場で必要なサービスやインフォーマルなサポートを統合し生活を支えるネットワークを形成することが必要になってくる。

このネットワークの構築が相談支援を担うソーシャルワーカーの重要な役割となる。ネットワークは，①個別レベルでのネットワーク，②専門職・実務担当者レベルでのネットワーク，③団体・機関レベルのネットワーク，④制度・政策レベルのネットワーク，のシステム・レベルに階層化できる[1]。相談支援における支援者によって構築されるネットワークは，①②のレベルのネットワークであり，これらの活動が地域の団体・機関を結びつけ地域のサービスの調整，新たな福祉ニーズへの対応などを検討していく，③レベルのネットワークの形成につながっていくことになる。

　地域生活を支えるソーシャル・サポート・ネットワークの形成においてソーシャルワーカーが果たす役割には必要なフォーマル・インフォーマルな社会資源をつなげ，サポート・ネットワークとして機能させていく役割である。集まった機関・団体の担当者や人々がサポート・ネットワークとして効果的に機能するためには，①共通の目標課題を確認する，②メンバー（組織）の「強さ」(strength)を発揮できる協力関係を構築する，③役割を明確化し，責任分担を交渉する，④チームとして共同関係を形成する，⑤ネットワークの運営管理を行う，ことがソーシャルワーカーには求められる。

　⑥地域の福祉力を向上する役割　ネットワークの構築の過程では，ネットワークを構築する役割で述べたように必要なフォーマル・インフォーマルな社会資源を結びつけ，共通目標のもとで協働しながらクライエントの生活を支えるシステム作りの側面と，すでに存在するソーシャル・サポート・ネットワークの強化・開発を通して地域の福祉力を向上させていく側面がある。ここでは，後者について事例を通してソーシャルワーカーの役割について述べていく。

　相談支援では，本人のもつ多様なインフォーマルな関係が，重要な社会資源として活用される。インフォーマルなサポートは，親密性，地域性，血縁等に動機づけられた関係であるが，相談支援では，このようなインフォーマルな関係をよりサポーティブな関係に変容させていく過程を通して，自分自身や地域の福祉的課題をいかに捉えていくかという地域住民の主体化を促進していくことも目指される。そういう意味で，相談支援においては，支援者は地域の福祉

力の向上を図る役割を担うことになる。

　⑦**問題解決を促進する役割**　ソーシャルワーク実践では，クライエントや家族，地域などのさまざまな問題を援助の対象とする。それらは，クライエントと環境との交互作用過程で生じてくる問題であり，ソーシャルワークの価値にもとづいて援助原理・原則をふまえた対応が必要である。ソーシャルワーカーはそれらの問題を取り巻く状況を多面的・統合的に評価し，最適な方法を見いだし，問題の解決を促進していく役割が求められる。

　障害者の相談支援では，問題解決がストレートに進まない，対応が困難なケースが多い。しかし，たとえ困難なケースであったとしても問題そのものに対処するのではなく，ソーシャルワーク実践の原理・原則をふまえ，問題の背景を理解し，問題が起きるメカニズムを解明し，問題解決を進めていくことが重要であり，そこにソーシャルワーカーの役割がある。

　⑧**教育的な役割**　知的障害者の地域生活支援においては，それまでの生活環境や家族関係の理解とともに，障害によって発生する生活課題とニーズを十分に見極めたソーシャルワーカーの対応が求められる。とともに知的障害という障害特性からもたらされる生活体験の乏しさ，社会生活力の弱さに対しての支援が必要となる。ソーシャルワークの教育・指導的役割（エデュケーター）には，次のような役割があるとされている。第1は，現在抱えている問題やニーズを理解し，それへの対処方法や技術を伝える役割，第2に，新しい生活課題に挑戦し自己実現を高めるための方法や技術を提示するとともにそれを理解できるように説明する役割である（副田 2002：234）。

　⑨**社会資源の開発・改善の役割**　ソーシャルワークにおける社会資源の活用は，支援を必要としている人が各種制度やそれにもとづくサービスを積極的・主体的に問題解決に活用できるように，適切に提供することである。社会資源の特質から，第1は，どのようなニーズに対応するものであるか（社会生活上のニーズに対応する社会資源），第2は，誰が提供するのか（供給主体によって，フォーマル・インフォーマルに分けられる），第3は，社会資源の質によるもの（①金銭や現物，施設や設備，制度などの物質的な資源，②知識や技能，愛情や善意，

情報や地位などの人的資源）という分類がなされている（白澤 1993：118-119）。

　社会資源おける重要な視点は，人が介在しながらサービスの提供が行われるのが一般的であり，そこではサービスを提供する者（人）の資質，能力，パーソナリティ，専門性といった要素がサービスの全体を規定する。したがってソーシャルワーカーは，サービスの提供という行為が，サービスそのものの機能を発揮しうることができるかは利用者にとって人とのかかわりを含めたトータルなサービス提供体制として資源をしっかり吟味をすることのできる能力が求められる。

　以上，相談支援過程での支援者の役割を9点に整理し述べてきたが，ソーシャル・インクルージョンが実現される時間的・段階的な過程の中で，支援者はそれらの役割を必要に応じて変化させながら支援していくことになる。また支援者は知的障害者と彼らを取り巻く環境の交互作用を見定めながら，知的障害者が主体的に他者と関わり合う力を獲得し，地域社会において自己実現を目指す本人へのアプローチと本人の持つ「つながり」をより意味のあるサポーティブな関係に変容させていく環境へのアプローチが求められることになる。

4　事例に見るソーシャル・インクルージョンの過程

　本節では，知的障害者の地域におけるソーシャル・インクルージョンの過程をソーシャル・サポート・ネットワークの変容過程としてとらえ，そこでの支援者の動きに注目しながら，知的障害者本人と地域住民の関係の変容について考察する。事例の支援経過を，①本人の生活の変化，②インフォーマルおよびフォーマルな社会資源とのつながりの変化，③支援者の動きに焦点を当てながら整理し，地域社会において知的障害者が地域住民として生活していくための知的障害者本人と社会資源との関係の在りよう，さらに社会資源相互の関係性について検討していくことにする。

第10章　知的障害者の地域生活支援によるソーシャル・インクルージョンの過程

(1)　事例の概要

　Kさんは，53歳の男性で，幼児期から現在の地域に住んでおり，大変人懐こく，誰にでも気軽に話しかける親みやすさがあった。若い頃から職を転々とし，衛生面にも無頓着なところがあり，誰の目にも安定した生活をしていないことが明らかな状態であったが，地元消防団に属する他，太鼓の名手として，祭りには欠かせない存在であると地域では認知されていた。地域住民は以前から，声をかけ，職を紹介したり，食料・生活物品等を提供したりするなどして，幼なじみのI夫婦を中心にKさんを気にかけ生活を支えてきた。

　ここ数年Kさんは，警備会社での日勤・夜勤での交通誘導員のアルバイトの他，リヤカーを引いて廃品回収を始めたことから，住民は，真っ黒になりながら，笑顔で一生懸命働く本人の姿を，今まで以上に目にすることになり，本人と地域との交流はさらに増えていった。

　しかしこの年の冬，Kさんは家賃の滞納でほとんど借家には帰宅せず，毛布を片手に公園や倉庫などを転々とし寝泊りをしていた。極寒の折，近隣住民は防寒具などを提供していたが，それ以上の援助はできず，体調を壊すことを皆案じていた。自分でお金を稼ぎ，自分の力で及ばないことを地域住民の様々な援助で，生活が成り立っていることがうかがえる。

　地域福祉権利擁護事業（現：日常生活自立支援事業）の専門員より，両親を支援している在宅介護者の会より「Kさんがホームレス状態で皆が心配している」と相談があったので，障害者相談支援センターで対応してほしいと連絡があり，障害者相談支援センターの相談支援専門員による支援が始まった。

(2)　本人のソーシャル・サポート・ネットワークの変容過程——支援の経過

　1）相談受付時の状況（図10-2）

　①**本人の生活の状況**　Kさんは，市内の寺や神社などを転々とし，月数回の警備の仕事とリヤカーを引きながらの廃品回収をし収入を得て生活している。Kさんは，「とにかく何でも困っている」と言い，健康面の不安と改めて家を

第Ⅱ部　ソーシャル・インクルージョンの射程

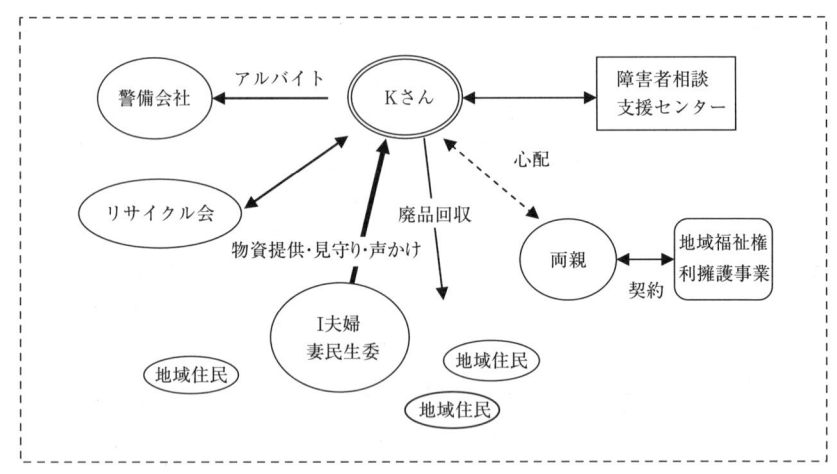

図10-2　相談受付時のKさんの社会関係
出典：図10-1と同じ，163頁を一部加筆。

借りたいと要望がだされる一方で「このままでも仕方ないと思っている」とも言う。

②**社会資源との関係**　幼なじみのI夫婦をはじめ地域住民が皆心配している。「物資提供以上のことはできないので福祉で対応してほしい」と言う声がある。また警備会社の担当者，リサイクル会社の社長も好意的である。

③**支援者の動き**　Kさんの生活状況から，知的障害があること，このままでは重大な健康被害の可能性があること，地域住民の援助も限界にきていること，がわかる。Iさんと協力関係を築きながら，当面の住居の確保を早急に行い，福祉サービスを活用し生活基盤を安定させる方向で支援を行うこととした。

2）制度，フォーマルな人々が関わることで地域住民が安心感を持つ段階
【支援概要】「当面」の住まいの確保と共に，安定した生活をするためには地域住民の協力に加え，新たな生活の場を探しながら，福祉制度・サービスにつなげ，関わる人々を増やしていく。体を酷使する仕事を辞め，安定的な収入を得るために生活保護，や年金の相談を進める。
①市役所で，福祉課ケースワーカーと生活保護担当と制度利用について話し

合う。そこで仕事で得た「お金も飲食代と遊興費ですぐ消えてしまう」とのことで，地域福祉権利擁護事業，障害者就業・生活支援センターの情報提供をすると「誰かがお金を預かってくれると助かる」「生活を手助けする人がいるのはありがたい」と言う。また警備の仕事は体力的に辛いので，やめて廃品回収を主にしたいと話す。

　②Ｉさんが，住居について近くの物件を探すことになり，大家が「Ｋさんならば……」と，ビルの空き室を当面借りることになる。その後ＩさんとＫさんを知る大家との間で生活保護受給を条件に貸してもよいとの話が進み，借りられることになる。Ｉさんの迅速な対応の背景には，福祉関係者が関わりだし，支援の継続が見込まれることを実感し安心したこともあるようだ。

　両親は，ワーカーからＫさんの様子を聞き安心し，直接関わることはできないが，協力は拒否的でないようである。後に部屋を借りる時の保証人を打診すると快く承諾する。

　③またサービスを利用しやすくするために療育手帳を取得し，さらに今後の生活のためにも生活保護の申請が必要であるとの理解を得，申請する。2週間後支給決定。さらに今後の全般的な生活支援の必要性をＫさんに理解してもらい，障害者就業・生活支援センターに登録する。

　住居が決まり，必要な社会福祉制度につながりＫさんの生活基盤が整ったところで，ケア会議を開催する。

3）本人，関係者間での本人の意向確認と共通目標，役割の確認
　　　――ソーシャル・サポート・ネットワークの形成へ（図10－3）
【開催目的】これまで，必要と思われる支援機関を，ワーカーが本人にひとつずつ結び付けてきた。一定の体制が整ったために，全体でこれまでの生活の振り返りと，これからの支援方針について検討する。本人とＩさんにも出席してもらうことで，改めて意向を聞くとともに，支援体制の紹介を通じて，安心感を実感してもらうことも目的とする。
【参加者】Ｋさん，Ｉさん，福祉課ケースワーカー，市生活保護担当，地域

第Ⅱ部　ソーシャル・インクルージョンの射程

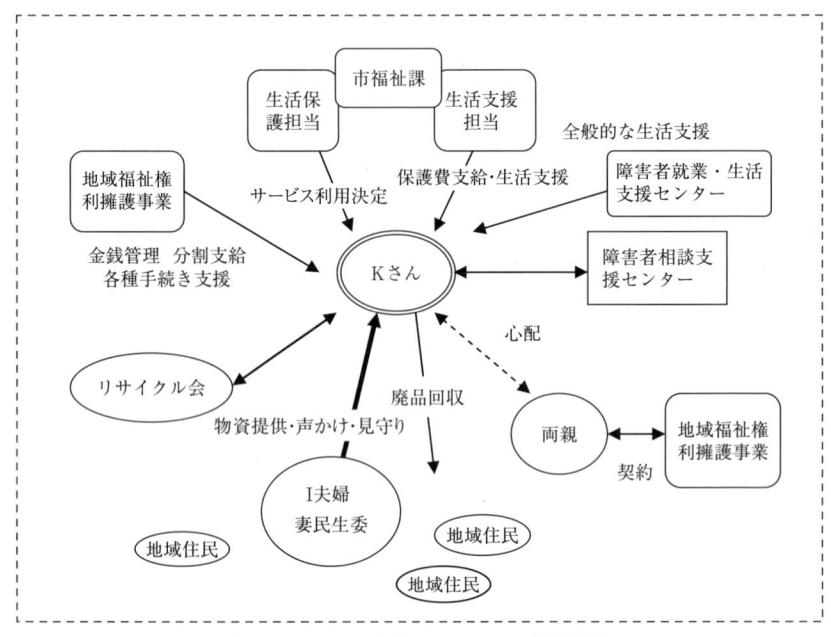

図10-3　ケア会議時のKさんの社会関係

出典：筆者作成。

　　福祉権利擁護事業専門員，障害者就業・生活支援センター生活支援ワーカー，相談支援センター相談支援専門員。
　Kさんがこれまで生活してきた歴史と意欲を尊重し，自分の力と，地域住民の援助だけでは不足する部分を福祉サービスが補い，今後の生活の安定のために，各機関が協力して支援にあたることを確認する。新居への引越しは関係者が協力して行うことも決定した。その他，改めて本人の意向を確認し，その場で支援費申請（家事援助），地域福祉権利擁護事業・障害者就業・生活支援センターと契約した。Ｉさんも安心した様子であった。

4）フォーマル・インフォーマルな社会資源につながりながらの新生活
　【支援概要】新しい生活の環境が整ったので，それを基盤にＫさん自身が持てる力を十分に発揮して，自分ひとりでできない部分はＩさんを

はじめとする地域住民の力を借りるほか，様々な福祉サービスを利用して自分らしい生活を作っていくことを支援する。

①新居の掃除・引越しを関係者とともに行い，新居での生活がスタートする。プリペイド式携帯電話を購入する。生活の様子を確認するために訪問するとホームヘルパーと掃除しており，「きれいになってよかったね」と言ってくる。元気そうに生活している。

②Ｉさんは，たびたび訪ねている様子で，「皆さんとかかわってから毎日が楽しそうで，元気にやっている」とＫさんについて語っている。両親にもＫさんの様子と支援体制を説明すると大変安心した様子であった。両親のＫさんへのわだかまりもさらに柔らいだようである。

③関係者で掃除と引越しを行うことで，関係者の結束を固めるとともに，本人にも支援者を改めて認識してもらうことを意図した。家の外の廃品の他，家の中も廃品回収で集めたものがあふれている。本人と相談しながら処分していった。知的障害に理解のあるホームヘルプサービス事業所を探し導入し，Ｋさんが，ホームヘルパーを家事をやってくれる人と受け取らないように必ずＫさんと一緒に取り組むように依頼する。

5) 地域社会の一員としての新たな出発

【支援概要】ホームレス状態では把握できなかったＫさんの生活状況を再アセスメントし，安定した生活を支援する。また廃品回収を生業として生活を組み立てていくことを模索する。

①各機関から，自宅庭先の廃品回収物と不要品が増えているとの報告が相次ぐ。その都度声かけをするが，物品搬入のペースが上回っている様子である。廃品回収は「生きる術」である一方で，それを通し，人と関わることを楽しみ，人から頼られることを喜んでいる面もみられる。地域を歩き，生き生きとすごしているＫさんの姿は，よりたくましく感じた。廃品回収で得たお金は，主に飲食代として使用している。また庭先に無断で廃品を置いていく人がいるようなので「不要品無断放置拒否」の看板を出すことにした。

父親から母親が入院したと知らせが入り，Kさんは手続きなどの手伝いで奔走する。また以前務めていた警備会社のY部長から仕事復帰を誘われ，承諾したとのことであった。Kさんは体に負担がかかるので回数を少なくするつもりのようであった。

現在も警備の仕事を続けつつ，古物商免許を取得し廃品回収を本業として生活している。なかなか片付けられない収集物の問題や健康管理の面など心配は尽きないが，地域で明るく安心して生活している。

②Kさんが，両親の家に遊びに来た。以前のような金を無心に来たわけではなく，様子を見に来たようだ。「あいつなりによく頑張っている」「このまま人に迷惑をかけずに生きてほしい」と両親は安堵の様子を浮かべる。

③Kさんの地域での新たな生活が落ち着いてところで，ケア会議を開催し，支援の確認をすることにした。

6) サポート・ネットワークの確認と役割の明確化――ケア会議

ケア会議を開催し，本人，関係機関・担当者および職場の人の出席のもとで，これまでの支援を振り返り，生活の変化を話し合い，各々の今後の役割を明確にしサポートネットワークを確認したところで支援を終了とした（図10-4）。

【開催目的】これまでの支援の振り返りと本人の生活の変化，今後の役割分担について話し合う。

【参加者】Kさん，警備会社のY部長，福祉課ケースワーカー，市生活保護担当，地域福祉権利擁護事業専門員，障害者就業・生活支援センター生活支援ワーカー，ホームヘルプサービス事業所担当ヘルパー，障害者相談支援センターワーカー。

【内容】・地域福祉権利擁護事業の利用と本人の節約により，貯蓄ができたことと，警備会社での収入が見込まれるために，生活保護を一時停止することとした。不安定な収入であることは変わりないので，生活保護担当者は必要時には即生活保護を再開できる体制をとる。

・地域福祉権利擁護事業は引き続き，本人が適切にかつ有効に金銭を

第10章　知的障害者の地域生活支援によるソーシャル・インクルージョンの過程

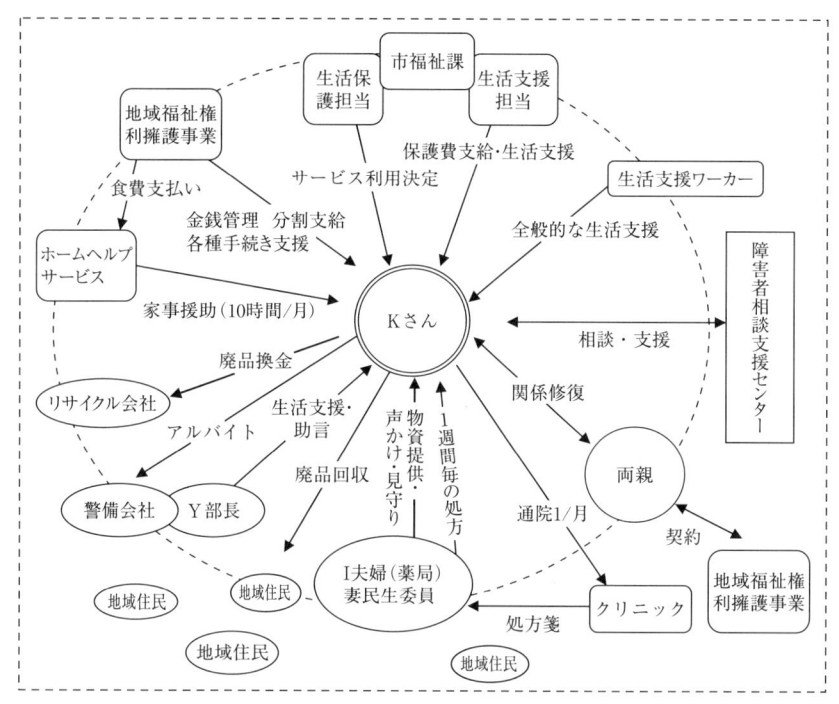

図10-4　終結時のソーシャル・サポートネットワーク
出典：図10-2と同じ。

使用できるように支援する。

・健康管理に支援が行き届いていないことから，週3回の食事作りのホームヘルプを導入し，支給量増を申請する。

・生活支援ワーカーは，生活課題の改善の指導や，無断で不要品を置いていかれないための人付き合いのルールを教えていくなど，生活に密着した細かな支援をしていくこととする。

・Y部長は今回の会議を聞きつけ，自ら参加を希望された。以前から本人をよく理解している方で，会社の貴重な戦力としてKさんを頼りたいと同時に，本人の弱い面（社会人としてのマナーが不十分等）も知っているので，関わりを通じて本人を支援していきたいとの話がある。

・家の内外の片付けに関しては,再度本人に指導するとともに,借家の大家に確認のうえ,物品の無断持込者への心理的抑制の意味で道路際に柵をつけることとする。

　地域で生活している知的障害者は,彼らを取り巻く様々な人々と「つながり」をもちながら生活している。その「つながり」の内容は気にかけている関係,権利を侵害している関係,あるいはそういった人々と共依存の関係等,実に多種・多様である。本事例のKさんは,地域住民に認知され皆に気にかけられ,助けられているという「つながり」を持っている。ソーシャル・インクルージョンの実現という意味では,そういった前提があり,比較的取り組みやすい事例である。知的障害者のソーシャル・インクルージョンは時間的・段階的の過程があり,そこでの支援者の動きがあって実現するので,過程,支援者の動きがより明確になる事例なので本事例を用いることにした。なお本事例は,山崎順子・六波羅詩朗編（2006）に収録されている事例を再構成し用いている。

(3) ソーシャル・サポート・ネットワーク構築での支援者の役割

　事例では,支援者は「Kさんがホームレス状態にあることを皆が心配している」との相談をうけ,本人の状況がわかるにつれて,I夫婦を中心とした地域住民のサポートによって暮らしてきていることを把握するようになる。そこで支援者は,それまでの地域住民とのかかわりを尊重しながら安定した生活をつくるために,地域住民の協力に加えて必要な制度やサービスにつなげながら,Kさんにかかわる機関や人々を増やしていっている。生活を成り立たせるために,インフォーマルな人々だけでなく必要なフォーマルな制度・サービス,人々につながったところで,支援者は,サポート・ネットワークの形成を意図したケア会議を開催している。そこではKさんの生き方や意欲を尊重するとともに,地域住民のサポートを評価し,本人や地域住民の力だけでは不足する部分を福祉サービスが補い,今後の生活の安定のために,地域住民と各機関が協力し合っていくという共通の目標設定と方向性を確認し,Kさんを中心とし

第10章　知的障害者の地域生活支援によるソーシャル・インクルージョンの過程

たフォーマル・インフォーマルな人々が協力し合うサポート・ネットワークを構築している。

　さらにその後の支援の経過のなかで再びケア会議を開催し，そこでこれまでの生活の変化を確認し，支援の評価を行い，以後の支援についての役割・責任の分担を確認しサポート・ネットワークの強化を行い，安定したサポート・ネットワークの継続を確認し，サポート・ネットワークを構築する役割から見守る役割へと支援者の役割を変化させている。

　本事例におけるネットワークの構築過程をみると，支援者が関わる以前からのKさんの社会関係を中心に据えながら，インフォーマルな社会資源を補完するものとして必要なフォーマルな社会資源をつなげ，サポート・ネットワークとして機能させている。支援者は，アセスメントをもとに，クライエントを必要な組織・人々につなげる過程で，クライエントの社会関係を巻き込んだサポート・ネットワークの形成を意図した動きを行っている。サポート・ネットワークの構築において中心的な役割を果たしている。

　ここでKさんと地域住民の関係を考察する。地域住民はKさんを気にかけ支えている。地域住民の中心的な存在であるI夫婦とKさんは長年の知り合いであり，I夫婦はKさんの人柄をよく理解し，Kさんをできるだけ支えていきたいと思っている。しかし地域住民の力だけでは限界を感じているといった関係であった。支援者は，地域住民・職場の人も出席してのケア会議等において，福祉関係者と地域住民が一緒になってKさんを支援していくことを示し，Kさんには皆に支えられていることを実感してもらい，そして地域住民には，公的な支援機関が関わることで安心感を持ってもらっている。さらにその後の支援の積み重ねのなかで，Kさん自身が持っている力を発揮し，一人ではできないことを地域住民の力を借りて生活し，そして地域住民はそのようなKさんを積極的に支えていく関係が作られ，それまでとは違った新たな関係が生み出されている。支援者による支援をきっかけとして本人の社会生活力が高まり，地域の福祉力もより強化され，本人と地域住民の新たな関係が形成されている。

　最後に，フォーマルな社会資源とインフォーマルな社会資源の協力体制を作

りあげている点が注目できる。福祉制度・サービスを補完するものとしてインフォーマルな団体や人々が位置づけられる場合が多い。しかし障害者の地域生活支援では，障害者を生活者としてとらえ本人の力ではできないところをインフォーマルな社会資源とフォーマルな社会資源が協力体制を形成し支援を行っていくことが必要である。本事例は，協力体制を構築しただけではなく，支援者が関わることで，地域の一員として承認され，Kさんがリヤカーを引いて行っていた廃品回収を地域社会に役に立つ仕事として，さらに古物商免許を取得することによって社会システムに位置づけられた仕事にしている。そういった意味では文字通りソーシャル・インクルージョンを実現した事例といえよう。

5　サポーティブな関係づくりをめざして

　本章では，知的障害者が地域社会においてインクルージョンされる過程とそこでの支援者の役割について論じてきた。そこで明らかになったことは，ソーシャル・インクルージョンは，時間的・段階的過程があって実現するものであり，その実現過程は，知的障害者，地域住民および支援者は互いにパートナーであり，パートナーシップにもとづいた協働過程であること，さらに知的障害者と地域住民の関係は，フォーマルな制度につながれ支援者が関わることで安心感をもたらし，より自覚的なつながりに変化し，一方知的障害者自身も地域住民に支えられていることを認識し，地域社会で役割を持ち，できることは自分で行い，時には地域住民を助けるという互恵的なつながりに変化し，その関わり合いの中で自己有用感を得られるといった意味のあるサポーティブな関係に変容すること，である。知的障害者の地域社会でのソーシャル・インクルージョンの過程では，単に生活の場を移すだけではなく，地域住民との意味のある「つながり」を作りだし，よりサポーティブな関係にしていくことが支援者には求められる。

　ところで障害者への支援では，支援者の持つ障害者をどう捉えるかに関わる「障害者観」と，どのような考え方で支援するかという「支援観」によって，

支援の内容・方向性は大きく異なってくる。そういった意味で第1節において取り上げた「社会モデル」および「自立生活支援モデル」は知的障害の分野にも有効な示唆を与えるものと思われる。

(山崎順子)

引用・参考文献

久田則夫（2006）「社会福祉援助活動の新しい方向――社会福祉援助活動とアドボカシー」新版社会福祉学習双書編集委員会編『新版・社会福祉学習双書8　社会福祉援助技術論』全国社会福祉協議会

北野誠一・小澤温編（2002）「障害者支援の諸理念とソーシャルワーク――自立生活（支援）とソーシャルワーク」『社会福祉士養成テキストブック7　障害者福祉論』ミネルヴァ書房

北野誠一・定藤丈弘・岡本栄一編（1993）『自立生活の思想と展望――福祉のまちづくりと新しい地域福祉の創造をめざして』ミネルヴァ書房

松岡克尚（2007）「『障害者ソーシャルワーク』への展望――その理論的検討と課題」『ソーシャルワーク研究』33（2）

岡部耕典（2006）『障害者自立支援法とケアの自立――パーソナルアシスタンスとダイレクトペイメント』明石書店

齋藤順子（1999）「ソーシャルワーカーの役割と機能4　仲介者（Broker），調停者（Mediator）」太田義弘・秋山薊二編『ジェネラル・ソーシャルワーク――社会福祉援助技術論』光生館

白澤正和（1993）『ケースマネジメントの理論と実際』中央法規出版

副田あけみ（2002）「ソーシャルワーカーの役割」北島英治・副田あけみ・高橋重宏・渡辺律子編『社会福祉基礎シリーズ2　ソーシャルワークの実践の基礎理論』有斐閣

杉野昭博（2007）『障害学――理論形成と射程』東京大学出版会

谷口明広（2005）「ソーシャルワーク実践とインクルージョン――障害者・児の自立支援と教育におけるインクルージョン的実践」『ソーシャルワーク研究』30（4）

植戸貴子（2007）「知的障害者の地域生活移行とソーシャルワーク」『ソーシャルワーク研究』33（2）

山崎順子・六波羅詩朗編（2006）『地域でささえる障害者の相談支援――事例を通してみるソーシャルワーク実践のプロセス』中央法規出版

第11章

ソーシャル・インクルージョンの内在的ジレンマを克服する支援展開
——外国人女性の DV 被害とその支援をめぐって——

1 ソーシャル・インクルージョンが内包するジレンマ——問題の所在

　ソーシャル・インクルージョンは，欧州諸国を中心に論じられてきた概念であり，しばしばソーシャル・エクスクルージョンへの対応として位置付けられ，これら2つの概念があたかも表裏一体をなすかのように捉えられてきた (Woodward & Kohli 2001)。

　まず，ソーシャル・エクスクルージョン概念の特徴は，人々の困難な状況を所得面からのみ把握するのではなく，複数の要因が絡み合う多次元的な問題として理解し，かつ静態的な結果ではなく動態的な過程に着目し，その本質を明らかにする点にある。すなわち，社会において生じる多様な排除が複合し，重層的に形成されるものとして問題状況を捉えることにより，社会的に排除されている人々の状況を，過去や現在における要因が絡み合い，その集積が循環して影響を及ぼす過程から把握することを可能にする概念である (Burchardt et al. 2002)。そのため，貧困や剥奪などの近似の概念以上に有用性が評価されており (Berghman 1995)，語義については曖昧さがしばしば問題視されているものの，政治的背景や社会的状況などと結び付けられ，多様な文脈において用いられている。

　例えば，1999年にイギリス政府が実施した「貧困とソーシャル・エクスクルージョン調査」では，労働市場からの排除，サービスからの排除，社会関係からの排除の結果としてソーシャル・エクスクルージョンが生じることが報告されており (Levitas et al. 2000)，また，EU の報告書においても，社会的・経

済的・政治的側面への関与の機会が少なく，無力感によって参加できない状態として定義されている（EU 2000）。

　一方，ソーシャル・インクルージョン概念にも統一的な定義は存在しない。前述したEUの報告書では，「貧困やソーシャル・エクスクルージョンの危機に瀕している人々が，経済的，社会的，文化的生活に十分な参加をし，居住社会で標準とされる生活やウェルビーイングの水準を享受するために必要な機会や資源を得ることを保障するプロセス」であり，「人々の生活に影響する意思決定に強く関与することや，基本的権利を行使する機会を保障すること」として位置付けられており（EU 2000），必ずしもソーシャル・エクスクルージョンへの対応としてのみ論じられている概念ではない。このソーシャル・エクスクルージョンとソーシャル・インクルージョンの関係について菊地は，ソーシャル・エクスクルージョンが福祉国家によってもたらされているという認識が，欧州諸国において広まるにつれ，「福祉国家の問い直しや，メンバーシップから排除されてきた者を再びつなぎ止める動き（社会的包摂）」が見られるようになった」と述べ，ソーシャル・エクスクルージョンへの対策として，福祉国家の再編と併せてソーシャル・インクルージョン施策が展開された経緯を論じている（菊池 2007）。

　このようにソーシャル・インクルージョンは，政策的に極めて重要な概念の一つとなっており，実際の施策にも取り入れられている。しかしながら，その実現を目指すアプローチのレベルにおいては，ソーシャル・インクルージョンの試みが，かえってソーシャル・エクスクルージョンへと転化する危険性を孕むことが指摘されている。

　具体的にはGoodinが，ソーシャル・インクルージョンの過程では，社会への排除か包摂かという基準によって社会の内と外に人々が弁別されるため，むしろ排除される人々の創出に繋がる可能性があると述べており（Goodin 1996），さらに，Barryは，ソーシャル・インクルージョンを望まず，自発的にエクスクルージョンの状況に留まる人々の存在を「自発的排除のジレンマ」として論じている（Barry 2002）。

また日本では，2000年に示された厚生省社会・援護局「社会的な援護を要する人びとに対する社会福祉のあり方に関する検討会報告書」にて，すべての人々を「社会の構成員として包み支え合う（ソーシャル・インクルージョン）ための社会福祉を模索する必要」が提言されて以来，ソーシャル・インクルージョン概念は，社会政策の関連領域を中心にさまざまな解釈を伴い，極めて多義的に論じられているのが現状である。そのため，安易なソーシャル・インクルージョン概念の使用に対して警鐘が鳴らされており，若年者の就労政策や障害者支援政策などに関してしばしば強調される「自立」や，外国人施策における「多文化共生」などを目指すソーシャル・インクルージョンのあり方に注意を払う必要性が指摘されている。

例えば立岩は，ソーシャル・インクルージョンを実現するためのプログラムで個人に対する働きかけが重視される場合，当事者は社会的な要因を含む，さまざまな要因によってエクスクルージョンされているにもかかわらず，当事者自身の意欲や努力など，個人的要因による問題とすり替えられる危険性に言及している（立岩 2006）。

さらに樋口も，「社会的排除から社会的包摂へという単線モデルを批判的に再吟味して，内在的ジレンマを視野に入れた社会的包摂のあり方を模索する必要性」があると述べ，包摂か排除かという二項対立で捉える視点を批判している。その上で，個人の動機付けを過度に要請するソーシャル・インクルージョンの試みは，「すべてを個人の行為や能力に帰責させるという圧力を高める」ことに他ならず，「社会的包摂のプロセスは，単なる強制プログラムに転じ，社会的排除への第一歩」に繋がるため，「いたずらに『犠牲者を責め立てる』ことによって個人を摩耗させ，諦めや撤退という『自発的排除』の圏域へと個人を誘う」ことになるという（樋口 2004；2006）。

そして藤村は，「『自立』目標が制度利用からの離脱や排除を促進してしまうという側面もあり，『自立』概念にともなう諸刃の剣的性格がひとつのジレンマとして存在している」と述べ（藤村 2006），自立概念が排除を促進する矛盾について指摘している。

また、多文化共生に関しては丹野が、「外国人と共に生きられる社会を目指す『多文化共生社会論』」は、「第一にこの議論が共生の名の下に、マイノリティの側に共生の強制を強いる論理を強くはらんでいる」ために同化に繋がる恐れがある点、第二に「多文化共生論は日本社会に積極的に参加しようとするものを射程に収める。その結果、日本社会に参加してくることなくエスニックコミュニティーの中でのみ生きていこうとする者を議論の俎上に載せない」ことによる排除に繋がる点に問題があると述べている（丹野 2005）。

さらに野元も、「ほとんどの『多文化共生』の定義から言語と民族の問題が抜け落ちており、権利論がない」という問題点を挙げている。そして、このような「『多文化共生』言説に絡め取られ、外国人住民やマイノリティをさらに社会の周縁へ追いやっているのが、援助主義のボランティア活動」であり、「ボランティア活動を特徴づける援助主義は、行為主体が援助する側にあり、援助される側は常に援助の対象として客体であることを求める」ことから、地域での日本語教室や外国人児童・生徒への日本語学習支援などの活動が、結果として排除の構造を維持・強化する可能性があると論じている（野元 2006）。

このように、ソーシャル・インクルージョンを目的とする試みが、実践的アプローチのレベルにおいてはソーシャル・エクスクルージョンへと転化しかねないジレンマを内包することが指摘されている。そこで本章では、多様な要因が複合化した多面的排除の状況が顕在化し、その包摂のあり方が問われる一例として、日本人男性と婚姻関係にある外国人女性のドメスティック・バイオレンス（以下、「DV」と表記）被害とその支援を取り挙げ、ソーシャル・インクルージョンの内在的ジレンマを克服しつつ支援を展開する方策について考察したいと考える。したがって、ソーシャル・エクスクルージョンの実例として外国人女性の窮状を告発することや、外国人女性をめぐる DV 問題の解明などを目的とするものではない点をあらかじめ断わっておく。

第11章　ソーシャル・インクルージョンの内在的ジレンマを克服する支援展開

2　国際結婚およびDVの定義

(1)　国際結婚

「国際結婚」という用語は，日本人と外国人との間の婚姻を指して使用されることが多いものの，明確な法的定義は存在せず，広義には，国籍の異なる者同士の婚姻も含め，何らかの意味で国際性を有する婚姻を指す用語である。ま

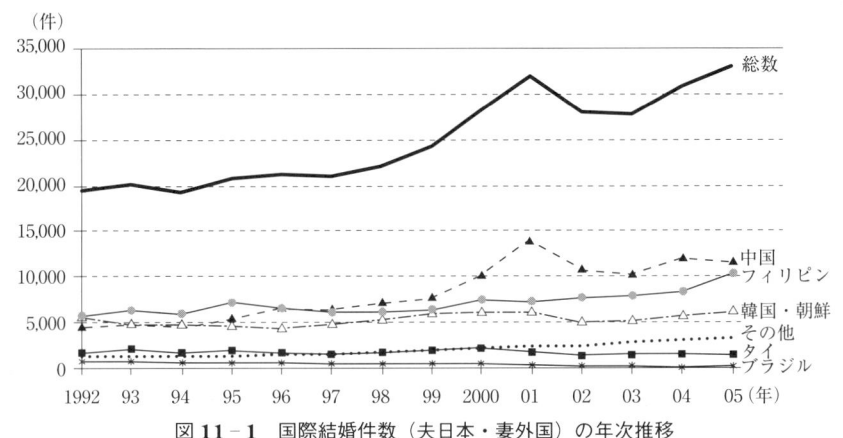

図11-1　国際結婚件数（夫日本・妻外国）の年次推移
出典：厚生労働省「婚姻に関する統計（平成18年度人口動態統計特殊報告）」より筆者作成。

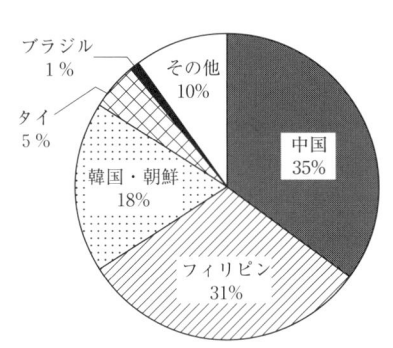

図11-2　国際結婚（夫日本・妻外国）における妻の国籍別割合（2005）
出典：図11-1と同じ。

241

た「婚姻」は，事実婚（同棲・内縁）も含めて使用されており，特に国際結婚の場合には，各国の法律や文化・宗教などによっても婚姻の成立要件が異なるため，多様な婚姻形態が存在する。ただし本章は，日本人男性と婚姻関係にある外国人女性に関する論考を目的としており，図11-1および図11-2に示した通り，その多くがアジア地域出身の女性であるため，基本的には国籍の異なる者同士の婚姻を国際結婚と捉えつつ，主にアジア地域出身の外国人女性と日本人男性との婚姻関係を念頭に置いて論じる。

(2) DV

「DV」はDomestic Violenceの略語であるが統一的定義はなく（戒能 2002），直訳すると家庭内暴力になる。しかし日本では，家庭内暴力という用語が家族内の多様な暴力を含めて用いられていることから，本章ではあえて日本語に訳さず，配偶者や恋人など親密な関係にある，またはあった者から振るわれる暴力を意味する用語としてDVを用いる（内閣府 2005a）。

具体的には，「配偶者からの暴力の防止及び被害者の保護に関する法律」（以下，「DV防止法」と表記）にて，「配偶者からの暴力」とは「配偶者からの身体に対する暴力」または「これに準ずる心身に有害な影響を及ぼす言動」を指し，「配偶者からの身体に対する暴力を受けた後に，その者が離婚をし，又はその婚姻が取り消された場合にあっては，当該配偶者であった者から引き続き受ける身体に対する暴力等を含む」と定義されている。そこで本章では，身体的暴力に限らず，精神的暴力，性的暴力なども包含する概念として扱う。

また，DVの被害者は，必ずしも女性に限らないものの，『「男女間における暴力に関する調査」報告書』（内閣府 2005b）において，DVの被害者の大半を女性が占める実態が報告されている点を踏まえ，本章では男性から女性に加えられる暴力を中心に論じる。

3　日本人男性と婚姻関係にある外国人女性の日本における位置

　まず，日本人男性と婚姻関係にある外国人女性のDV被害をめぐる問題を論じる前提として，その法的地位および社会的状況を整理し，日本社会における女性たちの位置を明確化する。

(1)　法的地位
　外国人が日本に在留するには，「出入国管理及び難民認定法」（以下，「入管法」と表記）上に定められた在留資格に該当しなければならない[1]。そのため，日本人と婚姻関係にある外国人女性の法的地位は，①一定の活動を行うための在留資格を有する者，②身分または地位に基づく在留資格を有する者，③非正規滞在者の3つに大別することができる[2]。

　まず，①一定の活動を行うための在留資格を有する者とは，在留資格によって認められた範囲内の活動のみを行うことができる人々である。したがって，特別に許可された場合を除き，在留資格外活動としての就労などは原則として認められていない。

　次に，②身分または地位に基づく在留資格を有する者とは，活動に制限がなく，収入を伴う事業を運営する活動や報酬を受ける活動など自由な就労が認められている人々である。「日本人の配偶者等」の在留資格は，「永住者」や「定住者」とともに，この②の在留資格に該当する。しかしながら，日本人配偶者との離婚や別居によって婚姻関係が形骸化した場合，日本国籍を有する未成年の子があり，かつ当該外国人が離婚後もその子を監護・養育していない限り「日本人の配偶者等」の在留資格は認められ難く，資格を喪失するケースもある（小島 2004）。詳細は後述するものの，このような外国人女性の法的地位の脆弱さは，時にDVの温床となることが指摘されている。

　最後に，③非正規滞在者とは，オーバーステイ状態の者や在留資格外活動者，外国人登録法の未登録者などを含む用語であり，配偶者である日本人男性から

のDVによって正規の在留資格を失った状態にされている外国人女性も非正規滞在者に該当する。ただし，非正規滞在者にとって日本人との婚姻は，合法的に在留資格を取得して日本で生活する手段の1つであるとの見方もある。すなわち，国際移動した外国人がその国の市民権を獲得する過程という視点から非正規滞在者の法的地位を論じる場合，受け入れ国の国民との婚姻は，その国への帰化と同様に，権利獲得への重要な手段として位置付けられており（宮島 2000），日本における状況も決して例外ではない。

以上のように，外国人女性の法的地位は，法的枠組としての婚姻制度および入管法上の規定によって大きな差が生じている。

(2) 社会的状況

多面的な人間生活において婚姻は，諸個人の生活実態に強く影響を及ぼす行為である。そのため，法制度自体よりもむしろ，法的効果によってもたらされる社会的状況の方が，当事者にはより大きな問題性を持つことも少なくない。

そもそも国際結婚は，その性質上，少なくとも一方が外国に居住するという前提があるため，日本で生活する場合には，外国人配偶者は日本社会への適応を求められることになる。したがって，「夫婦間の力関係も，自分の国に住み，母語でコミュニケーションする配偶者の方が必然的に有利」になることが指摘されている（石河 2003）。例えば，日本人男性と婚姻関係にある外国人女性の日本での生活においては，日本語によるコミュニケーションの難しさや，生活習慣・宗教・性別役割などの文化的差違，医療や福祉を含む社会サービスへのアクセスの困難，行政上の手続きの煩雑さなど，さまざまな問題が生じやすい傾向がある（石河 2006；山岸 2004）。特に言語面での不自由さは，周囲の日本人との人間関係を構築し難くし，社会からの孤立や疎外に繋がる。そのため，日本人配偶者への依存を高めることになり，夫婦間での従属関係や支配関係を成立させる原因にもなりかねない。

もちろん，国際結婚によって必ずしも問題が発生するわけではなく，結婚後，幸せな生活を営む夫婦も多数存在する。また，日本人同士の婚姻であっても夫

婦間の葛藤や問題は生じる。ただし，国際結婚は単に国籍が異なるだけではなく，社会的，文化的背景が異なる者同士の結婚であるため，類似の背景を有する夫婦以上に，相互の理解や尊重が重要となる（竹下 2000）。しかし現実には，外国人女性が発展途上国の出身者であることを理由に，婚姻関係にある日本人男性が差別意識を持つケースや，日本語の能力不足を理由に暴力を振るうケース，結婚前にエンターテイナーとして働いていた女性が，結婚後も日本人男性との間で客とホステスという商品化された性役割から抜け出せないケースなど，外国人女性のDV被害が数多く報告されている（鈴木・麻鳥 2004；もりき 2005）。DV被害に関する詳細は後述するものの，日本人男性と婚姻関係にある外国人女性の社会的状況は，国際社会の不均等な経済格差や社会構造など複数の要因が絡み合って形成されており，DVの発生に密接な関連を有している。

4　日本人男性と婚姻関係にある外国人女性のＤＶ被害とその支援

(1)　DV被害の概況

　外国人女性に限らず日本人女性にも共通する主なDVの形態に，身体的暴力，精神的暴力，性的暴力などがある。しかし，分類上は日本人女性と共通する場合にも，外国人女性の受ける暴力の具体的内容には差違があることが指摘されている。具体的には，「逃げたら出入国管理局に通報する」などと脅迫され精神的暴力を受けるケースや，来日した経緯および婚前に従事していた職業を理由として性的暴力を正当化されるケースなどが報告されている（福嶋 2004）。
　また，外国人女性に特有なDV被害としては，在留資格などの法的地位を利用した暴力や，文化的・社会的暴力が存在する。
　1）法的地位を利用した暴力
　法的地位を利用した暴力とは，「日本人の配偶者等」の在留資格の取得や更新の手続きに配偶者である日本人男性が協力せず，オーバーステイ状態で放置するなど，外国人女性の不安定な法的地位を利用することによる暴力である。在留資格が，いわば婚姻生活上の強要・脅迫・威嚇の手段として用いられる。

被害女性は，自らのオーバーステイ状態が公に発覚すると日本で生活できなくなるのではないかという恐怖から，外部への救援行動を起こせず，暴力に耐え続けるため，この種の暴力による被害は特に潜在化しやすい傾向がある（山岸 2004）。

　法務省は，このような外国人DV被害者を保護する際には，日本に在住する法的根拠がなくとも出入国管理局への通報義務を優先しなくて良い旨を関係省庁へ通知し，さらに「DV防止法」においても，DV被害者の国籍を問わず被害者の人権を尊重すべきことが明記されている。しかし現実には，オーバーステイ状態の被害者が暴力から逃れて一時保護を求めても，公的機関から受け入れを拒否されたり，職員から一方的に帰国を勧められるなど（山岸 2004），「外国籍被害者の心を傷つけ支援を放棄する二次被害，人権侵害」の実態が報告されている（松崎 2005）。

　すなわち，法律上は，被害者の人権尊重が謳われていながらも，その運用においては，DV被害の実態を公的機関が十分に把握し，配慮しているとは言い難い状況にある。また，被害者やその子どもたちは出入国管理局へ「出頭して在留特別許可の手続きを踏むが，手続きがすむまでの数年間，現法制度下では，生活保護や国民健康保険などの自立支援のための諸制度について，適用除外」とされるなど（山岸 2006），「一般的行政サービスを受ける権利は，原則として外国人登録をおこなった者だけに与えられ，非正規者は対象外」となるため（駒井 2006：49），法的地位を利用した暴力によるDV被害者が利用できない社会保障制度も数多く存在する。

 2) 文化的・社会的暴力

　文化的・社会的暴力とは，外国人女性の文化の否定や軽視による暴力であり，具体的には，母国語の使用や母国人との交流の制限，日本文化の強要などがある。これらは外国人女性の自尊心を傷付けるばかりではなく，日本語能力が不十分な場合，自らの子どもとのコミュニケーションを困難にし，子どものアイデンティティ形成にも多大な影響を与える[3]。また，日本人男性からの一方的な日本文化の教育が，服従関係やDV関係の強化に繋がることも指摘されてい

第11章　ソーシャル・インクルージョンの内在的ジレンマを克服する支援展開

る（福嶋 2004）。

　さらに，外国人女性への日本文化の強要とは逆に，行動の管理や制約によって日本語習得や日本人との付き合いを制限し，情報面で社会的隔離をする文化的・社会的暴力も存在する。DV 被害者への支援情報は日本語で提供されることが多いために，このような暴力の被害者は必要な情報を入手し難い上，多言語で相談可能な機関や保護施設，DV の専門的通訳者の数も限られていることから，支援へのアクセスが極めて困難となる（福嶋 2004）。

　以上，外国人女性をめぐる主な DV 被害について論じてきたが，これらの被害の背景としては幾重もの力関係の不平等の存在が指摘されている（松崎 2005）。すなわち，外国人女性の出身国と日本との国際的な経済格差やそれに基づく偏見，差別意識，脆弱な法的地位，社会構造，ジェンダーなど，多様な要因が複合的に絡み合い，夫婦間のみならず，さまざまな社会関係において不平等が生じている。この状況をソーシャル・エクスクルージョンの観点から捉えるならば，日本人男性と婚姻関係にある外国人女性の DV 被害は，多面的排除によって惹起される複合的問題が顕在化した一例ということができよう。そこで次に，外国人 DV 被害女性への支援の現状を整理し，その課題を把握にする。

(2)　外国人 DV 被害女性への支援と内在的ジレンマ

　現在，「DV 防止法」に基づく DV 被害者支援に関する機関には，配偶者暴力防止相談支援センターや警察，婦人相談所，福祉事務所，市町村の関係機関などがあり，これら複数の機関が連携して DV の防止や被害者の保護に取り組むよう定められている。中でも，DV から避難し，家を出た被害女性が緊急一時保護を受けることのできる主な場所としては，婦人相談所一時保護所や，民間団体が運営するシェルターがあり，特に民間のシェルターは，公的機関に比べ柔軟な対応が可能なため，DV によって非正規滞在者とされ，危機的状況に陥っている外国人女性の支援に重要な役割を果たしている。ただし，DV 被害者が必要とする支援は，当座の暴力からの保護や衣食住の提供などの一時的な

支援に留まるものではなく，心身の回復や，自立に向けた経済的支援，社会福祉サービスなど多岐に及ぶ上，特に外国人被害者の場合は言語や法制度，文化的差違をはじめ，数多くの障壁を克服するための総合的対応が不可欠である（戒能 2006）。さらに，DV は被害者の身体や精神に多大な影響を及ぼすことから，自己尊重感や自己効力感の低下，PTSD（心的外傷後ストレス障害），無気力，無力感，対人恐怖などの症状を招く場合も少なくない。そのため，被害を被害として認められず，適切な支援を受けられないなど，DV 被害の後遺症からの回復は容易ではない（吉田 2001；李 2004；川喜田 2005）。

また，シェルターなどに避難した被害女性には，入所中，スタッフからさまざまな支援が提供されるものの，退所後の生活においては，自らの力で多様な困難に立ち向かわなければならないことになる。内閣府が 2006 年に実施した「配偶者からの暴力の被害者の自立支援等に関する調査」の結果や（内閣府 2007）[4]，NPO 団体 FTC シェルターが 2003 年に実施した「サバイバー生活再建アンケート」の結果においても（FTC シェルター 2003），法的手続きの困難さや経済面・精神面での不安定さなど，DV 被害者が生活を再建する際には，多くの困難を伴うことが報告されている。特に，DV 被害によって社会的孤立が著しい外国人女性の場合，シェルターへ避難するという行為は，生活基盤のみならず，精神的拠り所の喪失をも意味するため，その生活再建は極めて厳しいものとなる。すなわち，シェルターに避難する以前の生活では，社会から孤立した外国人女性の生活を，日本人男性が多方面に渡って支えていたという経緯があり，いわば加害男性は，加害者でありつつも日本社会と外国人女性を繋ぐ，唯一の結節点としての役割を果たしていたといっても過言ではない。したがって，著しい不安や孤独，孤立感を抱えつつ，被害者は生活再建に挑まなければならない。

このような厳しい現実の中で，いったんシェルターに避難した被害女性が，自力での生活再建を断念して，再び暴力を受けるかもしれないという恐怖に怯えつつ，加害男性のもとへ戻るケースも少なくない。また日本政府は，外国人が生活しやすい地域社会作りの重要課題として日本語教育を掲げているものの

(外国人労働者問題関係省庁連絡会議 2006)．現実には，シェルターなどにおいて日本語学習の機会が提供されたとしても，DV被害に伴う無気力や無力感によって日本語習得に全く意欲を持てない女性や，自己効力感の低下や自信喪失のために，シェルターの退所後は新たな日本人男性に依存して生活を送る以外に方法はないと考え，日本語習得に消極的な女性も存在する．その結果，加害男性とは離婚や別居を果たし，当面のDVからは逃れたとしても，その後，自力では生活再建ができず，別の日本人男性との間で再びDV関係に陥るケースさえある．

　もちろん，個人の強固な意志や，インフォーマルなサポート・ネットワークの活用により，逆境を克服してDV被害から立ち直る女性も存在する．また，支援団体それぞれの努力などを通して，被害者の自立や加害者の矯正が成功する例もある．しかしながら，全てのDV問題が，このような個々の努力で解決可能なわけではない．それにもかかわらず，DVの原因を個別的問題に帰するならば，前述したように，被害者に自立を断念させ，社会的排除の状況へ陥る選択へと導くことになる．それは，第1節で論じた，犠牲者を責め立てて自発的排除を誘発する行為に相当し，まさにソーシャル・インクルージョンの試みがソーシャル・エクスクルージョンへと反転するジレンマに他ならない．そこで次節では，ソーシャル・インクルージョンが内包するジレンマを回避しつつ，支援を展開する方策について考察する．

5　ソーシャル・インクルージョンの内在的ジレンマの克服に向けて

　DVに関する支援のあり方を考察する上で基盤となる理論として，まず，1項「ソーシャルワーク理論の援用」にてDVに関するソーシャルワーク，およびこれに密接に関連する理論である文化的多様性に配慮するソーシャルワークを取り上げる．ただしこれらのソーシャルワークは，イギリスやアメリカなどを中心に調査や研究が蓄積され，理論的発展を遂げた経緯があり，逆に日本では，DVに関する支援活動が展開されていながらも，それが実践現場では必ず

しもソーシャルワークとしては認識されていないことが指摘されている（須藤 2003）。また，外国人に関するソーシャルワーク研究自体も，国内においては極めて数が限られている現状を踏まえ（石河 2003），本章では先行研究としてイギリスやアメリカで構築された理論を中心に取り上げる。したがって，個別的な事例報告や実践報告としてのソーシャルワークを紹介するものではなく，各理論の主要な観点を整理することに主眼を置いて論考する。その上で，2項「ソーシャル・インクルージョンの内在的ジレンマを克服する支援展開」において，本章の総括をしたいと考える。

(1) ソーシャルワーク理論の援用

1) DVに関するソーシャルワーク

DVに関するソーシャルワーク理論は，フェミニスト・ソーシャルワークをはじめ，精神分析論，家族システム論，社会的学習理論など，多様な観点から提起されており（Davis 1995 ; Featherstone 2000），基本的にはDVを個人に起因する問題として捉えるのではなく，コミュニティ全体の責任として位置付け，社会的資源の活用による支援展開が重視されている（Pryke & Thomas 1998）。また，早期からDV被害者の保護には，社会の側の変化が重要であるとの見解が示され（Dobash & Dobash 1992），DVを多様な要因による複合的問題として捉える必要性が論じられてきた。つまりDVは，文化的・社会的背景や人間関係，個人関係，組織，イデオロギーなどの多元的レベルから問題を把捉する必要があり，問題が生じた結果としての暴力行為のみに注目するのではなく，DVに至る経緯や，発生後の暴力の継続状況など，問題が顕在化する以前の状況や以後の経過といった前後関係からも理解し，支援に繋げる重要性が明らかにされてきた（Dobash & Dobash 1998）。そして，加害者から逃げることのできない潜在的被害者や，保護施設からの退所後に加害男性とDV関係を再構築する自発的被害者については，被害者を一方的に非難して責め立てるのではなく，むしろ社会が変わることによって，被害者を支援する必要性が論じられており，ソーシャルワーカーは，支援提供や権利擁護に取り組むだけではなく，地域住

民と連携を図り，社会の変化を促す媒体となるよう求められている（Peled et al. 2000）。

　これらのDVに関するソーシャルワーク理論の要点をJenkinsとDavidsonは2点に集約しており，第一に，DV被害者が必要な支援を求めるには，制度上に多数の障壁が存在する点，第二に，コミュニティにおける被害者への支援を，断片的ではなく継続的に提供するためには，被害者の救援行動の妨げとなる障壁を取り除く努力が必要である点を挙げ，DVの防止と介入にはコミュニティ全体の協力が不可欠であると論じている。その上で，多様な機関が連携してDVに関する知識を共有し，DV防止に向けた取り組みを行うなど，コミュニティや社会的ネットワークを活用する意義を強調している（Jenkins & Davidson 2001）。

　また，近年の研究においては，DVは特定の文化やエスニシティなどに限って生じる問題ではないものの，DVの発生リスクを高める要因の存在が明らかになっており，婚姻形態や文化的要因，社会的要因，経済的要因と，DV発生との間には密接な関連があることが報告されている（Davis 1995；Macy et al. 2005）。そのため，DVに関するソーシャルワークを効果的に展開するには，DVが生じる背景への理解や配慮が重要であり，被害者に関する情報やDV自体への知識が不足している状態で支援を提供するならば，ソーシャルワーカーの働きかけがむしろ弊害を招くことが論じられている（Mullender 1996；Yoshioka & Choi 2005）。具体的にはBent-Goodleyが，既存のDV研究や自らの調査結果を踏まえ，DV被害者と支援者の文化的背景が異なる場合，文化的差違に関する支援者の認識不足や能力不足は，被害者に逆効果をもたらす危険性があることを指摘している。そして，被害者の救援行動の困難さやサービスへのアクセスの困難さに対応するには，支援者がDVの多様性を理解し，文化的に十分な支援方法を探るべきであり，社会的規範やジェンダー役割など，被害者の文化的背景を認識する重要性を強調している（Bent-Goodley 2004；2005）。

　このような文化的多様性への配慮の必要性は，DVの被害者や加害者が有する文化的背景と，支援者の文化的背景とが異なるケースが多い日本の外国人支

援の現状において,とりわけ重要な視点となることから,次に,文化的多様性に配慮するソーシャルワークについて取り上げる。

2) 文化的多様性に配慮するソーシャルワーク

まず,多様な立場の人々を理解し,文化的な認識や敏感さを求める実践に,マイノリティ・ソーシャルワークがある。Lum は,マイノリティという用語を,旧来のような人種的,民族的,宗教的集団など絶対数の上での少数派や政治的弱者の集団を意味する用語としては捉えず,権利の少なさや社会的な影響力の弱さという観点から把握し,女性や高齢者,障害者など,広範な対象に当てはまる概念として用いている。そして,これらの人々への支援においては,マイノリティとしての立場を理解し,文化的に配慮することが不可欠であると述べている (Lum 2000)。また McMahon と Allen-Meares は,社会的不平等や差別的状況によって当事者が抑圧的な状況に置かれている場合,政治的側面からもマジョリティ社会に働きかける必要性を論じている。すなわち,単に支援を提供するだけではなく,社会的ネットワークの活用やコミュニティ全体へのエンパワーメントなどを行い,マイノリティが置かれている抑圧的なシステムの状況を彼ら自身が認識できるように,ソーシャルワーカーが努める必要があるという。特に,社会的に排除されている人々のための権利要求など,人種的平等や社会的公正を目的とするソーシャルワーカーの積極的な行動は,社会運動や社会変革へと移行し,マジョリティ社会の変革を促すことから,社会的にも大きな意義を有すると述べている (McMahon & Allen-Meares 1992)。

この他,文化的な認識や配慮を重視する実践モデルにエスニック・センシティブ実践がある。この実践モデルにおけるエスニシティとは,個人の生活のルーツであると同時に,共有された意味としての文化を意味しており,また,個人と集団の両方に跨る流動的かつ強固なものとして位置付けられている。すなわち,国籍や人種,民族的差異など狭義の民族概念と同義ではなく,文化人類学的観点に基づく文化的差違としてエスニシティを捉えている (Devore & Shlesinger 1998)。そして,この実践モデルはエスニック・マイノリティのみならず,抑圧的状況下にある人々に幅広く効果を有することから,人種的,民族

的，あるいは社会的，文化的マイノリティ集団に属する個人や集団，家族など，多様な領域に適用可能であると論じられている（Haynes & Singh 1992；Devore 1983）。ただし Green は，文化的な敏感さの重要性を認めつつも，敏感さ以上に文化的な認識がより重要であることを指摘し，十分な理解に基づいて配慮する意義を強調している（Green 1995）。

これらの文化的敏感さや認識，理解の必要性は，DV に関するソーシャルワークにも共通する見解であり，被害者を支援する上では文化的多様性への配慮が不可欠であるという認識が，すでに，日本国内の外国人支援団体の活動でも広まりつつある。このような状況を反映し，多言語による相談活動を実施したり，複数の団体が連携して多文化対応が可能な通訳や相談員を確保するなど，母国語の微妙なニュアンスの違いや文化的差違などに配慮する支援団体が増加傾向にある（大下 2004）。

（2） ソーシャル・インクルージョンの内在的ジレンマを克服する支援展開

第1節「ソーシャル・インクルージョンが内包するジレンマ」で言及した樋口は，欧州諸国にて実施されているソーシャル・エクスクルージョン対策を踏まえて，ソーシャル・インクルージョンが内包するジレンマを克服する方策を提案しており，「地域コミュニティにおける社会的ネットワークの構築と文化的アイデンティティへの支援」という社会的・文化的側面を備えた複層的な包摂のメカニズムを構築する必要性を指摘している。その上で，権利要求としてのシティズンシップが，政治的側面において「抑圧的なものとなりかねない社会的包摂に対する最終的な堡塁の役割」を果たすと論じている（樋口 2004）。

このような複層的メカニズムの構築の重要性は，これまで論じたように，DV 問題に関しても指摘されている。すなわち，DV の背景には多面的排除の状況が存在しており，それらが複合的に絡み合い問題状況を形成していることから，臨床レベルでの支援と併せて，コミュニティや社会的ネットワーク，社会全体への働きかけという，メゾレベルやマクロレベルを含めた支援体制の確立が急務の課題となっている。

その意味において，社会的，文化的側面を視野に入れ，個人か社会かという一方的な働きかけに偏らない包括的な支援展開が極めて重要になっている。特にDVの原因を個別的問題に帰する行為は自発的排除を誘発し，ソーシャル・エクスクルージョンの促進に繋がる点に注意を払う必要がある。

事実，シェルターに避難した著しいパワーレス状態の被害女性に，一刻も早く日本語を習得して就職し，自立するようにと迫る支援は，前節でも述べたように，自立への高い障壁を放置した状態で個人的努力や意欲の向上を一方的に求める行為となり，被害女性にかえって自立を断念させ，再びDVの被害者となる危険性の高い状況に追い込む結果をもたらしている。また，そもそもDVによる危機的状況から避難可能な女性は氷山の一角に過ぎず，顕在化した被害者の背後に存在する多数の潜在的被害者の問題や，DV予防対策，加害者対策の必要性を考慮するならば，自力ではDV被害の悪循環から抜け出せずにDV関係に忍従し続ける被害女性の行為を，怠慢や依存心の高さなどとして一方的に批判するのではなく，DVが生じる社会的背景へ目を向け，改善を図る必要がある。具体的には，多言語・多文化に対応可能な通訳やソーシャルワーカーの養成などによる文化的多様性に配慮した支援の充実，そして，公的機関や民間団体，インフォーマル・ネットワークの連携による地域社会における環境条件の整備，さらには，教育や保健，社会福祉の権利保障など，多方面にわたるサポート体制の構築が求められている。また，DVによって非正規滞在者にされた外国人女性のように，社会的に不利な状況に置かれている被害者については，社会自体へ変革を迫り，権利要求を行うなど，政治的側面からの要請が極めて重要である。

ただし，社会へのみ一方的に働きかけ，被害者や加害者の現状を放置するならば，ソーシャル・エクスクルージョンの傍観や容認へと繋がる。臨床的側面においては，むしろ被害者自身が自ら判断して行動するためのストレングズ強化を目的とするエンパワーメントが重要となっており[5]，被害者の主体性や自己決定を尊重した個別的支援が求められている。また，効果的な支援展開には，DVが生じる文化的・社会的背景に関する支援者の理解や配慮が不可欠である

ことから，DV被害者の自己回復を第一義に考えた上で，DVの背景と支援の連続性に留意し，実践へと繋げる手段を模索しなければならない。しかしながら，現状の支援活動においては，多様なニーズに対応する必要上，民間団体が主要な役割を果たしており，その多くは財政的に厳しく，活動の維持で精一杯という場合も少なくない。したがって，民間団体への財政的支援の充実や，公的機関が提供する支援の拡充，公的機関と民間団体との連携などの必要性はもちろんのこと，より巨視的な見地から，文化的，社会的，経済的要因を検討し，DV問題の解決に向けた制度的基盤を築くことが急務の課題となっている。

すなわちソーシャル・インクルージョンを単なる理念や目標に留めず，かつ，ソーシャル・エクスクルージョンへと反転させないためには，政策的レベルにおける概念として海外から取り入れるだけではなく，実践的アプローチのレベルにおいても，その意義や影響を厳密に考慮しつつ，先駆的な知識や技術を活用する必要があると考える。無論，これらの方策によって，ソーシャル・インクルージョンの内在的ジレンマが完全に克服可能なわけではない。また，海外で発展したソーシャルワークの適用には，日本の文化的特性への考慮が不可欠であり（中村 1990），ソーシャル・インクルージョン自体，外国人の受け入れに関する歴史的背景や文化，社会的状況の異なる諸外国で発展してきた概念であるという経緯にも留意しなければならない。しかし，外国人DV被害女性のように，文化的背景の異なる人々への支援に関する先行研究の蓄積が少ない日本の現状においては，時として抑圧的な権力性を有し，エクスクルージョンへと転化する危険性を孕んでいるソーシャル・インクルージョンの特性を理解した上で，実践的アプローチを慎重かつ柔軟に，取り入れる必要がある。

特に近年では，国際的な結婚斡旋業者の仲介などにより，日本社会の現状や日本人配偶者の個別的事情を理解することなく，貧困地域出身の外国人女性が母国の家族を経済的に援助する目的で「日本人の配偶者等」の在留資格で来日したり，すでに来日している外国人女性が日本人男性と出会い，結婚に至るケースが増加するなど，外国人女性をめぐるさまざまな問題の急増が指摘されている。

外国人の受け入れが、政策的にも前向きに検討されている今日、外国人女性のDV被害は、単に当事者や支援者などDVの問題に直接関わる人々に限定される問題ではなく、多様な文化的背景を有する人々の受け入れ国としての日本の姿勢自体を問う根源的問題であると考える。それはまた、日本社会から排除されている多様な人々のソーシャル・インクルージョンのあり方を探求する上でも重要な示唆を含む問題であるといえよう。本章は、外国人女性のDV被害とその支援を通して、ソーシャル・インクルージョンの内在的ジレンマを克服する方策について主に理論的側面から検討したが、今後は、より実践的な観点から、長期的な支援プログラムの構築を試みたいと考える。　　　（寺田貴美代）

【謝辞】
　本研究は「財団法人 三菱財団」の研究助成を受けている。また、本章の執筆にあたり、母子生活支援施設「FAHこすもす」から多大なご協力を頂いた。心よりお礼を申し上げる。

注
(1)　外国人が日本に在留するには、一定の在留資格を有することが原則であるものの、在留資格を持たずに在留が認められる例外もある（山田・黒木 2000）。
(2)　法に違反し、社会的正義の原則を犯すという非常に強い意味を持つ「不法」に代わる用語として、近年、「非正規」がしばしば用いられる（駒井 1997）。
(3)　子どもが母親の文化を劣等視し、軽蔑するなど、文化的・社会的暴力によるDV被害は親子関係に深刻な影響を与えることが報告されている（宮島 1993；定松 1996）。
(4)　この調査の対象者は、DV被害後に自立生活をしている、または自立に向けて生活をしている人々であり、回答者の約90％が日本人である点に留意が必要である。つまり、自立生活に伴う困難を克服した、あるいは克服しつつある日本人でさえも、その生活再建には多くの困難が伴うことが明示されている（内閣府 2007）。
(5)エンパワーメントは、力の獲得や弱者の強化だけではなく、個人的側面と環境的側面の相互作用関するアプローチへと発展し、社会的プロセスを意味する概念として用いられている。また、ストレングズ・パースペクティブも当事者の経験や解釈を重視し、その文化やエスニシティを配慮するアプローチへと展開しており、文化的多様性に配慮するソーシャルワークにおいても適用されている（Patrick et al. 1994）。

引用・参考文献
Barry, B., (2002) Social Exclusion, Social Isolation, and the Distribution of Income, Hills, J., LeGrand,J., Piachaud,D.,eds. *Understanding Social Exclusion*, Oxford University Press
Bent-Goodley, T. B., (2004) Perceptions of Domestic Violence : A Dialogue with African American Women, *Health and Social Work*, 29 (4)

──, (2005) Culture and Domestic Violence : Transforming Knowledge Development, *Journal of Interpersonal Violence* 20 (2)

Berghman, J., (1995) Social Exclusion in Europe : policy context and analytical framework, Room, G., ed., *Beyond the Threshold : the Measurement and Analysis of Social Exclusion*, Bristol : The Policy Press

Burchardt, T., LeGrand, J., Piachaud, D., (2002) Introduction, Hills, J., LeGrand, J., Piachaud, D., eds. *Understanding Social Exclusion*, Oxford University Press

Davis, L. V., (1995) Domestic Violence, *Encyclopedia of Social Work*, NASW, 780-789.

Devore, W., (1983) Ethnic Reality : the Life Model and Work with Black Families, *Social Casework : The Journal of Contemporary Social Work*, 64 (9)

Devore, W., Shlesinger, E. G., (1998) *Ethnic-Sensitive Social Work Practice*, 5 th ed., Allyn and Beacon

Dobash, R. E., Dobash, R. P., (1992) *Women, Violence, and Social Change*, Routledge

──(1998) Cross-Border encounters : Challenges and Opportunities, Dobash. R. E., Dobash, R. P., eds., *Rethinking Violence Against Women*, Sage,1-21

EU (2000) *Communication from the Commission to the Council, the European Parliament, the European Economic and Social Committee and the Committee of the Regions : Joint Report on Social Inclusion : Summarising the Result of the Examination of the National Action Plans for Social Inclusion, Commission of the European Communities*

Featherstone, B., (2000) Feminist Theory and Practice, Davies, M. ed. *The Blackwell Encyclopedia of Social Work*, Blackwell

藤村正之(2006)「福祉化と社会変動——その社会学的構図」藤村正之編著『福祉化と成熟社会』ミネルヴァ書房

福嶋由里子(2004)「外国籍女性に対するDV——改正『DV防止法』の問題点」『国際公共政策研究』9 (1)

FTCシェルター(2003)『DV被害者の総合的支援ブックレット』FTCシェルター

外国人労働者問題関係省庁連絡会議(2006)「『生活者としての外国人』に関する総合対応策(平成18年12月25日)」

Goodin, R., (1996) Inclusion and Exclusion, *European Journal of Sociology*, 37

Green, J. W., (1995) *Cultural Awareness in the Human Services*, 2 nd. ed, Allyn and Bacon

Haynes, A. W., Singh, R. N., (1992) Ethnic-Sensitive Social Work Work Practice : An Integrated, Ecological, and Psydchodynamic Approach, *Journal of Multicultural Social Work*, 2 (2)

樋口明彦(2004)「現代社会における社会的排除のメカニズム——積極的労働市場政策の内的ジレンマをめぐって」『社会学評論』55 (1)

──(2006)「若者の『自立』を解体する——多元的な社会的包摂の試み」『現代思想』34 (14)

石河久美子(2003)『異文化間ソーシャルワーク——多文化共生社会を目指す新しい社会福祉実践』川島書店

──(2006)「異文化間ソーシャルワーク——こころと地域コミュニティ」『多文化間精神医学会』5 (1)

Jenkins, J. P., Davidson, B., (2001) *Stopping Domestic Violence : How a Community can Pre-*

vent Spousal Abuse, Kluwer Academic Plenum Publishers
戒能民江（2002）『ドメスティック・バイオレンス』不磨書房
─── （2006）「これからの被害当事者支援」戒能民江編著『DV 防止とこれからの被害当事者支援』ミネルヴァ書房
川喜田好恵（2005）「被害女性へのケア」日本 DV 防止・情報センター『新版　ドメスティック・バイオレンスへの視点』朱鷺書房
菊地英明（2007）「排除されているのは誰か？───『社会生活に関する実態調査からの検討』」『社会保障研究』43（1）
小島妙子（2004）「DV 防止法の改正───外国人への対応を中心に」『国際女性』18
駒井洋（1997）「不法，未登録，資格外，非正規（言葉の定義）」駒井洋ほか編『新来・定住外国人がわかる事典』明石書店
─── （2006）『グローバル化時代の多文化共生社会』明石書店
厚生省社会・援護局（2000）「社会的な援護を要する人びとに対する社会福祉のあり方に関する検討会報告書」
Levitas, R., Pantanzis, C., Patsios, D., Townsend, P., (2000) Social Exclusion in Britain, Gordon, D.,Adelman, L., Ashworth, K., Bradshaw, J., Levitas, R., Middleton, S., Pantazis, C., Patsios, D., Payne, S., Townsend, P. Williams, J., eds., *Poverty and Social Exclusion in Britai*n, Joseph Rowntree Foundation
Lum, D., (2000) *Social Work Practice and People of Color* 4 th ed., Books/Cole
Macy, R. J., Nurius, P. S., Kernic, M. A., Holt, V. L., (2005) Battered Women's Profiles Associated with Service Help-Seeking Efforts : Illuminating Opportunities for Intervention, *Social Work Research*, 29（3）
McMahon, A., Allen-Meares, P., (1992) Is Social Work Racist? A Content Analysis of Recent Literature, *Social Work,* 37（6）
松崎百合子（2005）「移住（外国籍）女性と DV 被害」日本 DV 防止・情報センター編『新版　ドメスティック・バイオレンスへの視点』朱鷺書房
宮島喬（1993）「いま，はじまった外国人の子どもの教育の課題」『教育評論』559
─── （2000）「外国人市民の参加とその回路」宮島喬編『外国人市民と政治参加』有信堂高文社
もりきかずみ（2005）「定住者の実態とその問題点（1-4）」武田丈編著『フィリピン女性エンターテイナーのライフストーリー』関西学院大学出版会
Mullender, A., (1996) *Rethinking Domestic Violence : The Social Work and Probation Response*, Routledge
内閣府（2005 a）「この手引きについて」内閣府男女共同参画局編『配偶者からの暴力相談の手引き』国立印刷局
─── （2005 b）『「男女間における暴力に関する調査」報告書』
─── （2007）『配偶者からの暴力の被害者の自立支援等に関する調査結果』
永田貴聖「フィリピン人は境界線を越える───トランスナショナル実践と国家権力の狭間で」『現代思想』35（7）
中村永司（1990）「社会福祉援助技術　最近の動向」岡田民夫・小田兼三『社会福祉援助技術総論』ミネルヴァ書房
野元弘幸（2006）「外国人の子どもたちの排除の構造と対抗的教育実践の原理───日系ブラ

ジル人の子どもたちとブラジル人学校を中心に」日本社会教育学会編『社会的排除と社会教育』東洋館出版社

大下富佐江（2004）「『あなたは一人ではない』と伝えるために」移住連「女性への暴力」プロジェクト『ドメスティック・バイオレンスと人身売買――移住女性の権利を求めて』移住労働者と連帯する全国ネットワーク

Patrick, L., Cheung, K. M., Stevenson, K. M., (1994) A Strengths Approach to Ethnically Sensitive Practice for Child Protective Service, *Child Welfare*, 73 (6)

Peled, E., Eisikovits, Z., Enosh, G., Winstok, Z., (2000) Choice and Empowerment for Battered Women Who Stay : Toward a Constructivist Model, *Social Work* 45 (1)

Pryke, J., Thomas, M. (1998) *Domestic Violence and Social Work*, Ashgate

李節子（2004）『外国人女性のドメスティック・バイオレンス被害に対する社会的資源――その現状と課題』女性のためのアジア平和国民基金

定松文（1996）「家族問題――定住外国人の家族と地域社会」宮島喬・梶田孝道編『外国人労働者から市民へ』有斐閣

須藤八千代（2003）「ドメスティック・バイオレンスとソーシャルワーク」『ソーシャルワーク研究』29（1）

鈴木隆文・麻鳥澄江（2004）『改訂版　ドメスティック・バイオレンス――援助とは何か援助者はどう考え行動すべきか』教育史料出版会

竹下修子（2000）『国際結婚の社会学』学文社

丹野清人（2005）「なぜ社会統合への意志が必要か」『NIRA 政策研究』18（5）

立岩真也（2006）「ワークフェア，自立支援」『現代思想』34

Woodward, A., Kohli, M., (2001) European Societies : Inclusions / Exclusions?, *Inclusions and Exclusions in European Societies*, Routledge

山田鐐一・黒木忠正（2000）『第 5 版　わかりやすい入管法』有斐閣

山岸素子（2004）「日本の移住女性たち――1980 年代からの軌跡と課題」移住連「女性への暴力」プロジェクト『ドメスティック・バイオレンスと人身売買――移住女性の権利を求めて』移住労働者と連帯する全国ネットワーク

―――（2006）「移住女性に対する暴力を乗り越えて――被害からエンパワメントへ」戒能民江編著『DV 防止とこれからの当事者支援』ミネルヴァ書房

吉田恭子（2001）『マイノリティ女性に対するドメスティック・バイオレンスに関する研究――フィリピン人女性移住者の経験』シェルター・DV 問題調査研究会議

Yoshioka, M. R., Choi, D. Y., (2005) Culture and Interpersonal Violence Research : Paradigm Shift to Create a Full Continuum of Domestic Violence Services, *Journal of Interpersonal Violence*, 20 (4)

あとがき

　むすびに代えて，本書の成り立ちについて簡単にふれておきたい。本書の執筆者は東洋大学大学院で社会福祉を学び，その多くは，この10年来，編者のひとりである園田の主宰する研究会で共に研鑽を重ねてきた者たちである。この研究会には取り立てて明確なテーマがあるわけではないが，執筆者のひとりの言を借りれば〈コミュニティ形成を志向する社会福祉〉という，ゆるやかな共有テーマが根底にあるといえるかもしれない。

　研究会の成果を書籍の形でまとめようという企画が立ち上がったのは2006年の晩秋のことであった。その年の暮れには，研究会の「古株」である西村昌記（東海大学），山崎順子（国際医療福祉大学），深谷太郎（東京都老人総合研究所），加藤悦雄（作新学院大学）と，東洋大学大学院に在籍中の和秀俊らが世話人となり，社会福祉における新しい理念である「ソーシャル・インクルージョン」を本書のキー・コンセプトと定め，執筆陣容もほぼ固まった。しかしながら，執筆者の交代，分担内容の変更，原稿の取り下げがあるなど，完成までの道のりは必ずしも平坦とはいえなかった。

　もとより，各人の主たる研究テーマや関心領域は多様であり，今回の本書の取りまとめにおいても，キー・コンセプトの設定には難渋した。「コミュニティ形成」「自立支援」「福祉社会」「共生」「ソーシャル・キャピタル」などのテーマが浮かんでは消え，最終的に，そして暫定的に設定されたキー・コンセプトが「ソーシャル・インクルージョン」であった。本書のサブ・タイトルが「新しいコミュニティ形成」ではなく，「新しい〈つながり〉を求めて」であることは，執筆メンバー間で「コミュニティ形成」に関する明確なヴィジョンを共有しえていないことの反映であるかもしれない。また，本書が「ソーシャル・インクルージョンの社会福祉」を体系的に論じるという面でも不十分なこ

とや，論及の仕方などでも差異がみられることは自覚している。

　とはいえ，「ソーシャル・インクルージョン」を旗印として一書にまとめることに取り組んだのは，この視座や論点を，今日の，そしてこれからの社会福祉の理論化や実践をすすめるにあたって中核的・基本的な方向としたいという執筆者の共通の思いからであった。

　本書の執筆者一同は，今後ともこの課題をさまざまに追究し，掘り下げていきたいと期しているので，読者諸氏からの厳しい，また暖かいご教示やご支援などがいただけることを改めてお願い申し上げる次第である。

2008年1月

園田恭一

索　引

あ　行

アイデンティティ　16, 25, 28, 163, 186, 203, 208, 213, 246, 253
アクティベーション　91, 98
アソシエーション型地域スポーツクラブ　164-166, 169, 185-187
跡地活用　143, 146, 148, 149
居場所　163, 191-209
隠居　207, 208
　楽——　203
エスニシティ　251, 252
NPO　20, 46-49, 67, 74, 96, 97, 101, 106, 110, 201
エンパワーメント　21, 216, 252, 254
オイルショック　8, 44, 66, 67
OECD（経済協力開発機構）　4, 5, 7, 19, 129

か　行

会社人間　163, 164, 179, 183, 185
格差　7, 20, 37, 83, 84, 114, 129, 130, 133
　——社会　3, 5
　——論争　4, 5
　経済（的）——　19, 130, 245, 247
学区制　144, 145
学校再編（成）　141, 143, 144
学校統廃合　141, 142, 144, 156
学校文化　141, 145, 146, 153, 158, 160
　——財　141, 142, 146, 149, 150, 152-155, 158, 160, 161
活動理論　202, 203

関係発達論　127
管理モデル　217
擬似市場　33
機能分化社会　125, 138
QOL（Quality of life）　61, 63, 205, 207, 209
共生　76, 106, 108
　多文化——　239, 240
共同性　29, 49, 85, 86, 90, 97, 98, 181, 182
近代化　83, 96, 117, 138, 141, 144, 145
グローバル化（グローバリゼーション）　3, 28, 89, 96
健康　35, 41, 53, 54, 57, 62, 63, 107, 130, 163, 164, 169, 173, 174, 176-179, 181, 182, 185, 187, 202
　——づくり　168-171, 173, 174, 178-183, 185, 186, 202
　——の決定要因　53
　社会的——　59, 62, 206
　身体的——　54, 56, 57, 59, 61, 62,
　精神的——　57, 59, 61, 62
高齢者　3, 7, 15, 27, 43, 45, 48, 55, 56, 58, 60-63, 65, 66, 68, 69, 75, 76, 80, 82, 85, 152, 153, 159, 164-166, 169, 174, 177, 185-188, 191, 193-195, 198, 200-206, 208
後見支援　216
国際結婚　241, 242, 244, 245
個人化　89, 90, 95-99, 101, 108
個人主義　50, 91
個人モデル　214, 215
子どもの権利条約　116, 117, 128
子どもの生活圏　126-128, 137

子どもの発見　113, 115, 117, 119, 138
　　もうひとつの――　118, 120
子どもの貧困　4, 35, 129
「個」の時代　163
コミュニタリアニズム　31, 49
コミュニティ　19, 27-31, 33, 34, 36, 43-45, 49, 74, 76, 80, 83, 90, 95-98, 194, 213, 250-253
　　――行政　43, 46, 50
　　――ケア　44
　　――形成　43-45, 84, 163, 164
　　――スクール　155, 156, 160
　　――政策　42
　　――ソーシャルワーカー　74, 75
　近隣――　18
　校区――　75, 81
　地域――　28, 34, 77, 80, 164, 253
　福祉――　83

さ　行

再帰的社会化　169, 182, 185, 186, 188
再帰的近代化　163, 185, 186
再社会化　163, 164, 185
サポーティブな関係　213, 224, 234
サポート・ネットワーク　18, 27, 219, 220, 222, 230, 232, 233, 249
　ソーシャル――　213, 214, 218, 222, 224, 225, 227, 232
シェルター　103, 104, 247-249, 254
自己決定　220, 221, 254
自己再帰性（自己のreflexivity）　169, 170, 185, 186
自己責任　93, 94, 96, 99, 108, 109, 131, 174, 183
支持モデル　217
私生活中心主義　95, 96
施設福祉　44, 65, 66

失業保険　13, 14
シティズンシップ　16, 25, 28, 253
児童虐待　114, 129-131, 133
　　――の防止等に関する法律　117
自発的排除　238, 239, 254
社会運動　94, 96, 97, 99, 101, 187, 252
社会関係　84, 89, 118, 128, 136-139, 193, 221, 233, 237, 247
　　――網　213
社会参加　26, 59-61, 63, 76, 86, 201
　　――活動　164, 187, 191, 198, 200-202, 205
社会(的)資源　45, 128, 129, 213, 218, 219, 221-224, 226, 228, 233, 234, 250
社会生活力　223, 233
社会的企業　32-34
社会的結束　19, 20
社会的孤立　19, 26, 54, 114, 131, 136
社会的弱者　70, 213
社会的障壁　215
社会的排除対策室（SEU）　35, 41
社会福祉基礎構造改革　67, 70
社会保険　92
社会モデル　214, 215, 235
住民参加　70, 76, 80, 82
　　――型在宅福祉サービス　46, 48, 80, 81
就労自立　18, 92, 93, 99, 100, 103, 109
恤救規則　119
純粋な関係　171, 180, 184
ジョインド・アップ　32
生涯学習　149, 152, 154-156
障害者　3, 15, 20, 27, 34, 35, 46, 48, 55, 56, 65, 68, 69, 75, 76, 80, 82, 85, 187, 193, 194, 213-216, 234
　　――の権利条約　216
　身体――　55, 56, 217
　精神――　194, 195

索 引

知的―― 57, 213-215, 217, 218, 220, 223, 224, 232, 234
障害モデル 215
自立支援 18, 97, 99, 216, 246
　――システム 99, 100, 103, 109, 110
　――センター 103, 109
　――プログラム 16
　――法 91
自立生活 45, 66, 110, 216
　――支援モデル 216, 235
　――モデル 215-217
親密圏 170, 179, 182
生活者 69, 163-165, 168, 169, 182, 185, 186, 188, 215, 234
生活困窮リスク 3, 5
生活保護 14-16, 65, 82, 85, 93, 100, 102-104, 131, 226, 227, 230, 246
相互扶助 68, 97, 98, 100, 119
相談支援 218, 220-222, 224
ソーシャル・インクルージョン（社会的包摂） 3, 20, 21, 23, 24, 27-35, 38, 40-43, 45-50, 53, 54, 56, 57, 59-63, 67, 70, 83, 84, 90, 91, 97, 98, 100, 102, 106, 109, 114, 136, 137, 155, 163, 164, 186, 195, 202, 205, 206, 213, 215, 218, 224, 232, 234, 237-240, 249, 255, 256
　――が内包するジレンマ 253
　――の過程 224, 234, 238
　――のジレンマ 99
　――の内在的ジレンマ 240, 249, 250, 255, 256
ソーシャル・エクスクルージョン（社会的排除） 20, 23-30, 32, 34-36, 41, 42, 44, 49, 53, 54, 84, 89-91, 93, 108, 114, 136, 137, 205, 237, 238, 240, 247, 253, 254
　――へと転化（反転） 238, 240, 249, 255
ソーシャル・キャピタル 30, 31, 34, 49

ソーシャルワーク 208, 215, 220, 221, 223, 249-253, 255

た 行

地域社会のためのニューディール（NDC） 35, 36, 38
地域住民 34, 36, 38, 42, 63, 68-70, 76, 82, 85, 90, 97, 99-106, 108, 141, 145, 152, 153, 155, 156, 161, 165, 187, 213-215, 222, 224-226, 228, 229, 232-234, 251
地域生活 98, 100, 106, 187, 213-215, 217, 218, 220, 222
　――移行支援事業 100, 109, 110
　――支援 193-195, 214, 217, 223
　――支援システム 214, 218
地域戦略パートナーシップ（LSP） 35-38, 40-42
地域福祉 24, 42, 44-46, 48, 50, 65, 66, 68-72, 74-76, 78, 80-82, 85, 86, 98, 108
　――計画 67, 68, 70-72, 75-78, 81-83, 85
　――権利擁護事業 225, 227, 228, 230
　――支援計画 71, 72, 74, 76
　――の推進 44, 67-71, 74, 82, 90, 97-99
つながり 3, 16-20, 23, 27, 34, 45-47, 57, 58, 68-70, 91, 93, 97, 101, 113, 114, 121, 122, 136, 137, 142, 153, 158-161, 163, 164, 169, 171, 177, 180, 184, 185, 191-195, 197-199, 201-208, 213-215, 224, 232, 234
　社会的（な）―― 19, 68, 89, 91, 93, 107-109
　社会との―― 21, 53, 59, 61, 62
　互恵的―― 234
強さ（ストレングス） 222, 254
閉じこもり 63, 83, 205, 206, 209
ドメスティック・バイオレンス（DV） 91, 240, 242, 243, 245-251, 253-256

265

な行

ニート 5, 10, 11, 17
ネットカフェ難民 11-13, 17, 18, 89, 101
ネットワーク 18, 31, 37, 40, 41, 45, 80, 90, 91, 95-98, 110, 163, 213, 214, 219, 221, 222, 254
 社会的（ソーシャル）── 28, 31, 90, 92, 98, 251-253
ノーマライゼーション 44, 66, 98, 100, 193
野宿 99

は行

パートナーシップ 20, 21, 32-34, 38, 47, 48, 217, 218, 234
廃校（閉校） 142, 143, 146, 148, 153
 ──跡地（閉校跡地） 157, 158, 160, 161
パブリック・プライベート・パートナーシップ（PPP） 33, 41
バリアフリー 54-56
 ──新法 55
 情報── 54, 56, 57
ひきこもり 59-61, 63, 68, 83, 85
日雇い労働市場（寄場） 94
平等神話 4, 5
貧困 3, 4, 20, 25, 26, 37, 46-48, 54, 68, 83, 89, 92, 93, 100, 109, 114, 130, 131, 237, 238, 255
 ──転落防止機能 15, 16, 19
 新しい── 3, 19, 90
 関係的── 3, 18, 20
 経済的（な）── 3, 18, 84
 相対的── 4, 5, 7, 54
 不定住的── 89, 92
 ホームレス型── 89, 90-94
不安定（さ） 16, 18, 25, 26, 91, 92
 ──の悪循環 18

不安定就労 5, 8, 11, 13, 14, 18
福祉国家 25, 31, 50, 67, 91-95, 109, 238
 ──の危機 24-26, 31, 91
 ──の日常化 92, 95
福祉社会 105
福祉多元主義 33
不登校 59-61, 114, 192, 194
フリーター 10-12, 91
ベーシックインカム 91
ホームレス 12, 20, 27, 46, 68, 83, 85, 89-94, 96, 99-110, 225, 229, 232
 ──支援 89, 90, 93, 94, 99-102, 106, 108, 109
 ──支援法 101
 ──対策 103, 109
 ──ボランティア 101, 104, 105
ポストフォーディズム 3, 17
ポスト産業社会 90, 94, 96, 97, 108
補足性の原理 15, 93
ボランタリー・セクター 32, 33, 37, 41, 47, 48
ボランティア 19, 43-45, 47, 90, 94, 96, 97, 99, 101, 103-106, 152, 156, 174, 201
 ──活動 43, 44, 46, 67, 90, 96, 97, 101, 104-106, 108, 164, 187, 240
 ──政策 47, 50

ま行

マイノリティ 27, 240, 252
モダニティ 94

や行

養育力 128, 129, 133
 ──格差 114, 128, 133, 137

ら 行

離脱理論　*203*
リベラリズム　*31*
立身出世主義　*119*
連帯　*25, 84, 91, 98*

労働市場の二極化　*3, 7, 11*

わ 行

ワーキングプア　*3, 5, 17, 26, 89*
ワークフェア　*18, 46, 91*

《執筆者一覧》
（執筆順，＊は編者）

＊園田　恭一（そのだ・きょういち）　　　　　　　　　　　まえがき，第4章，あとがき
　　奥付編著者紹介参照

＊西村　昌記（にしむら・まさのり）　　　　　　　　　　　　　　　まえがき，第1章
　　奥付編著者紹介参照

　熊田　博喜（くまだ・ひろき）　　　　　　　　　　　　　　　　　　　　　第2章
　　現　在　武蔵野大学人間関係学部社会福祉学科准教授
　　主　著　『生活支援の社会福祉学』共著，有斐閣，2007年

　深谷　太郎（ふかや・たろう）　　　　　　　　　　　　　　　　　　　　　第3章
　　現　在　東京都老人総合研究所社会参加とヘルスプロモーション研究チーム研究助手
　　主　著　『高齢期と社会的不平等』共著，東京大学出版会，2001年

　渡辺　　芳（わたなべ・かおる）　　　　　　　　　　　　　　　　　　　　第5章
　　現　在　東洋大学人間科学総合研究所奨励研究員，川崎市就労自立センター非常勤職員
　　主　著　『「ホームレス」の社会学的研究——当事者，ボランティア，地域社会，支援の
　　　　　　仕組み』東洋大学大学院社会学研究科博士論文，2007年

　加藤　悦雄（かとう・えつお）　　　　　　　　　　　　　　　　　　　　　第6章
　　現　在　作新学院大学女子短期大学部准教授
　　主　著　『保育士をめざす人の児童福祉（新版）』共著，みらい，2007年

　西脇　智子（にしわき・ともこ）　　　　　　　　　　　　　　　　　　　　第7章
　　現　在　実践女子短期大学生活福祉学科准教授
　　主　著　『希望とともに生きて——難病ホスピス開設にいたる「ありのまま舎」のあゆ
　　　　　　み』共編著，中央法規出版，1997年

　和　　秀俊（かのう・ひでとし）　　　　　　　　　　　　　　　　　　　　第8章
　　現　在　立教大学コミュニティ福祉学部コミュニティ政策学科助教
　　主　著　「アソシエーション型地域スポーツクラブの機能と役割——福祉コミュニティ形
　　　　　　成に向けて新しい公共性の創造」『日本保健福祉学会誌』33(1)，2006年

　中村　一茂（なかむら・かずしげ）　　　　　　　　　　　　　　　　　　　第9章
　　現　在　東洋大学大学院社会学研究科社会福祉学専攻博士後期課程
　　主　著　「『居場所』の現代的意味に関する文献的研究」『東洋大学大学院紀要』42，2006年

　山崎　順子（やまざき・じゅんこ）　　　　　　　　　　　　　　　　　　　第10章
　　現　在　清瀬市子どもの発達支援・交流センターセンター長
　　主　著　『地域でささえる障害者の相談支援——事例をとおしてみるソーシャルワーク実
　　　　　　践のプロセス』共編著，中央法規出版，2006年

　寺田貴美代（てらだ・きみよ）　　　　　　　　　　　　　　　　　　　　　第11章
　　現　在　新潟医療福祉大学社会福祉学部社会福祉学科准教授
　　主　著　『共生社会とマイノリティへの支援——日本人ムスリマの社会的対応から』東信
　　　　　　堂，2003年

《編著者紹介》

園田　恭一（そのだ・きょういち）
　現　在　新潟医療福祉大学大学院医療福祉学研究科特任教授
　　　　　東京大学名誉教授，保健学博士
　主　著　『地域社会論』日本評論社，1969 年
　　　　　『現代コミュニティ論』東京大学出版会，1978 年
　　　　　『保健・医療・福祉と地域社会』有信堂高文社，1991 年
　　　　　『健康の理論と保健社会学』東京大学出版会，1993 年
　　　　　『地域福祉とコミュニティ』有信堂高文社，1999 年
　　　　　ほか。

西村　昌記（にしむら・まさのり）
　現　在　東海大学健康科学部社会福祉学科准教授，博士（社会福祉学）
　主　著　『福祉社会の最前線──その現状と課題』共編著，相川書房，2001 年
　　　　　『社会福祉とコミュニティ──共生・共同・ネットワーク』共著，東信堂，2003 年
　　　　　『新社会老年学──シニアライフのゆくえ』共著，ワールドプランニング，2003 年
　　　　　『在宅介護における高齢者と家族──都市と地方の比較調査分析』共著，ミネルヴァ書房，2010 年
　　　　　『触発する社会学──現代日本の社会関係』共著，法政大学出版局，2010 年
　　　　　ほか。

　　　　　　　　　　　ソーシャル・インクルージョンの社会福祉
　　　　　　　　　　　　──新しい〈つながり〉を求めて──
　　　　　2008 年 3 月 31 日　初版第 1 刷発行　　〈検印廃止〉
　　　　　2010 年 2 月 25 日　初版第 2 刷発行
　　　　　　　　　　　　　　　　　　　　　　　　定価はカバーに
　　　　　　　　　　　　　　　　　　　　　　　　表示しています

　　　　　編著者　　園　田　恭　一
　　　　　　　　　　西　村　昌　記
　　　　　発行者　　杉　田　啓　三
　　　　　印刷者　　藤　森　英　夫

　　　　　発行所　株式会社　ミネルヴァ書房
　　　　　　　607-8494 京都市山科区日ノ岡堤谷町 1
　　　　　　　　　電話代表　(075)581-5191番
　　　　　　　　　振替口座　01020-0-8076

　　　　　　ⓒ園田恭一・西村昌記，2008　　　　亜細亜印刷・兼文堂

　　　　　　　　　ISBN 978-4-623-05112-0
　　　　　　　　　Printed in Japan

貧困と社会的排除
――岩田正美・西澤晃彦編著　Ａ５判 336 頁　本体 3500 円
●福祉社会を蝕むもの　隠蔽されてきた貧困と排除を，明るみに出し，福祉社会の課題とこれからを問う。

「日常的貧困」と社会的排除
――宮坂順子著　Ａ５判 370 頁　本体 5500 円
●多重債務者問題　「生活問題」としての複合領域からのアプローチ。詳細な実態から，解決に向けた方策を検討する。

救貧のなかの日本近代
――冨江直子著　Ａ５判 322 頁　本体 5500 円
●生存の義務　1920 年代から 1940 年前後を中心に，救貧をめぐり展開された〈言説実践としての政治過程〉を分析する。

居住福祉と生活資本の構築
――岡本祥浩著　Ａ５判 244 頁　本体 3500 円
●社会と暮らしをつむぐ居住　産業・都市・人口・住宅，世帯・暮らし方の変化等の事象と，関連する諸問題を照射する。

生活経済からみる福祉
――馬場康彦著　Ａ５判 336 頁　本体 3400 円
●格差社会の実態に迫る　低所得者世帯などの「社会的弱者」世帯の現状と問題点を，家計調査から読み解く。

協働と参加の地域福祉計画
――牧里毎治・野口定久編著　Ａ５判 288 頁　本体 3400 円
●福祉コミュニティの形成に向けて　歴史的経緯から動向，評価法まで，従来の計画を総合的に論じ，今後を示す。

――― ミネルヴァ書房 ―――
http://www.minervashobo.co.jp/